最高快樂人生

Awakening Joy

通往真正快樂的十大步驟

10 Steps That Will Put You on the Road to Real Happiness

詹姆斯・巴拉茲
James Baraz

索夏娜・亞歷山大
Shoshana Alexander

吳宗璘 譯

獻給阿諾德‧巴拉茲，是他教導我要如何去愛，
尼姆‧卡洛利‧巴巴，讓我知曉只要我們認真尋索，
周邊盈滿愛與善。
H‧W‧L‧普賈，幫助我找回自己的原生喜樂，
還有珍‧巴拉茲，我的終生伴侶，
教導我無論如何都要接納愛，傳播出去。
——詹姆斯‧巴拉茲

獻給我的兒子，艾里亞斯，
還有已過世的布蒂—奇，我的喜樂泉源，
以及因愛與憐憫讓人間再次美麗、即將浮現的那個世界。
——索夏娜‧亞歷山大

目錄

前言

傑克・康菲爾德
心靈堅石冥想中心
加州，伍達克
二〇〇九年五月九日

　　握在你手中的是一本能改變你生命的書——對於要如何過著更喜樂幸福的生活，處處充滿了各種方法與實用智慧。詹姆斯・巴拉茲，我一輩子的同修與好友，總是以喜悅的態度、分享有關鼓舞人心與敞開心胸的教誨。這本書是詹姆斯的精華之作。裡面汲取了他空前成功的「激發喜悅」課程，他因此而靈牧了數千名學生，就連那些死硬的「鐵齒不信者」與憤世嫉俗者，他們的生活也都轉化為更喜悅快樂的層次。

　　要是不了解快樂的重要性，靈性的生活就會像是某種討人厭的負擔，不然就是讓人誤以為那是漫無止境的自我成長計畫。

　　詹姆斯與我早期教書時的學生索夏娜・亞歷山大，以精湛手法建構出了源於佛教傳統的原則與實踐方式，提供我們通往真正快樂的一大路徑。

　　身為人類，我們都參與了組構我們生活的各種愉悅與痛苦、得與失、讚美與責難、生與死的永恆之舞，也就是王爾德對凡間肉身所稱之的「髒污之燦爛」。在「激發喜悅」當中，各位將會學到如何在所有的生命轉折點，找到喜悅、生活在喜悅之中。活得喜悅，並非表示要對世間的諸多苦難完全置之不理，也不是要逃避減輕苦難的責任。詹姆斯與索夏娜帶引我們得到領悟，喜悅如何造就我們自身成為苦難解方的一部分，因為它能夠提升我們所接觸一切的精神層次。

　　喜悅是我們天生的權利，每一個小孩（只要不曾有過創傷的話）都擁有它，因為它是我們意識中與生俱來的一部分。喜悅是我們真正本質的反射——每一個人都具備的純粹、永恆、不可侵犯的精神，在這些內容當中，包括了現代神經研究，以及如達賴喇嘛之類典範的激勵人心故事，各位將會發現「激發喜悅」的轉換修習可以讓我們每一個人都過著充滿尊嚴、悲憫，以及從容自由的生活。

　　慢慢咀嚼這些字詞，逐一回味，實踐書中的各種修習。利用它們打開你的心房，轉化生活，你在世間的日子會充滿恩賜。

　　並祝願長長久久。

序曲

拉姆・達斯
夏威夷，茂宜
二〇〇九年七月十五日

　　喜悅賦予生活色彩，也抵消了我們周邊人群與社會之中的負面能量。我發覺年老令人喜悅，其中蘊含了智慧，就算是記憶喪失也有其優點。藉由保持自己心中的喜悅，我也找到了其他人心中的喜悅。我們自身的喜悅成了可供分享的特質，而它也能喚起其他人內心的喜悅。

　　真正的喜悅，比我們從外在環境中所獲得的快樂更為深入。知道自己正在追求真正快樂，是一大歡喜之事。我的指導大師，尼姆・卡洛利・巴巴，光是知道他的忠誠追隨者都能夠追求心中最純粹之地，就會讓他充滿歡喜。他說要是你愛每一個人、為每一個人服務，而且記得上帝——就能自然而然為你帶來喜悅。

　　愛與滿足讓我極其接近喜悅。滿足可以讓我們更沉醉於當下，然後，你就能發現喜悅，因為你所見到的一切——綠草、樹木，以及雲朵——都是神性的顯現。萬物都變得璀璨，如果你熱愛生活，就能體會到喜悅。

　　我許久之前就認識詹姆斯・巴拉茲，他的專長是以淺顯易懂的方式展現快樂學。《最高快樂人生》是一本趣味橫生的書，這些故事都令人讚嘆不已，內容到位。行文風格非常親切，所有讀者都能看得津津有味。如果你剛好是修佛者，一定會發現這是好看的佛書——重點是好看。本書現示了對生活的禮讚與愛能夠與深層智慧相依相存，這是一本十分美好的書，好好享受吧。

簡介

　　根據華倫申請資料的自述，他是悲觀主義者，「你要面對的是一個老是看到事物缺點的人。」他剛開始來上我的冥想課的時候就對我發出警告。他會有這種感受，其來有自。生命丟給了他好多的曲球，其中一個是他年輕時的某場意外，害他留下了長期疼痛的毛病。不過，他雖然總是有「負面」傾向，但一聽到我要開設一個名為「激發喜悅」的課程，而且將在他居住的柏克萊授課的時候，他依然興致勃勃。他老實告訴我，他很想知道要是改變他看待事物的角度，是否能夠讓他過得更開心。我也有相同的疑問，尤其是在課程進行的時候。不過，我看得出這些策略與技巧讓其他學員在上完每一次課之後，都能在生活中找到更多的快樂。而華倫總是會發表他的懷疑論。我也只能如是想：「好吧，這也不能套用在每一個人身上。」

　　然後，某天晚上他來上課的時候，臉上掛著顯然是截然不同的表情，我很好奇到底是出了什麼事。課堂一開始時，大家輪流報告我在前次聚會之後交付他們的回家功課的修習狀況。令我又驚又喜的是，換華倫發言的時候，他向我們講述了某件似乎不太可能發生在他身上的事件。「我開車進市區時，」他開口說道，「到處都塞得十分嚴重。我陷在車陣裡的時候，通常都心生挫敗，一如往常，我開始心想我們社會到處都有問題，我真是一路倒楣到底。」

我們每一個人都點點頭，這種場景很容易感同身受。華倫繼續說下去，慢條斯理，儼然覺得從自己嘴裡冒出這些字句，十分驚奇。「突然之間，我放下這個念頭，開始自問：『等等，這種狀況會有什麼喜悅嗎？』我可以直接轉換方向啊。我往外眺望，看到了舊金山灣的海面。抬頭，發現今天很清朗。我打開車頂篷，對自己說道：『你知道嗎，其實也沒那麼糟糕。』我發現自己找到了一個以前一直不知道的開關。」他望著我們，面露微笑，彷彿在說「真是太神奇了」。就在那一刻，我知道「激發喜悅」課程的這些工具絕對具有解鎖喜悅的潛能。

喜悅與快樂不僅僅是善念而已，它們也可以是我們生活的基準線。本書的目的就是要展現如何觸達那種內心開關，過著更喜悅的生活，它所依據的是我在二〇〇三年於自家客廳舉行的授課課程。兩三年之後，它成為有世界各地學員註冊的線上課程，我不斷看到源源不絕的例子，靠著改善某些特定行為態度的方式，學員們確實能夠為自己的生活灌注更多的幸福。

> 「我的生活出現了出乎意料之外的正面轉折。我真心認為是我的新焦點讓我得以放下失敗的婚姻、房屋遭法拍，以及破產。我現在每天醒來與入眠的時候，都體驗到一種幸福感。」
>
> ——某名課程學員

喜悅的多種風味

「激發喜悅」課程所依據的關鍵原則就是：我們的喜悅與快樂取決於我們自己。

　　我們的苦難或是幸福並非僅僅取決於自身現況，而主要是我們與當下事件的關係。誠如快樂學專家雷克・佛斯特與葛列格・希克斯在《我們如何選擇過快樂生活》書中所揭櫫的一樣，快樂是一種選擇，久而久之，我們就能學習到如何將它培養成一種習慣。

　　本書不會為你創造喜悅，其實它早已存於你的心中。它是我們每一個人與生俱來的特質，是某種內建的能力，宛若學習某種語言或愛人的能力一樣。就像我們當初來到這世界的時候，本來就是天生喜悅的純真寶寶，而我們可以再次將它發掘出來。

　　我稱之為喜悅的這種幸福感，會以多種風味現身。它在每個人身上所呈現的樣貌殊異，從沉靜的滿足感到歡樂熱情都有。對某些人來說，它是一種活力十足的光采，而對其他人來說，那是沉靜的連結感。喜悅可能是捧腹大笑，或者坦然接受人生就是如此的恬靜微笑。當我們任由自己接觸美好與自然的時候，我們會感受到深沉的喜悅，當我們任由自己耍笨嬉戲的時候，可以感受到一種元氣十足的輕鬆感。慷慨或是悲憫的行為能夠振奮我們的心靈，就像是過著正直生活的感覺一樣。當我們看到別人幸福，自己也會跟著開心；當我們看見良善與真誠的時候，會大受感動。根據各自的特質，我們擁有自己獨特的體驗與呈現喜悅的方式。你的快樂可能與別人的看起來有所不同，但你可以找到自己獨有的表現方式。在你上這套課程時的重大發現之一，就是可以在自己身上找到喜悅的諸多風味。

「萬一我不是個開心的人，該怎麼辦？」

我們的快樂是否有極限？對⋯⋯也不能說對。「快樂設定點」這個概念，在心理學家們與社會大眾之間已經流行了好一陣子之久。早期研究顯示，不管我們遇到了什麼樣的事件或是體驗——無論好壞——我們都會回歸到自己的標準快樂值。不過，最近的研究卻描繪出某種更為複雜的面貌，顯現出有許多人的快樂值會隨著時間，出現上揚或是下降的主要趨勢，這也就表示我們有機會能夠增進自己的幸福值。

舉例來說，威斯康辛大學的理查德・戴維森的研究顯示出大腦具有變化與發展的能力，就連成人也一樣。雪倫・貝格利在她的著作《訓練你的心靈，改變你的腦袋》當中，也以大篇幅討論戴維森的實驗結果，她的結論是：「⋯⋯人腦感情區域的認知活動能夠發生改變的基本事實，證明了心靈訓練能夠轉移快樂設定點，確實有其可能。」戴維森的目的是要讓我們看到這樣的訓練能夠轉化「情感層次的心靈」。不管你覺得自己是不是喜悅之人，都擁有能夠發生改變的腦袋。

有些人聽到「喜悅」就覺得不自在。也許是因為一想到「開心」就會讓你翻白眼，以為被要求得一直掛著笑臉，可能是因為它會讓人聯想到情侶在小雛菊草坪跳躍的甜蜜電視廣告。不要擔心，真正開心的人並不是一直笑口常開。這正是雷克・佛斯特與葛列格・希克斯在他們的研究中所發現的結果，他們找出三百多名過著真正幸福生活的人，並且進行訪談。會哀傷、生氣，感受到各式各樣的人類情緒，是生活日常的一部分。我所說的並不是要採取「小安娜」式的態度或者以否定的

態度過生活。我所說的喜悅，是一種充滿活力與幸福的一般性感受，它的特色是積極過生活、以真我與洞察力迎向生命的起起伏伏。

如果「喜悅」與「開心」會讓你心生抗拒，那麼就看看是否有更能夠產生共鳴的其他詞彙——幸福、滿足、愉悅、自在，以及活力——等到你參加課程的時候，可以恣意代換，你可以運用各式各樣的字詞描述我在整本書當中所提到的那些令人精神振奮的狀態。

> 這套課程超棒！今年害我深陷的沮喪迷霧，幾乎已經全部消逝無蹤，我的感激無以言喻。
>
> ——某名課程學員

在艱難時刻找尋喜悅

找尋喜悅的念頭似乎與現實遙不可及。尤其是當你自己以及別人的生活充滿嚴峻挑戰的時候。我們每天都看到令人揪心的新聞——從氣候變遷、意識形態戰爭、大規模法拍，乃至企業遣散員工。或者，我們看到鄰居朋友因為經濟不穩或是健康問題而擔憂。也許更切身一點，擔憂的是自己，激發喜悅似乎

什麼是喜悅？

花一點時間，思索「喜悅」這個字詞會喚起你內心的什麼印象。心頭會浮現什麼畫面？如何能在最自然而然的狀態下流露喜悅？注意自己使用這字詞時是否會出現任何的抗拒，要是有的話，那就找出形容你重視的幸福狀態的最接近字詞。要是生活中一出現這種狀態，就開始留心關注。

成了某種輕浮的行為。

　　對於習慣把世界扛在肩上的我們來說，在充滿苦難的人間過著喜悅生活，很像是自我中心或是把頭埋在沙堆裡一樣。抱持這種觀點的某個人，曾經在某次「激發喜悅」課程開課時起身發表這種觀點，他的說法值得省思，而且也令人惴惴不安。「這裡讓我很有意見，」他老實說道，「這些幸福與喜悅的討論似乎與這世界現在的狀況毫不搭調，宛若大家安全舒適坐在這裡，圍著營火高唱著『有人在哭泣，上帝，到這裡來吧』。」團體裡有許多人點頭稱是。

　　最後，我們大家討論的是這種「營火歌曲因素」的障礙到底該叫什麼名稱才好，而這也是我們在尋求喜悅之前必須讓我們停下腳步的最合理的原因之一。雖然我們會在第四步驟更完整思索這項重要議題，不過，在與這名年輕人的討論過程中，他倒是覺得有些話讓他很認同。只關心世間的可怕情勢，卻忽略了美善，很可能讓我們在生活中變得退縮，陷入絕望之中。與喜悅的泉源保持觸通，能夠讓我們成為解決方案的一部分，而不是問題的一部分。它可以刺激與支援我們，在我們的生活與世界中做出正向改變，不只是因為我們可能會採取的行動，同時也包括了我們對自身接觸者所產生的提振效果。

　　二○○四年，歷史學家霍華德‧津恩在《國家》雜誌發表了一篇激勵人心的文章，標題為〈不確定性之樂觀主義〉，他在文中寫道：

　　　　一個樂觀主義者，未必一定是處在當今時代黑暗角落的無憂無慮、有些愚癡的樂天派。在悲慘時刻保持希望並非只

是愚蠢浪漫，其所依據之事實是人類歷史不只是一場殘酷的歷史，還包括了悲憫、犧牲、勇氣以及仁慈。我們在這種複雜歷史中所側重的選擇將會決定我們的生活。如果我們只看到最黑暗的部分，將會摧毀我們的行事能力。要是我們記得那些時代與地點——有那麼多的人——展現出高貴行為，就能給予我們行動的能量，至少能夠有機會扭轉世界旋轉頂端的方向。

依據道教的說法，生命是由萬喜萬悲所組成。如果我們只專注悲傷的部分，就無法看透全局。當我們敞開心胸迎接喜悅——圍繞我們周邊的美與善——就能夠以更寬廣的視角看待自身痛苦。這趟課程的重點並非否認艱難之處。其實，以睿智的態度面對悲傷，正是「激發喜悅」課程的重要修習主題之一。

> 我知道這堂課對我產生了正向影響——不過，真正讓我吃驚的是看到它讓我生活中其他人受益的過程，這種事果然具有傳染力。
>
> ——某名課程學員

萬喜萬悲是完整生命織錦的一部分。生命經常艱難，激發我們的喜悅，並非是為了要否定這一點。發現幸福秘密的這些人，具有能力、自信穩重，無論生命出現什麼狀況，都可以真誠面對，雖然他們也會感受到各式各樣的情緒，但他們知道憤怒、悲傷、恐懼都只是暫時過客而已。

勉強故作喜悅或開心只會令人沮喪，而且完全無法發揮作用。當你哀傷或是焦慮憤怒，抑或是有其他難受情緒的時候，不需要假裝若無其事。就讓自己體驗真實感受，但依然要對喜悅之可能抱持開放態度。

當我們激發出自身，以及周邊的人的所有內心良善的時候，我們就會想起自己有多麼珍愛這座地球。耕耘我們的善意、活力以及喜悅，不僅會帶來好心情，也能夠幫助我們更加表露自身的愛，喚醒他人心中的意識。我們自身的喜悅，將會成為我們與每一個人相遇時的贈禮。

哪一種宗教是喜悅之心？

由於我擔任佛教冥想教師已超過三十年之久，所以「激發喜悅」課程裡的諸多基本原則以及歷經時間淬鍊的修習方式，都主要來自於這些教學經驗。達賴喇嘛，藏傳佛教僧侶，曾經在《快樂之道》一書中提到，「人生之目的是要過得快樂。」而佛陀自己就是知名的「樂者」。他鼓勵每一個人要去挖掘真正的快樂，還說我們要是能以極樂作為意念——擺脫所有負面情緒與紛擾的心靈——那麼其他種類的快樂也會接踵而至。

不過，這並不是一套佛教徒討論快樂的課程，沒有所謂的「佛教徒」快樂或是基督教、猶太教、穆斯林，或是印度教的快樂。我們幸福的自然狀態並非是哪個特殊性靈傳統所獨有。牧師、拉比、出身各種信仰的群眾——以及那些完全沒有服膺任何宗教的人——都在這堂

當各位研究這所有的古老學說的時候——印度教、佛教、基督教的訓誨——將會發現它們有兩項共同特徵……首先，它們都看出人類狀況有些問題……第二，它們都領悟到還有一條超脫之路，而那正是靈性之路。

——艾克哈特・托勒
在二〇〇二年七月
《太陽》雜誌接受
史提夫・多諾索的專訪

課程中獲益良多。其實，有許多人，也包括了我自己在內，都認為佛教更偏向哲學，而不是宗教，我們把它當成一種過著和諧生活的方法。由於它強調的是發掘自我的真理，而不是依照某套規範生活，所以任何人都可以實踐它的基本原則。

佛教徒能過得開心嗎？

我第一次被佛教的教理與修習所吸引，是因為我發覺它們能夠幫助我減緩自己的長期不安與焦慮。聽到著名的「第一聖諦」的時候，讓我鬆了一大口氣：人生即苦。終於有人說出了實情，而不是告訴我應該要打起精神、要知足、去大肆採購一番就是了。

不過，這也讓我開始思索這樣一來是否還有享樂的空間。我不禁注意到，舞蹈與歌唱似乎並非修行裡不可或缺的一部分。在對佛陀的大多數描述中，我看得出佛陀都在微笑，然而，當我在靜默修習冥想的時候，有時心覺苦痛，似乎並沒有什麼我定義為「樂趣」的空間。其實，我們所學到的是，如果尋求享樂，很可能會導致我們進入不健康牽繫的陷阱——沉迷於某種會引發痛苦的歡愉。

就在我剛接觸這些教理沒多久之後，我碰到了自己身歷其境的一場大麻煩。一九七四年，我在科羅拉多州波德的納洛巴學院，修習喬瑟夫・高登斯坦的「佛教要義」課程，我們正在學習如何冥想。我努力專注吐納，專注當下，突然之間，我想起了我那天早上穿的是紐約尼克隊的T恤，我不只是熱情粉絲而已，而且還買了季票支持。我生命中某些最亢奮的時刻都

出現在麥迪遜廣場花園，因為我當時在為我深愛的球隊瘋狂加油。我的心思開始亂飄，回味那些高潮時刻，然後，突然有些驚愕，整個人清醒過來，想到自己應該要追求能帶來內心平和的寂定冷靜才是。我焦躁不安，覺得很納悶，要是全心投入冥想，會對我的熱情造成什麼影響？對於球賽的歡欣熱情，以及冥想的靜持，兩者之間的格格不入感讓我非常心神不寧，所以等到課程結束之後，我鼓起勇氣，第一次去找喬瑟夫講話。

我有些靦腆，走過去找他，解釋自己的困惑。等到我熟悉冥想之後，會不會最後在麥迪遜廣場花園看球賽的時候，一臉冷靜，頭隨著我的愛隊行進方向左右轉動，一派平和發出稱讚，佛雷澤，射得漂亮，哈維契克，移位很成功。「如果最後是這樣，」我老實招認，「我不確定自己是否適合。」

喬瑟夫微笑，「不要擔心，」他向我保證，「你還是可以盡情享受比賽。但要是發生了任何改變，很可能只是你可以不再那麼沮喪、更快走出敗戰的傷懷。」他給了我一個令人滿意至極的答案。而且，他說得很對，學習以從容之心生活，並不表示要放棄我們對生命的熱情。

我們有些人所接受的宗教薰陶是拒絕世界能讓我們成聖──以「淚水／折磨之溪谷」的方式信教。佛教中也可以見到這同樣的態度，有學生誤以為自己要是享受與珍愛人生，恐怕會落入如牢籠的牽繫之中而無法自拔。不過，要是對於自己面前的生活採取封閉態度，也就是另外一種形式的厭棄，有種說法是這樣的：「享受正向經驗很危險。」但

喜悅並不是靈性體驗的附帶品，它是生命的關鍵。

──布列斯洛夫派拉比納赫曼（一七七二至一八一〇年）

佛教高僧阿姜‧蘇美多對此卻有不同觀點。他出生在美國，在海軍與和平工作團服役之後，在泰國出家。蘇美多一直是詮釋古老教誨，並將其應用於當代生活的高手，在他的著作《即是如此》一書中，他寫下了這麼一段話：

> 有時候，有人對於佛教產生不能享受美好的印象。比方說，要是你看到了一朵美麗的花，你應該要想到它會腐爛……就某種程度來說，這種想法有一定的價值，但這並非是一成不變的立場……等到你擁有了智慧之後，就能在那樣的美好，以及事物的良善之中享受歡喜。真誠、美感、良善能夠讓我們心情愉快，因為我們在其中找到了喜悅。

諸位要切記，佛教教理的主要意念之一，就是要找尋當下的快樂，其中也包括了珍愛我們面前的一切美好恩賜。

激發喜悅課程

近來，快樂學變得越來越受歡迎。許多好書都為人們指引了那條明路。「激發喜悅」也提供了某種稍微不同的策略，加入同心協力的努力陣容。這套課程所引介的是已經流傳數百年之久的方式，訓練心靈學習全新的思維方式。

「激發喜悅」的效果之所以如此顯著，是因為它以可行的形式呈現出古老教理，而且還結合了當代心理學與科學所提供的改變行為態度之策略。

　　本書的基礎是十個月的「激發喜悅」課程，主題相通，步驟順序也一致。不過，運用本書可以讓你依照自己的步調逐一熟悉這些步驟，這是一種以長時間培養新習慣的過程，能夠產生幸福的持續感。你可以一口氣看完這本書，然後回頭專注在那些與你特別有關的練習與主題。或者，也可以逐章閱讀，每一個步驟該花多少時間，照做就是了。

　　我把每一章視為一個「步驟」，但「激發喜悅」之旅並非是線性歷程，所有與他人的互動練習——是一種讓你敞開心胸，迎接更多喜悅的全像投影圖，而它的基礎是一套經過好幾年的大規模測試，證明有效的系統性課程。

　　你可以藉由這本書看到因這套課程受惠者的引證，多是來自於回覆線上調查、私人通聯，以及特別因為這本書而接受訪談的參與者。這些篇章中的許多動人故事都是來自我所主持的靜心正念冥想靜修中心學員的體驗[1]，還有許多是我自己以及索夏娜的故事，都汲取於我們自己在靜修中心的經驗。

　　靜心靜修是一種以獨特又充滿啟發的方式，揭開心靈運作過程的嚴酷考驗。不過，提出這些故事的目的，並非建議各位訓練心靈或是學習過著快樂生活只能在靜修中心進行。各位也可以在接下來的內容中發現，有許多方式可以領悟這些有關人類體驗的智慧。

　　大家可以靠網路參加「激發喜悅」課程，視訊與音訊均可，或是親臨現場教學課程。兩者都包括了各式各樣的快樂學專家、神經科學家，以及靈性導師的授課，本書也收錄了

1　書中講述的故事幾乎都是真實情節，不過某些故事或引言是由不同人的經驗所綜合而成。所有的名字都已經變更，除非有特殊許可才會出現真名。

二〇〇八年柏克萊課程中的智慧小語。

關於心靈運作方式，有諸多複雜理論與錯綜複雜的謎團。我將三大佛教教理組構為「激發喜悅」課程的基石。運用這些原則培養快樂的效果已得到神經科學研究的確證，本書將會提及一部分。而整套課程的核心三大原則如下：

對於那些能夠讓我開心的事物保持專注，而非置之不理，其所產生的強大效果，讓我真的大吃一驚。真的如你所說的一樣，當我的心靈傾向這種方式的時候，我的腦袋似乎也跟著換檔，看待一切的角度變得更正面。

——某名課程學員

- **將心靈導向喜悅。**誠如佛陀的明示：「多隨所思，多隨觀察，從其相應，心生傾向。」不過，我們的心靈可以接受訓練，這堂課程的核心意念就是要讓心靈能夠導向誘發喜悅的狀態。
- **發展與增進幸福狀態。**當我們保持仁善或是慷慨、自在或是淡然，就能感受到真正的快樂與幸福。這就是佛教教理中所稱的善法。只要我們領悟到哪些幸福活動可以幫助我們保持這種狀態，就能刻意誘發與予以培養。
- **專注隨幸福而生之喜樂。**從事健康活動，可以讓我們體驗到真正的正向提振能量，佛教教理還提到了體驗「與幸福關聯之喜樂」的價值，還有「喜樂滿心」的歡愉。增進那樣的喜樂，正是我打算以「激發喜悅」所表彰的意義。

在創設這堂課程的時後，我明白要是能夠「多隨所思，多

隨觀察」數個月之久，再加上體驗到幸福與隨之而來的「喜樂」，那麼就可以「從其相應，心生傾向」。時間一久，你的心胸會習慣某些可能會限制你追求快樂完整潛能的特定模式。靠著修習，就可以改變自己的預設立場，讓你能夠持續得到自然喜悅。

建立正向經驗的寶庫

人腦為了要幫助我們生存，已經演化為對容易吸收負面經驗，而非正面體驗。一次與狗交手的糟糕經驗會比一千次的愉快經驗更顯得清晰鮮明。換言之，人腦就像是吸黏負面經驗的魔鬼氈，正面經驗的不沾鍋。杏仁核，位於腦部中央、狀似杏仁的一叢神經元，它扮演了儲藏情緒記憶的關鍵角色，而且它的主要功能是在尋索惡劣狀況。

由於我們天生設定就是如此，我們很可能會做出加強自身最深沉恐懼的行為、艱難度日，我們在遇到狀況的時候，擔心它可能是攸關生死的威脅，所以會找尋負面訊息。由於我們的腦袋原本的設計就是要隨時保持警醒，所以我們得憑藉一己之力，以刻意的方式將注意力導向正面經驗，才能趨近快樂。透過刻意的關注力，你可以慢慢建立正向經驗的寶庫，抵消負面經驗。我所知道最有效的方法，就是決心找尋正向經驗，以具體實踐的方式吸納。這種方式可以讓我們的大腦有足夠的時間感受正向體驗，能夠讓那些神經元一起被喚醒，開始同時產生正向能量。

——瑞克・韓森博士
《像佛陀一樣快樂：愛和智慧的大腦奧秘》作者
二○○八年，柏克萊的激發喜悅課程

　　除了這套「激發喜悅」課程每一步驟的原則與修習之外，我還鼓勵各位實行一套可以激勵生命旅程的活動內容。運用以下的建議，只要找出能夠適用於自身的任何方法都不成問題，不要把它們當成負擔，或是你必須得完成的多餘事項。

> 如果你能走路，就會跳舞；如果你能說話，就會歌唱。
>
> ——辛巴威俗諺

　　不要擔心自己未完成的部分，只要完成了任何一項，都應該要覺得開心：

- **多動身體。**保持走路、運動、跳舞，或做瑜伽的習慣。與自己的身體培養健康的關係。伸展，走路，運動。在允許的狀況下，盡量活動。這可以讓你提振精神，釐清思緒，幫助你更長壽，過得更有活力。你的身體竭盡全力為你服務，要善待它才是，一切都要抱持著激發更多喜悅的心。
- **固定從事某種創意表達的活動。**比方說歌唱、寫作、畫畫、彈奏某種樂器，或是跳舞。我特別推薦唱歌，因為它可以開嗓，讓你與幸福的震動協調一致，而且許多學員都發現它是幸福的關鍵。就算你覺得唱歌很蠢，多少還是試試看！研究顯示浸淫在音樂之中，有助強化我們的免疫系統。你也可以嘗試聆聽能夠振奮精神的音樂。我把那些會讓我開心的音樂編輯成一套自己專屬的曲目，每次我播放（而且跟著唱的時候），真的奏效。各種形式的創意表達都能夠幫助你振奮心靈的狀態，讓喜悅元氣川流不息。

- **建立一份滋養清單**。增強幸福的激勵方式之一，就是找出可以滋養心靈的種種方式，然後固定將其套用在你的日常生活之中。建立一份滋補清單，將可以幫助你實現這一部分。花一點時間，寫下所有能夠為你帶來喜悅的項目，可以像是吃桃子之類的簡單小事，或是如風帆衝浪的奇特活動，抑或是介於兩者之間的事物（遛狗、與朋友一起喝茶等等），你從事哪些活動才能真正得到更多的生活喜悅？

- **從事自我滋養的活動**。一個禮拜三、四次，要是可能的話，每天當然更好，萬一沒辦法達成這樣的頻率也無須指責自己。靠著滋養心靈的方式，就能大幅增進貼近喜悅的能力。要做到這一點，並非意味要將愉悅放大到極致。你可以一口氣吃下三客冰淇淋，雖然可能會產生許多快感，但你的精神卻恐怕難以得到滋養。其實，你會消化不良！滋養心靈通常與投入幸福活動與體驗息息相關。泡個熱水澡，在大自然裡散步，與某位朋友來場午餐聚會。任何提到的滋養修習都可以。你可以把它當成一種獎勵，或者純粹就是自己應得的報酬。不要任由運氣決定喜悅，要找出什麼是激發的源頭，然後把它列為日常生活中的優先順序，讓自己過得開心，玩得盡興。

每一個物種都有其棲地，能讓其欣欣向榮的地方。要是某個物種無法找到合適的棲地，牠的生命真力就無法被喚醒。拒絕棲地的物種將會衰亡，這樣的例子在我們周邊比比皆是。人類的真正棲地是什麼？冒險遊戲。

——布萊恩・史威姆
《這世界是一條綠龍》

- **冥想或是固定花時間與自己獨處**。要是可以的話，將它培養為每日習慣。就算不冥想，也要想辦法拿杯茶坐下來五到十分鐘，眺望窗外，了解安安靜靜什麼事都不做是什麼情景。與自己的內在生命觸通，可以幫助你找到心中的良善與喜悅。課程學員發現，實行這一點對於自身幸福產生了重大影響。神經科學證實了冥想確實能夠在腦部結構中營造正向改變，提供更豐富的快樂。

- **記錄喜悅日誌**。把本書提到的各種修習體驗寫下來，也許在每日即將結束的時刻，記錄當天到底有哪些事項為你帶來喜悅、幸福，以及快樂。不一定要很多，要是完全想不出來也不需自責。但一定要記得，即便是最微不足道的事物也得要算進來，比方說擼一擼自己的狗、聽到某首自己的愛歌，或是與朋友聊天。將它們寫下來，能夠讓你回想那些時刻，仔細回味。

- **找尋「喜悅之友」或是「喜悅團體」**。能夠擁有某個朋友，尤其是也看這本書或上這套課程的人，就可以固定與對方一起互相惕勵，這很可能會成為學習過程中的巨大助力。這就像是擁有了一個運動之友一樣——能夠讓你保持進度的人。你可以靠著電子郵件、電話，或是面對面的方式與喜悅之朋友保持聯絡。

兩人協調出適合雙方的方

我的發現是，自己早已常常體驗到真正的幸福感受！我一直覺得自己是情緒不穩又焦慮的人，不過，當我投注更多足夠的注意力之後，才了解自己其實比自己想像的更能體會喜悅，其實並沒有我以為的那麼難。

——某名課程學員

法（時間、頻率、聯絡的方式），就算是五分鐘的切磋也能夠幫助你們兩人持續前進，其目的是為了要彼此支援，找出修習的效果、分享領悟。要是你的選擇是不找朋友，也不成問題。

線上「激發喜悅」課程可以幫助學員安排一位學友。全世界都有為了共同修習這些教材的人所組成的團體（包括線上團體），這是一種裨益良多的實踐方法。

使用者友善的體驗

我想要一開始就講個清楚，當你在修習這套課程的時候，千萬不要有任何的罪惡感。罪惡感會對培養喜悅造成反效果！不要覺得有缺憾，也不要有壓力，把這當成一種滋養體驗。無論你做了這種體驗的哪一個部分，請你一定要保持良好感受，搞不好你的決定是看完這本書就夠了。某名課程學員曾經告訴我，她唯一做的就是看了課程資料，但卻提醒她在這世界當中還有別的存在方式，而且她感受到了顯著的正向影響。

我在剛開始上課的時候，就看到了最神奇的改變。彷彿現在有一道光照亮了我以往一片黑暗的道路。我現在知道要怎麼才能過得開心，這是自我選擇，好棒的感覺！

——某名課程學員

來自全球各地、成千上萬的人都曾經全程參與這項課程，親身體驗了它的好處，能透過這本書向各位分享，是我的莫大欣喜。我誠懇盼望它能夠幫助各位改變不適合的習性，強化那些能夠引發更幸福、更有活力的習慣。除了個人獲益之外，我也相信在各位的生命中找尋

更多的喜悅，將會對於你所認識的每一個人產生漣漪效應，讓世界產生真正的改變。而這一切的起點，就從選擇過快樂日子開始。

激發喜悅

第一步驟

將心靈導向喜悅

一切唯心造

——佛陀

　　某天晚上，有名學生聽完我有關真正快樂的系列演講之後來找我。「我有東西要給你看，」他打開了一本時尚雜誌，翻到某幅跨頁廣告。好，閃亮紙頁裡是一個穿掛黃金珠寶的美女，看起來既開心又滿足。跨頁的斗大字體是：「黃金顫慄。」當我看宣傳文案的時候，覺得既有趣又驚恐。

> 從閃亮金珠項鍊吸引女人目光的首次微微顫慄
> 到令人豔羨逸品變成她掌中物的歡喜巨大顫慄……
> 在人生樂事之中，這是獨一無二的深層歡愉
> 唯一能夠得到黃金顫慄的方法就是得到黃金

　　由於我們每天都被數千個這樣的行銷訊息所轟炸，所以很容易誤以為滿足欲望就是找尋快樂的方法。某個保險桿貼紙是這麼說的：「人生最美好的部分並不是物品」，我們也許明白這個道理，但我們依然相信某處的某個東西會讓我們開心。當我找到自己的靈魂伴侶，或是寫出偉大的小說，不然就是等我退休的時候……

要是我知道擁有一切是這樣的感覺，那麼我當初期盼的應該會少一點。

——莉莉‧湯林

　　當我們實現某種特殊的體驗、得到物品、完成目的之欲望的時候，會產生喜悅，這一點當然不能否認。但是當我們拿到「令人豔羨逸品」的滿足感能夠持續多久？也許等到我們發現其他想望之物的時候就會消失不見。當我們把真正的快樂等同於得到某物（或是某人）的時候，我們最後就會淪落到與待在跑步滾輪裡面的倉鼠一樣——跑個不停，永遠

沒有終點。

　　要是真正的快樂並非根植於物品或是體驗，那到底能在哪裡找到？又得靠什麼方法？這就像是在查地圖一樣，只要你知道自己要去哪裡，找出前往的方法當然比較容易。

進行第一步驟

　　激發喜悅的旅程起點是設定清楚目的。雖然我們大家都想要過得快樂，但大多數的人並沒有把它當成我們生活重心的確切期盼。我們以為自己要是功成名就、有錢，或是被其他人所喜歡，快樂就會跟著來。我們很容易懷抱這種希望，要是能在未來達到特定目的，就能讓自己快樂。不過，這些都是得到快樂的迂迴之路，而且未必行得通。能讓你真正到達那裡的方式，是要以現在的位置開始，挖掘自己在目前的生活當中到底要尋索什麼。

　　你可能會覺得在找尋快樂之前，自己的生活環境必須要有大幅改變。我們的生活方式會影響我們的幸福，這一點的確為真，但我們也知道，就算在最佳環境之中，我

我經常自問有什麼好開心的？我還是失業、過胖，而且我期盼的愛情與人生一直沒有出現。不過，慢慢地，我開始發現，只要當這個問題出現在當下的時候，我的答案就是一切！我還活著，正視自己的困境，我其實活得很認真，也沒有隱藏苦痛。我領悟到光是活在當下就很快樂了。我可以感受到自己的呼吸、照在臉上的陽光、走路時的四肢動作、微笑大笑以及唱歌的喜悅。這不是幻象，也不是隱藏或以否定態度封閉自我，因為活在當下要好好珍惜！

　　——某名課程學員

們也可能過得不開心。有時候，在相當艱鉅的狀況下，我們反而覺得出奇自在。本書雖然鼓勵你要在日常生活中放入有助幸福的體驗與情境，不過關鍵其實是決意改變心態。誠如冥想導師希薇雅·布爾斯坦所說的一樣：「快樂是一種內心任務。」當我們有自覺打算過著快樂生活的時候，要真的大聲對自己說出來，這就是展開了大規模的改造。全然的改變起於我們的內心，源自我們的體內與心靈。當我們知道要選擇與意念一致的行動與情境時，正向改變的動能就會開始滋長。

真實快樂的黃金

　　我在大學時一直是性格陰鬱的存在主義者，直到有一天，我突然恍然大悟，我其實想要過著快樂的日子。我深信唯一能夠達成意念的方法就是要達成自己的想望。我確保快樂的個人策略就是盡量塞滿愉悅與滿足的時刻，讓潛藏的不安無法趁虛

去吧，直接說出「我想要開心過生活」。

　　當你清楚縱聲說出自己想要開心過生活，希望喜悅能夠成為日常經驗的一部分之後，會發生什麼事？是不是想要回頭看看是否有人盯著不放？你居然大膽妄想這種事？也許你會懷疑這是否可能成真，或者，你覺得鬆了一口氣，因為終於說了出口。無論你的反應為何，這都是你朝向激發喜悅所踏出的第一步。

而入。拿到最新的超酷音樂專輯感覺很好——但就只持續一會兒而已。

在狂野派對裡玩翻天很歡樂——但就只是在那個當下而已。而不論我擁有多少的快樂時刻，我還是覺得成為一個「快樂的人」與我沾不上邊。我覺得自己宛若在搭乘雲霄飛車，下降的時間遠比偶爾的上升段來得長多了，一定還有其他方式才是。

因此，我在一九七四年到了科羅拉多州波德的納洛巴學院，某個靈修夏令營。我先前讀了一些東方哲學的書籍，讓我開始很懷疑自己的理論，我想要釐清自己的思緒。當我第一天進入冥想課程地點的時候，對於即將到來的異國新教學體驗，覺得好興奮。教室前面有名男子盤腿而坐——但完全不符合我預設的心靈大師形象。其實，他跟我也沒有太大差別，他是猶太人，聽口音似乎是來自紐約，而且我很懷疑這傢伙是否真的能教我什麼新東西。不過，我為了判斷這套課程的內容，稍微上了十分鐘之後，我決定要好好聽完他說什麼。

過沒多久之後，喬瑟夫・高登斯坦讓我明白了什麼是真正的自由與快樂，而且也知道要如何達到那樣的境界。這是我第一次發現確實有可能不需成為自身神經質思緒與恐懼的奴隸。上完課之後，我知道自己已經找到了通往快樂的真確之路，而且決心要走下去。

喬瑟夫暢談佛教的某個基本教理——領悟我們在現世所經歷的一切都是無常。無論有多麼美好，一定會產生變化。我心想，嗯，當然，我的人生狀況就是如此。我們得不到自己的想望，心生挫折；我們得到的是自己不想要的東西，覺得惱怒。

或者，我們得到了自己的期盼，但卻沒有達到我們預期的滿足感。我們發現黃金顫慄的愉悅只持續了一會兒，然後消失無蹤。就像那些著名「哲學家們」，「滾石樂團」寓有深意的名曲一樣，「我就是滿足不了」。

　　由於世事瞬息萬變，所以沒有任何環境、體驗，或是物品能夠給予我們永恆的喜樂。我們的身體在變，心靈在變，季節也一直在變。然而，我們卻拚命想要留住愉悅、青春、夏日時光，以及快樂。誠如喬瑟夫所言，想要抓住無常的現實，宛若緊握一條害你不斷下滑的繩索一樣，只會讓雙手擦傷而已。你抓得越緊，痛苦就越深。

> 我們必須要強調這一點：每一種令人想望的體驗——強烈愛情、靈性快感、得到新物品的歡心、成功的狂喜——全都是無常。
>
> ——大衛・邁爾斯博士
> 《追求快樂》

　　這種困境的逃脫路徑是什麼？激發喜悅不只是與完成目標或是改變特定環境有關，而是訓練心靈以某種方式生活，讓我們能夠對於當下的日子感到真正快樂。這並非表示我們不再渴望成長與正向改變，或是處於惡劣環境不為所動，而是我們開始尋找身處當下的內心喜悅。當你實行書中的練習之後，將會發現快樂並非是某個抵達的地點，而是訓練心靈之後的成果，能夠以從容、充滿彈性的態度駕馭人生的雲霄飛車。

決定要快樂過生活

　　薇琪正在期盼奇蹟。她這五年來一直過著飽受慢性病痛楚折磨的生活，任何醫生與治療師提供的療方都無法緩解。當我

們對話的時候，她的失望不斷惡化，成了不斷發作的嚴重憂鬱。她告訴我：「我經常會為了要熬過一整天而崩潰大哭。」薇琪來找我，是要討論她是否應該要參加「激發喜悅」課程，她說道：「我就是沒辦法相信這樣可能會讓我變得快樂。」

　　她最近的狀況甚至越來越糟糕。多年來努力想要幫助她的朋友開始慢慢遠去，擔心自己會被拖入薇琪的憂鬱黑洞之中。「而且我男友真的很懷疑我們的未來，」她邊哭邊訴苦，「我知道他愛我，而且很同情我。但他說他很懷疑我是不是已經放棄了人生。」

　　「薇琪，妳受了太多的苦，」我溫柔說道，「不過我也看過其他經歷相當痛苦煎熬的人下了決心之後、產生重大改變的例子，我想妳辦得到。」

想像改變

　　重複做同一種活動，就會改變腦部的結構，不過，就算只是想像同一種活動，也會對神經架構產生改變，哈佛醫學院的研究員以某項有趣的實驗證實了這一點。他們請一群志願者玩一種鋼琴五指練習，為期一個禮拜。而對照組則是純粹靠想像進行同一種練習運作五指。雖然真正實作對於腦部結構的影響，比純粹想像的那一組來得更為強烈，但等到一週結束之後，這兩組受試者腦部的同一區塊都受到了明顯影響。

　　積極想像快樂的感覺或是回憶愉快的經驗，也能夠幫助你的腦部產生那些改變，為你的生活帶來更多喜悅。

　　薇琪雖然很懷疑，但還是決定註冊上課，第一次的團體聚會果然成了她的重大轉折點。我通常在第一堂的時候，會請學員釐清自己想要過著更快樂生活的目的。那一晚大家都在盡情探索令人振奮的未來，等到課程結束的時候，屋內充滿了熱情與期盼。某些學員不捨離去，繼續與朋友聊天，還有些人跑來問我問題或是發表看法。我發覺薇琪安靜坐在一旁，等到其他人離開之後，我過去找她詢問狀況。

　　「看看我這種身體狀況，我萬萬沒想到這個方法居然奏效，」她開口說道，「我甚至沒辦法想像喜悅是什麼感覺。」

　　「我明白妳的那種感受，」我拿了張椅子坐在她身邊，「千萬不要改變現在的狀態。不過，我覺得妳之所以產生變化的最重要因素，是因為妳敞開心胸，面對找尋生命喜悅的可能性。在妳釐清自己的目的之前，這是必要的步驟。」

　　我知道一定有辦法讓她明瞭她具有享受自己生活的能力。我看過許多人，其中也包括了我自己，只要能夠接納那種可能性，就能夠翻轉人生。

　　「薇琪，妳生命中是否曾經有過享受的時刻？」

　　她回答得有些遲疑，「有的……和我三歲外甥女玩耍的時候。」

　　「能不能現在回想一下妳與外甥女玩耍的情景？」

　　薇琪挺直坐姿，閉上雙眼，幾乎是立刻就露出了淺笑。

　　「現在，停留在那樣的畫面與感受……」

　　當她靜靜坐在那裡的時候，我看出她的臉龐出現了細微變化。當我請她描述自身感受的時候，她花了一會兒才找出了措辭。

「我覺得有一種叮鈴聲響傳遍全身……感覺變得輕鬆……心中有了暖意……」

「嗯，很好。現在讓妳的呼吸沉浸在那種感覺之中，讓每一次的吐納都強化那種感覺……」我很清楚，讓她的身心完全記得那樣的體驗，將會是讓她展開心之所向的變化的關鍵。

「現在，把心思放遠一點，想像在接下來的十個月課程當中，固定練習找到這種幸福的感受。妳可以告訴我那樣的生活會是什麼景象嗎？」

我看得出來，當薇琪在深思的時候，身體已經開始放鬆。

「壓力沒那麼大了……又可以享受與朋友在一起的時光……看到自己在原野裡散步的次數變多了，讓自己更開心。」

「很好，如果這是值得妳追求的感覺，」我語氣溫柔，「花一點時間，釐清自身的目的，讓它得以成真。我們看看妳是否能下定決心，要自己好好努力實踐。」

薇琪正在思索我的建議時，我覺得她的身體似乎真的變得輕盈多了。她最後睜開雙眼，給了我真誠又燦爛的笑容。「好神奇，」她回道，「我內心出現了某個聲音，它不只說我可以做得到，而且還說我馬上就會付諸行動。」在她內心中的那個決定，開啟了某個過程的起點，讓她終將能夠得到她渴望的奇蹟。正如俗諺所言：「天助自助者」，而薇琪的「奇蹟」在她願意敞開心胸、迎接喜悅之可能的那一刻就已然發生。

為自身意念找尋「神奇」字彙

　　正如薇琪所發現的一樣，只要想起自己快樂的能力，就能為激發喜悅而設定意念，達到最好的效果。相信它，就能做出誠心決定，自己會努力實現意念。這就是設定快樂目的之真諦——你的實踐決心能夠讓你完成願景。

　　找到一個能夠代表自身意念的精煉字詞，是提醒自己方向的有效方式。你也許可以說出，「我要讓生活充滿更多喜悅」或者「我想要每天體驗更多的快樂」之類的話，或是「但願我能夠過著更幸福的生活」。你到底要以何種方式詮釋自己的意念，並不重要，而且詞彙可能會隨著時間發生變化，最重要的是必須要起而行。

邀請快樂進入你的生活之中

　　回想你曾經感受到真正喜悅的時刻。也許是在新鮮粉雪的山坡滑雪，盯著自己的狗兒在原野四處跳躍，與好友共處，拿到了工作表現優異的獎賞。當你仔細回味這樣的體驗的時候，要注意色彩、聲音、氣味，還有你體內的感覺。這樣的喜悅在哪裡發酵？也許你覺得胸膛有些鼓脹，或者全身都產生了刺癢感。你可能會發現自己面露微笑。當你回顧這段回憶的時候，心靈狀態又是什麼？也許是一種振奮感，或是生氣勃勃的開闊感覺。

　　現在，讓這些幸福的感覺深深烙印在你的心中。吸入，感受，讓它盈滿你的心靈。要是這樣的喜悅在你的日常生活中所佔的比例越來越高，你的生命又會發生什麼樣的改變？

　　來自加拿大的瓊恩寫信提到，當她想要以精準方法描述自身意念的時候卻困難重重。她加入了「激發喜悅」課程，想要為自己與丈夫和兩名子女的關係找尋更多的喜悅，她寫道：「和他們在一起，我老是會出現類似惱怒與不滿的立即反應。」由於瓊恩尋求的改變相當重要，所以她希望能夠找出與意念完全相符的說法。

　　她花了好幾天的時間，努力思考各式各樣的可能性，卻一直心生挫敗，她決定坐下來靜思，看看會出現什麼答案。結果浮現心中的是「我要給喜悅一個機會」。這根本不是她苦思的深刻詞彙！她寫道：「那幾個字簡直讓我覺得好反感，立刻嗤之以鼻。」但那句話卻一直反覆出現，瓊恩不知在什麼時候產生了體悟，「反正我可以乾脆當個傻蛋，維持這樣的意念就是了，不要再去擔心『正確』的修辭。反而可以直通這些『傻蛋』詞彙背後的勇猛能量，努力追求意念！」

一場時時提醒的遊戲

　　熟能生巧。提醒自己要為生活注入更多喜悅與幸福的頻率越高，一旦等到它們浮現的時候，你就更有可能敞開心胸大方迎接。而且當你隨時注意要為了意念而增進快樂的時候，更有可能會做出有利的抉擇。

　　席拉興致勃勃來參加「激發喜悅」課程，期盼能夠讓自己跳脫窠臼。在第二個禮拜快要結束的時候，她在團體報告時提到自己發掘出一種成功策略。她對自己的工作電腦進行設定，每二十分鐘就會出現鈴響，每次一聽到那輕巧的音樂訊

息，她就會提醒自己所設下的意念。「第一個禮拜我是這麼告訴自己：『但願我能開放心胸，在每一刻迎接更多的喜悅與幸福。』」

她靠著那句話持續下去，開始認知到自己是否能完成意念取決於自己的行為或是思維。到了第二個禮拜，每當鈴響出現的時候，席拉開始自問：「現在讓我快樂的原因是什麼？」要是能夠完成她當下的工作，得到需要的休息時段伸展肢體，主動鼓勵同事，是否能夠讓她感到快樂？「我真的很喜歡這問題，」她補充道，「因為它會逼我去積極探索，讓我很難處於無意識狀態，這一招真的奏效。」

不過，某人的神技未必適用於別人。當你需要專心的時候，聽到提醒鈴聲響起，可能會害你抓狂。發揮創意，看看哪一個方法對你合用。開心的心情能夠幫助你深化自己對幸福的許諾。

我的朋友伊娜培養出一種提醒自己意念的獨特方式。她是性好譏諷的紐約人，覺得「喜悅」這樣的字詞對她來說太甜美

認真對待自己所說的話

準備要為生活創造更多喜悅了嗎？如果是的話，現在就好好花時間，下定決心要實踐。想出一個字詞或一句話，能夠時時提醒你自己的意念。無論你打算怎麼說，千萬不要只是重複空洞的字詞，而是要讓它確實提醒你自己擁有得到喜悅的能力。坦然維持開放心胸，接受你努力召喚而來的幸福感。

了一點。每當她一想到「喜悅」，腦中浮現的不是敞開心胸，反而覺得自己的身心因為反感而蜷縮。這種方式當然沒辦法實現她的意念！伊娜發明了一套巧妙的替代方案：

> 我喜歡綠色，它能夠讓我精神為之一振。所以我決定不要講什麼「激發喜悅」，「我開始告訴自己：『我要激發綠色。』那是會讓我有感的一句話。我從來沒想到那種小技巧居然會產生效果。」我開始注意到四周出現的所有綠色，每當我這麼做的時候，心情就會變得更快樂。現在，我找尋綠色，似乎會自動觸發那種反應，誰會想到這種憤世嫉俗的技巧會帶來這麼多的喜悅！

某名線上課程的學員製作了一套卡片，裡面的內容是取材於課程教材的鼓勵引語，而且還將其上傳到網站，提供別人下載，而其他學員的建議還包括了：

- 我在我的冰箱與浴室鏡面貼上「呼吸」的字條。每當我看到它們的時候，就會刻意呼吸，提醒自己的心要趨向更多的喜悅。
- 我把卡片貼滿了整個廚房：歌唱！冥想！大笑！
- 我的兩個小兒子和我開始每天早上向對方講出這句話：「我們準備度過快樂的一天吧。」某天早上，我們不是很開心，我兒子提醒我，我們忘了講出我們的快樂頌。我們一起說出那句話，深呼吸，再次開始了新的一天，第二次就順利多了。

● 在我晚上入睡之前，我會把自覺引入全身，感受被子包裹自己的感覺，還有床鋪的舒適感。我會在內心靜靜對自己說出以下的話：「我向宇宙敞開心胸，迎接愛與和平。」這通常會讓我心產生美妙的幸福與滿足感。當我入睡的時候，我會讓這種感覺盈滿全身。

當你一直在注意自己的意念，就會出現許多令人驚奇的轉變。凱蒂從愛爾蘭捎來訊息，她說自己一直把意念謹記在心，讓她驚覺自己對於新狀況有多麼害怕。不論是上班或是參加派對還是旅行，她老是會問自己這個問題：「要是在這樣的狀況下，我會出什麼事？」她知道自己其實真正想問的是：「這裡會出現什麼問題？」當凱蒂一直提醒自己要在生活中營造更多快樂的時候，她發現自己心中反而出現了新的問題，「在這樣的狀況下，會發生的最好的事是什麼？」當然，由於她的期待產生了變化，新的狀況再也不可怕了。

阻礙是什麼？

你設定了自己的意念，也為其找到了某個字詞，想出了一些提醒自己的方法，突然之間，你發現自己開始懷疑這整個過程。在「激發喜悅」課程最初的那幾堂課之中，聽到某些人抗議或反抗，可說是稀鬆平常。其實，我發現這套過程似乎成了一塊磁石，專門吸引那些想要過得更開心的懷疑論者。在第二堂課結束之後，麥可來找我，他說他就是覺得這套「激發喜悅的事」不適合他。他這輩子都在做凝視半瓶水的練習，他告訴

我：「反正我這個人就是這樣了。」他的語氣流露出一定程度的挫敗。

我們繼續聊下去，麥可的態度開始放鬆，開始對自己的憤世嫉俗開玩笑：「我覺得我一定是你很難對付的大怪咖。」我們一起哈哈大笑，我突然問道：「你笑得這麼燦爛，現在有什麼感覺？」

他老實招認，「輕鬆……有趣。」

「這就對了，」我說道，「你要盡情享受那種感覺。」

麥可愣了一下，承認他心情很好，但他有點驚訝，沒想到那種感覺與快樂居然會有關聯。我交代他一份功課，必須要探索自己的幸福時刻，然後放慢腳步盡情享受。他有點抗拒，最後同意「姑且一試」。在接下來的那幾個月當中，麥可開始發覺那些時刻出現的頻率比他想像的還要更高。課程的最後一個段落結束之後，他寄了一封信給我：

> 遇見快樂似乎總得靠運氣或是某種意外，當我不快樂的時候，我覺得自己是生活環境的受害者。但我現在領悟到我能夠體會的喜悅比我想像中的還多。我可以選擇過快樂生活——也可以選擇不快樂甚至悲慘的生活。

「委員會」

我們許多人就與麥可一樣，每天都在提心吊膽，不知道哪裡會出問題。我們腦中有一堆聲音告訴我們生活中過去曾經發生，或是很可能發生的災難。我有個同事把這些聲音稱之為

「委員會」。那團體裡的每一種聲音都想要勸服我們遵從它的決定，而最後不只造成了我們困惑不已，而且也侷限了我們信念的可能性。你可能想要過著快樂生活，但是幽微的思緒卻可能在心頭表面附近潛伏：我是不是傻子？我知道自己只會再度失望，我要怎麼讓生活充滿更多喜悦？萬一……你可能可以填入無數個理由。就算我們相信可以為自己營造更多的快樂，但負面的聲浪卻會破壞我們的意念。

　　來自澳洲的麥克斯寫了信，他說他懷抱滿腔熱情開始做這些練習，真的看到了進步。但過沒多久之後，他就遇到了嚴重阻礙：

　　　當我發現自己在從事某項活動、發覺自己快樂或是喜悦的時候，失敗或是沒用的感覺與記憶幾乎是立刻同時浮現，它們對我發出了這樣的訊息：「你不配在激發喜悦的過程中得到快樂／成功。」我得真的很拚命才能拋開那些惱人的負面情緒，而它們成了我在努力激發喜悦的過程中，幾乎會持續一整天之久的背景。我需要在奮鬥的過程中得到完全的後援！但該怎麼做才好？為什麼這些聲音希望我失敗？我要怎麼讓它們住口？

　　麥克斯並不是在責怪那些「希望（他）失敗」的聲音。它們很可能跟他小時候的那些思緒並沒有太大的差別，懷疑他是否能揮棒打到球或是在新學校交到朋友。當我們在學習全新、更健康的生活方式時，我們所有過往的自我破壞思考模式會變得更為凸顯。我們的想望與我們一貫的行為模式之間的差異非

常強烈，而懷疑與恐懼的聲音通常會響亮又清晰。這不是壞事。能夠更加注意其實很好，因為這樣一來我們就可以看清途中的阻礙，了解我們正在面對什麼樣的狀況。當我們沒有認清這些負面聲音的時候，我們就會被其魔咒所控制，不清楚它們的威力有多麼強大與言之成理。

有時候，激發喜悅就表示只能擁有正向思維的這種誤解，會成為學員努力前進時的攔路虎。我想要澄清的是，各位不需要擺脫所有的負面情緒。其實，這幾乎是不可能的事，硬要這麼做反而適得其反。現在，拋卻你心中的粉紅色大象幻覺。再努力一點！不見了嗎？我們的專注力反而會讓念頭變得生龍活虎，我們越想要把它們推到一旁，它們就更是打死不走。

本書的其他篇章將會提供面對負面與不悅思緒的方法，它可能是搞破壞的聲浪、批判的觀點，或者是不肯離開房間的粉紅色大象。現在，關鍵是保持自己的意念，對於任何的阻撓都要保持耐心與慈悲。

熟悉之事物帶來的舒適感

你可能想要過著更快樂從容的生活，改變從小到大的習慣，但這通常需要離開你的舒適圈。在我多年前參加的某個工作坊當中，我親眼看到了某位老師與學生的對話過程，讓我領悟到我們在抗拒改變的深淵裡陷得有多深。在某堂運動課結束的時候，我們好幾個人圍在老師旁邊發問。其中一名學生在上課的時候髖關節有些疼痛，害她無法靜心下來。老師會提出什麼建議呢？他確定她沒有健康問題之後，向她建議了某種可以

我發覺立定要活得喜悅的意念之後，對於我的心情產生了驚人效應。當我在週末早晨醒來的時候，我通常會想到沮喪的事，搞到最後不想起床，躺在床上越久，心情越差。現在，只要我記得提醒自己，我就能夠完全關閉讓我元氣大傷的那些情緒。我可以直接對自己說：「現在就起床吧，陽光正耀眼，今天會是很棒的一天，充滿了全新的事物。」最後我變得活力十足。

——某名課程學員

溫和伸展緊繃肌肉的運動方式。她的反應是嘆氣，她說她擔心伸展運動可能會造成膝蓋受壓，有時候會搞出毛病，他有沒有其他的建議？

老師後來又推薦了不同的練習，可以避免彎折膝蓋。「哦，不，我辦不到。」她搖頭，解釋這樣一來她的背可能會有燒灼感。是不是還有其他方法？他很有耐心，給了她第三方案，她再次巧妙迴避，指稱這樣可能會引發另外的問題。大家沉默不語、氣氛緊繃了好一會兒之後，老師以和善憐憫的語氣說道：「我覺得妳比較希望保持原封不動，而不是改變，等到妳打算改變心志的時候再說吧。」

聆聽新的聲音

那些企圖阻擋你過著快樂生活的聲音是什麼？每當你發現它們出現的時候，不要相信，也不要有任何反應、給予它們能量，讓它們消失就是了。重述自己的意念，要是可能的話，回憶伴隨喜悅經驗的那些正面感受。當你的心靈導向幸福與快樂的時候，那些內心的負面聲音也會變得越來越微弱。

　　為生活創造更多喜悅，你應該會覺得這概念很棒，但除非你願意全力伸展自我，改變現狀，改變才會成真。回到熟悉的安全場域、避免碰觸可能未知的領域，當然再輕鬆不過了。如此一來，你就會持續困在一成不變的囚籠之中，也許感覺很舒適，但這就是你所期盼的穩定狀態嗎？延伸跨越到舒適圈之外，就能帶來你所追求的幸福。

盡本分

　　等到你立下明確意念、決心邁向追求快樂之路，等到你真正發掘出生命中幸福的時候，就宛若出現了什麼奇蹟或神蹟。這很像是你學了某個新詞，突然之間發現到處都看得到它的蹤影一樣。神經科學告訴我們，設定某個意念會「誘發」我們的神經系統關注一切能夠成就我們意念的資源。丹尼爾・席格在他的著作《喜悅的腦》一書中，提到了「對意念之關注」對人

延伸到熟悉的範圍之外

　　當你加入了某間健身房，開始運動，前幾天的練習很可能會讓你的肌肉很痠痛。但要是你持之以恆，繼續不斷運用那些肌肉，身材就會變得前所未有的健美。當你向幸福新境界前進的時候，要歡喜迎接脫離舒適地帶的自然不適感。要有耐心，不要對自己施加壓力，要謹記自己的意念，知道你會漸漸讓生活變得更加幸福。當然會有起起伏伏，但每當你嘗試新方法的時候，一定會注意到那感覺有多麼美妙。

腦所產生之效益以及我們對周遭環境的體驗。他寫下了這麼一段話:「意念營造出一種誘發的整合狀態,讓我們的神經系統為了那項特定意念而蓄勢待發:我們已經準備要接收、感知、專注、以某種特定方式行事。」也就是說,我們關注讓生活更快樂的意念,就可能能注意到我們四周會帶來快樂的各種行動、機會、人們,以及事物,這有點像是找出符合拼圖缺口的小塊。

生活狀況總是令人出乎意外——有困厄也有機會。記得注意自己的意念,可以幫助你在許多生活選擇之中,輕鬆找出那些激勵自身願景的項目。

設定喜悅的意念,並不表示就能讓喜悅成真,而是你樂見它的出現。當你在花園裡埋下了種子,不能逼使它立刻變為植物,只能盡本分呵護它們,注意它們的需求,讓它們盡量成長。同樣地,你要壯大自己的意念,必須要把它放在心中,盡本分助它成真。

建立小小的成功

設下自我意念,並不像是在一定時間內達成特定目的,比方說,「我要在兩個月內變得更開心。」雖然設定目的在某些特定狀況下是非常高明的刺激技巧,但它可能會在這樣的課程當中造成反效果。如果你想要依照某個時程表,或是某個特定方法「得到喜悅」,那麼到頭來很可能只是在評估自己的成敗而已。我達標了嗎?還得做什麼才能成就目的?這會讓你的心靈產生緊繃感,而不是能夠讓你喜悅自然而生的空間感。想

要敞開心胸迎接更多點幸福，就要放下時間表與得分板，專心連結自己的意念，靜觀事情如何開展。

愛迪生失敗多次之後終於成功發明了電燈泡，當記者詢問他失敗當下有什麼感覺時，他的回答如下：「拜託，我並沒有失敗，我發明了電燈泡，這是一種有兩千個步驟的過程。」關於激發你的內心喜悅，我們也可以說類似的話，這是一種不僅需要承諾，也需要耐心的進程。生活的制約模式不會在一夕之間改變。要是我們能直接這樣宣布，「就從此刻開始，我會變得更快樂」，那就太美好了，但很不幸的是，那樣是行不通的。這條路可能未必像我們喜歡的那麼平順，但要是我們面對正確的方向，那麼遲早會找到我們所尋索的期待。

在一九八〇年代，舊金山四九人隊，我居住地的球隊，是橄欖球界最優秀的隊伍（嗯，萬物無常……）。他們不追求每次都能夠長攻達陣，其實比賽的時候幾乎很少這樣。他們的成功秘訣是每次小進五到十碼，形成某種節奏，緩緩朝得分區前進而奠定勝基。觀看他們的比賽，讓我獲益良多。不斷建立小小的成功，為自己的成績感到開心。

當你關注喜悅的時候，就會發現它就在你的身邊，甚至是你萬萬沒想到的地方。

> 我並沒有期盼好友邀訪、一起去看電影或是用餐，反而是自己去接觸不同的認識的人，詢問他們要不要一起去看電影。我知道這舉動很簡單，但我很擔心聽到「不要」的答案。現在我與別人共同從事開心的外出活動，比方說散步、看電影、一起用餐、喝咖啡閒聊，而且我現在有了三個新的好友。
>
> ——某名課程學員

在德國上網路課程的艾迪絲，當她不再尋覓特殊感應，純粹打開心胸迎接幸福的時候，有了這樣的體悟：

> 我一直在找尋某種「靈性的喜悅」，某種超脫世俗的喜悅（這個我找不到），然後完全忽略了早已存在於我生活中的「一般喜悅」。其實，比方說，我有時候發現自己身處在尋常的情境之中——卻注意到自己某個孩子的美好與燦爛——讓我感受到了某種狂喜。誤以為他處有「更值得的喜悅」，而讓我們看不到也無法體驗已經存在的喜悅，這一點未免也太令人吃驚了吧？

能夠帶給我們喜悅的通常不是什麼精美或昂貴的事物。另一名課程學員，查理，某晚與他的「喜悅之友」互相惕勵之後，深受鼓舞，寫信給他久未聯絡的幾位朋友。那個簡單的舉動，帶給他無與倫比的喜悅。佛羅倫絲一直很擔心自己得照顧她四個月大的孫女兩個禮拜之久的事，但她想起了自己的意念：「活得精采，永遠要懷抱喜悅與感激。」

關注成功經驗

當你與自己的「喜悅之友」互相惕勵的時候，不要對自己未完成的部分耿耿於懷。專注你已經達成的部分，與其他人分享那種感覺，以成功的經驗互相鼓勵，即便是貌似小小的成功也一樣。

結果，與我孫女共享美好體驗的每一刻都讓我好懷念，我一直滿懷喜悅、全神貫注、生氣勃勃、意志清明，雖然對象是個有時與快樂完全沾不上邊的寶寶也沒有問題。我感受到自己的平靜、愛意、感激，以及喜悅，而這些感受也在她身上產生了美好的影響。我對她唱了很多歌，也經常帶她散步，幫助她快樂、哄她、讓她心情靜和。我學到了好多，而且持續學習中，收穫良多——關於我自己，還有充分享受這段被稱之為人生的短暫又美麗的體驗。

蜜雪兒發現，立下要過得喜悅的意念之後，讓洗碗、摺衣服、遛狗之類的日常活動變得更加趣味橫生。「最近這些日子，」她寫道，「我在清掃的時候會唱歌跳舞，最後完成的進度遠遠超越了過往。」

當你願意讓喜悅成為日常生活裡的一部分之後，你就會漸

以喜悅進行塑造

哪些日常事務或是其他活動讓你經常心生抗拒？付帳單？清掃屋子？洗衣服？通勤工作？在開始之前，先立下意念，讓那一項活動能夠為你的生活帶來更多快樂。你可能會努力讓付帳單這件事有助於自身的幸福，然後，我們看看是不是會有新的狀況發生。或者，你的意念可能是我喜歡開自己的車旅行，然後，注意是否出現任何能夠有助你意念實現的念頭。也許你開始在通勤途中聽有聲小說或是隨著自己喜愛的音樂一起哼唱。就讓各種可能性帶給你驚喜吧。

漸發現，它會逐漸厚實自己，最後成為某種自然而然的生活方式。

　　薇琪在上完了「激發喜悅」的第一期課程之後，把她有慢性疼痛的問題告訴了我，但她還是繼續上完了全部的課。她接受了可能過著快樂生活的觀念，也幫助她放下了對自身生活以及對生命的某些一般性結論。在上課的那幾個月當中，薇琪漸漸不再注意事物有多麼困難，反而越來越關注她在生活中所愛的一切，以及她對於幸福的觀點。而且，生活也以朝向激勵她重大改變的方式逐漸開展。課程結束之後，她寄給我這樣的一封信：

> 這幾個月來我所體驗到的自身改變，真的太神奇了。立定要過得更有活力、體驗喜悅的意念，具有不可思議的強力效果。我發覺我對自己的長期身體疼痛沒那麼恐懼了。我的朋友們也注意到我陷入極端憂鬱的次數大幅減少，而且我男友最近向我求婚。我很驚訝，他向我解釋，他看到我的情緒穩定度以及我好好過日子的能力有長足進步，他再也不需懷疑我對於「過得越來越美好」的承諾，我真的非常感恩。

宛若幼嫩樹苗

　　當我們弄清楚想要改變自我的意念之後，我們展開一連串的行動，宛若小石頭丟入一泓靜水之中，漣漪不斷向外擴張，影響到我們周邊的所有人事物。我們認知方式發生了變化，不

只是因為自己的雙眼，同時也包括那些認識我們的人的雙眼。當這種修習的正向成果在你的生活中發生改變的時候，你的某些朋友將會開始鼓勵你，「看到你這麼快樂真是太棒了！」有些人可能會覺得不開心，「難道你不覺得下班後喝一杯比上瑜伽課好玩多了嗎？」或者，「你變得跟以前不一樣了，我不知道我是不是喜歡這種全新的你。」在課程的早期階段，你打算成就自己意念的信念可能會較脆弱，所以有一點很重要，必須要將那些不希望改變現狀的人的影響力降至最低。

> 遠離那些看不起你企圖的人……真正偉大的人會讓你覺得自己也能變得很偉大。
>
> ——馬克・吐溫

　　佛陀將正在進行改變者之需要，比喻為新栽的幼苗。為了要能夠立基，稚嫩小樹木必須要先找到合適的地方，要有足夠

滋養你的意念

　　你的激發喜悅的意念一開始會很脆弱，需要小心呵護，千萬不能被外在的負面能量所影響。你應該要花時間與那些能夠鼓勵你為生活帶來更多喜悅與幸福的人在一起，與你的「喜悅之友」保持密切往來。你的時間應該要投注在好友、好書，以及大自然之中。你要竭盡所能進行課程所建議的鼓勵練習。不要因為未完成的部分而感到愧疚，要對於自己做到的任何練習感到開心。對於那些懷疑你努力的負面能量要避而遠之。不要與任何人爭辯你的舉動的價值，只要努力維持你所需要的尊重與鼓勵的疆界就可以了。

有伴同行，就算只是出於你的想像，也能夠啟發腦部連結與社會團體的電路系統。在心理面與感情面親近照護者與群體的其他成員，是我們演化史之中的生存要件。接下來，建立一種親密感，很可能會幫助你覺得更加安全。

——瑞克・韓森博士
《像佛陀一樣快樂：愛和智慧的大腦奧秘》作者

的陽光提供養分，但也要有足夠的陰影避免過度曝曬。它需要適當的澆灌，周邊要有圍牆擋著那些對甘美嫩芽虎視眈眈的飢餓野獸。簡而言之，它需要細心呵護，樹根才能抓地，成為一棵健康富有生命力、能夠提供蔭涼與保護的大樹。

只要你的意念種子生根茁壯，它就會變得茂盛，為你遇到的每一個人提供庇護與支援，也包括了那些一開始質疑你企圖過快樂生活的人。

擴展你的意念

無論當初你想要增進快樂的動機是什麼，如今都成了你在意念之海的那股順風。

乍看之下，你想要過快樂生活的原因似乎是顯而易見。不過，要是你仔細研究，可能會找到許多其他的理由。也許你以為要是能夠過得更喜悅，就能賺更多的錢，或者你將會找到自己的真命天子或真命天女。對於期盼快樂的意念來說，這些也未必算是不好的理由，但你也許會想要敞開心胸，迎接其他的選項。你的動機越激昂，就能產生更多的能量實現意念。

在一九九四年的時候，我受邀到印度的達蘭沙拉，參與西方人佛教老師的某場會議，現場還有達賴喇嘛。當我向我的某

個朋友提到我的班機將會中停德國法蘭克福的時候,她立刻說道:「哦,你應該去找一下莫特爾‧梅拉,她就住在那裡。」我以前曾經聽過這位聖女,我說我會考慮。我朋友直視我,彷彿從天界傳達指令,她又說了一次:「你應該要見她一面,她知道如何實現人類最深層的願望。」這一點實在很難令人抗拒,我開始安排造訪莫特爾中心的事。

那個傍晚,我與大約一百五十名會眾一起排隊,現場十分熱鬧。大家被引導進入某個光線柔和的房間,大師前方放有一張空椅。經過了約莫三十分鐘的沉寂之後,某名年輕漂亮的印度女子進來了,眾人一陣興奮騷動。莫特爾‧梅拉所散發的純潔與寧和,清透可辨。我站在那好一會兒,看著大家一個個在她腳邊欠身,凝視她雙眼好一會兒,然後帶著幸福微笑離開。然後,我想到了多日來一直在我心底的那個問題,要是這位聖人真的能夠滿足我最深層的渴望,那我應該要問什麼才好?接下來的那一個小時,我排隊等待,思考得越來越深入,撥開了一層層的想望,跳過在心中閃過的奢華假期、新車,還有豪宅。對我來說,真正重要的是什麼?

輪到我的時候,我對於自己的想望已經了然於心。我知道我這一生最深切的意念——以純粹的心過日子,體現服務他人的最高理想。我跪在她面前,默默重複我剛來到這裡時的那幾句簡單的話,字字都真誠又謙卑。我一度抬頭盯著莫特爾‧梅拉的雙眼,宛若在凝望一片寬闊的恆定海洋一樣。我繼續熱切重複自己的意念,覺得它們彷彿灼燒入心。

我不知道莫特爾‧梅拉擁有什麼力量,但我很清楚,那天晚上逐漸釐清我最深沉的意念之後,啟動了一連串的過程,讓

我與成就生命中各項要素的目標漸趨一致。釐清我們的最高意念，就能與我們的內心建立最真誠的連結，成為激發內心喜悅的重要部分。

真誠的動機

我們採行任何行動的時候，當下的心中意念將會決定我們種下的到底是未來幸福或是未來苦果的種子。要是我們盼望自己撒下的種子能夠綻放美麗花朵，我們追求更幸福的意念就必須靠美好強烈的欲望所激勵。所以，不要壓抑，就全力發揮你的意念，充滿愛的舉動，將更多快樂的愛帶給這個世界。

在一九九四年那場達蘭沙拉會議時，達賴喇嘛所說的某段話，讓我了解到那種動機的力量。他坐在我們面前，散發出從容、喜悅，以及慈悲，然而，他自己的一生卻早已歷經多次生死交關的危險狀況，而且也曾經聆聽成千上萬西藏人傾吐他們在被侵犯的家鄉慘遭虐待與刑求的故事。有名與會者問他，面對這麼深重的悲劇與煎熬，如何能夠讓情緒不潰堤？他的回答

跟隨心之所欲

你懷抱的人生目標是什麼？理想呢？要是某位聖人或是神秘大師能夠實現你最深層的渴望，那你的又是什麼？花一點時間，好好思考那些問題，你快樂過生活的意念是否與這些深層想望一致？你對於快樂的憧憬越明確，獲得喜悅的可能性也就越高。

如下：「我的真誠動機就是我的保護力。」後來，我詢問他，在面對生死關卡的時候，怎麼可能保持冷靜平和呢？他給了我相同的答案：「我的真誠動機就是我的保護力。」

　　我以前曾經聽他說過這句話，但它的真義卻在此時此刻落入我心。讓我們的意念與我們的心善保持一致，就能讓我們免於恐懼、困惑，或是負面思維的侵擾。當我們期盼過快樂日子的意念根植於我們的最高價值的時候，我們就能靠它帶引我們走向正確方向。就算我們被生活的挑戰所困，也知道我們可以選擇保持仁善，或是以慈悲之心行事，它的本質打開了我們的心，讓我們迎接幸福與滿足。

　　佛陀語錄《法句經》裡的一段話，正好是這種許諾之精髓。

若人造作身口意惡業
必定受苦報
一如牛車緊隨牛的足跡
人若造身、口、意善業
一定有樂
如影不離形

什麼是「善」？

　　在佛教修行之中，與幸福有關的行動與態度被稱之為善，因為它們能夠幫助我們維持健康與完整，而且它們也有益於我們周遭的人事物。

　　愉悅與幸福有許多層次，而我這裡所說的是佛教所稱的「因善喜樂」。這樣的喜樂從我們每個人內心具備的善念自然而生。我們很清楚當我們展現仁慈與慷慨的時候，那種溫暖又振奮的感覺。這與伴隨某種令人傷痛或痛苦事物而來的不快感恰好相反──說謊、讓某人失望、讓我們自己失望。真正的快樂，以及以清明思慮與慈愛之心所產生的思維與行動之間，

強化你激發喜悅的意念

　　你也許會想要在自己的「激發喜悅」日誌裡寫下這些問題的答案，三不五時就拿出來查看一下，提醒自己當初想望的初衷。

- 參與這項學程，你希望能夠得到什麼樣的體驗成果？找出表達最確切的一句話──比方說：「但願我能夠在人生中體會到更多的喜悅（快樂、幸福）。」這就是你的意念。
- 想像一下，要是你能夠持續保持這樣的意念，六個月後的你會是什麼模樣？一年之後呢？兩年之後呢？
- 實踐本分，堅守某個認真的決定，盡量努力，實現自己想望的喜悅生活。
- 每天一開始的時候就向自己重複自身意念，然後度過每一天的時候都要提醒自己這個意念，培養更多的喜悅。
- 在冥想或安靜時段的一開始或結束之際，花一點時間關注自己的意念，想像自己完成之後會有什麼感覺，人生會呈現什麼樣貌。
- 如果你有「喜悅之友」，與對方討論你的意念。靠著那樣的方式，可以了解彼此的願景，互相扶持。

具，有某種直接關聯。如果你想要過著真正快樂的生活，傷害別人並不會讓你達到那樣的境地。越能夠以仁慈為出發點，越想要以善心行事，激發喜悅的可能性就越高。

　　要注意的是，當你行事是基於多重動機，那麼就會幫助你釐清你到底想要培養哪一種意念。比方說，你可能興致勃勃，想要好心幫忙某個朋友，因為你知道這樣能讓彼此都很開心。不過，你也可能有一點私心期盼那位朋友將來會投桃報李。要是你發現自己有那類的多重動機，要放下對於沒那麼崇高動機的執念，將注意力轉向那個比較健康的驅力。我們助人可能是基於百分之九十的純粹動機，還有百分之十獲得認可的自我期盼。要是我們專注的是那百分之十，很可能會因為自己的虛假而自我批評，最後連那百分之九十的價值也都嗤之以鼻。真正的神奇之處就是，即便我們一開始只有百分之十的無私動機，只要我們一直保持下去，它就會持續茁壯。

　　對我們每一個人來說，過著喜悅幸福的日子，確實有其可

昨晚，我一夜輾轉難眠。我先生早晨五點拿了杯咖啡迎我起床，他真是體貼。我沒有繼續窩在床上，起身，不論到底累不累，心中懷抱要好好過一天的意念。他正在聽廣播節目，傳出〈靈魂樂男人〉的歌曲。突然之間，我很想隨著這首歌一起搖擺。我開始跳舞的時候，心中一驚，「別這樣吧，好蠢哦。」但我也想起了自己打算如何度過今日的意念，還有我當初要修習這堂課的目的，我於是放下矜持，開始跳舞，感覺好棒。過了幾分鐘之後，我抬頭，看到站在另一頭的丈夫也在跳舞。我這才發現，自己的喜悅如漣漪一般，讓他也受到了感染，現在，我決定要多多跳舞。

—— 某名課程學員

能，而且它是一種我們可以傳遞給他人的禮物。只要設定意念，就能讓我們啟程上路。

第二步驟

正念：
活在當下

此是使眾生清淨、超越愁悲、滅除苦憂，

成就正道，體證涅槃之唯一道路，

此即四念處。

──佛陀

那是某個四月的溫暖午後，地點在絲蘭谷，我是某一冥想靜修活動的導師。在某堂課結束的空檔，我待在教員室，與我當時兩歲的兒子亞當在一起。桌面放有一大碗熟透的香甜草莓，這是他最愛的食物。我把亞當抱到某張椅子上頭，讓他可以拿到草莓。他開始把一顆顆草莓塞入嘴裡，紅色汁液滴落上衣。我盯著他，突然有個天真的念頭，我可以教他珍惜當下的價值。我靠「飲食冥想」教導成人，也準備要用這一招讓他放慢速度，充分享受口中的草莓美味之後，再拿下一顆。我把碗移到了他拿不到的地方，哄他好好吃完現有的部分。亞當拿不到草莓了，開始嚎啕大哭，他的嘴裡含著噴汁的紅色水果，他撲向那個碗，聲嘶力竭哀求：「草莓！」

那幅景象盤據我心頭多年，成了我們人類困境的某個表徵：我們通常不會享受當下的體驗，因為我們急著想要抓住下一個。我的妻子珍曾經對此下了註腳：「有時候我覺得別的地方應該有能讓我更快樂的事物，但其實當時最棒的就是好整以暇、享受當下的那一刻。」激發喜悅的秘密就是要活在當下，無論現在體會的是人生的哪一個部分，而這個秘密的關鍵就是正念練習，它是這套「激發喜悅」課程裡其他練習的基礎。

有了正念，我們活在當下。不過，我們大多數的時間卻並非如此。我們戰戰兢兢走向未來，擔心明天，下個月，甚或是明年。我們會想到昨天或上週甚或是五年前所發生的事。我們花好幾個月計畫假期，然後，等到我們終於懶洋洋躺在沙灘上的時候，我們的心思卻又飄到了留在家裡的那些問題。這種稍微（或是超級）提前部署、活在過去，或是在幻想中迷失的習慣，逼我們付出了巨大代價：我們錯過了人生。

　　當然，是可以為清楚計畫未來，或是對激勵自己的願景保留一方餘地。而且，我們也可以從自己的過往學到寶貴教訓，或是回味能讓自己保持喜悅的鍾愛時刻。不過，你要是把大多數的時間都放在過去或是未來，那麼你就會陷在自己的思緒走不出來，反而無法體會生命當下的真正時刻。誠如冥想大師與心理學家傑克・康菲爾德所言，賭城拉斯維加斯的那些看板說得很對：「親臨現場才能當贏家。」

　　正念對我們健康的影響力，早已廣為人知，而且也漸漸融入了健康照護體系之中。由麻省大學喬・卡巴金博士在七〇年代晚期所開發的「以正念為基礎之減壓」計畫，已經推行到全美，幫助那些患有慢性疼痛、害怕、恐慌、焦慮，以及其他健康問題的人。正念冥想為身心帶來正向改變之價值，早已被許多研究所證實。其中的一個研究是由卡巴金博士與威斯康辛大學「情感神經科學實驗室」主任理查德・戴維森博士共同攜手，他曾經研究西藏喇嘛在深度冥想時的腦波模式，得到了突破性的研究成果而聲名大噪。戴維森與卡巴金博士對某間壓力沉重的生技企業的一組員工進行訓練、研究正念的效果。在兩個月的期間中，參與者一個禮拜上一次的冥想課，然後參加為期一天的靜修，他們也必須在家裡每天修習四十五分鐘的冥想。等到研究結束之後，他們的報告顯示受試者不僅「負面情緒下降，正面情緒提升」，而且與控制組——也就是完全沒有做任何正念練習的人——進行比較，冥想練習者的免疫功能也隨之增強。

　　訓練心靈增進幸福有多種方式。在這套課程當中，我強調的是正念，因為我在多年的過程之中，曾經親眼見識與體驗它

的效能。要是你對冥想沒有興趣，不需要為了正念而立刻投入其中。各位在這一章當中也馬上可以看到，有許多能夠把正念漸進帶入日常生活當中的方式。不過，就與學習任何事物一樣，越專心培養全新能力，就越能夠得心應手。

正念有諸多好處，但就我們的目標而言，最重要的就是讓你可以過著更開心的日子。你沒有辦法製造喜悅或是幸福，但是你可以營造讓這些狀態更自然而然產生的狀態，一開始就是要讓自己活在當下，而正念可以幫助你學習到這一點。

什麼是正念？

正念通常被描述為「不帶任何價值判斷的覺知」，以及意指某種特定的修習方式，刻意關注當下的身心活動，不去評價，不會因為有關那種體驗的批判而糾結不已，也不會盼望當下情勢有所不同。這種對正念的專注力靠的是覺知或是意識。只要我們還活著，就會有覺知。這是一種自動的進程，不過，正如同正念所展現的一樣，我們也可以對其進行導向，這就是訓練心靈練習之核心。

暫停一切，只要專注聆聽，這是一種體會覺知的簡單方式。現在，深呼吸，放鬆你的身體，專心聆聽。你可能會聽到附近的聲響，還有些遠方的聲音，甚至還會注意到寂靜之聲。你之所以會聽到聲音，是因為覺知正在發揮作用。當你在聆聽的時候，是否注意到覺知正在運作？這就是當你凝神的時候，心靈以某種特定方式全力進行運作的機能。

以下是這套模式在日常生活中運作的某個範例。當我坐在

自家後院的時候，我可以感受到對雙臂吹拂的微風，透過敞開的後門，聽到我的妻子在我們家廚房裡忙著把東西歸位。我也聽到了有鳥在吱吱叫，還有遠方的車聲。靠著正念，我知道自己正在傾聽。我望著陽光下群葉起舞、間隙之間的藍色天空色塊、樹基的佛陀雕像，還有疊在我身旁那張桌子上的那堆書，我深刻領會到自己正在觀看。我也感覺到體內不斷變化的騷動、搏跳，以及震擺。靠著正念，我領悟到自己是以五識與周邊環境持續互動的某種生靈。

同樣地，我也注意到自己的心緒，這是佛教所稱的第六識。我知道自己目前的心理狀態，明白自己很放鬆，對於我的筆接下來到底會在紙頁寫下什麼也充滿了好奇興趣。我注意到自己文思泉湧——我的心開始評述自己有多麼喜愛微風，然後，我心中冒出一句話，帶著些微的罪惡感：你應該要去幫珍洗碗才是！但我並沒有深究這股罪惡感，反而注意到我體內產生的不安感，還有我的思緒突然開始編起故事版本，內容是關於我現在哪裡犯了錯、應該要怎麼做才是，還有我為什麼總是如此等等。幸運的是，我因為一直很留心，認出這種熟悉的模式，它的標籤就是「罪惡感」，然後我發現這些念頭又被接下來吸引我的下一個體驗取而代之。

正念的焦點是我們體驗的過程——我們所見與所聽、體驗、感受，或是思考的事實。這樣可以讓我們免於迷失在「故事版本」之中，或是自己的思緒裡，抑或是我們對於體驗的反應。

我們大部分的時候，都會對於自己的體驗冒出現場評論：我應該這麼做，或者，如果我是宇宙的主宰，我一定可以表現

得更好！當我們把那種成績單納入當下狀況的時候，我們就等於不斷為人生設下成功或失敗的考試。中國佛教禪宗三祖僧璨，在六世紀的經文《信心銘》當中曾寫下這一段話：「違順相爭，是為心病。」這種病會讓我們脫離體驗之事實。

老牌電視影集《警網》當中，佛萊德警長的口頭禪，可說是很適合正念的標語：「事實，女士，只要事實就夠了。」這並不是冷酷、決絕的評斷，而是一種簡單清晰的認知：「哦，這就是現在發生的狀況。」正念所稱的就是現實，對我們的經驗並沒有任何修飾——不會讓它變得更誇張或是更緊繃，也不會假裝狀況其實沒那麼艱難。要是我們悲傷，那就是悲傷；如果我們心境平和，那就是平和。當我們對於自己的真正體驗了然於心，我們就能變得完全真誠，真誠性是喜悅人生的基本要

忠實呈現

先暫停一下，注意現在自己的生理面與心理面，到底有什麼感覺。你可能正舒舒服服坐在某處看這本書，或者身處在擁擠的紐約地鐵之中。無論你身在何處，都要仔細注意自己的身體是感到疲倦？還是活力十足？注意來來去去的各種聲音。不要只是隨便瀏覽四周狀況，要覺察自己到底看到了什麼。注意自己的雙肩、脖子、雙手是否出現任何的緊繃。觀察在心中流動的各種思緒：*我喜歡坐在這裡讀書，或是，我迫不及待想要下車回家。*你的體驗可能很愉快，也可能讓你不舒服，但就是讓它忠實呈現，不要期盼有什麼不同。你可能會發現純粹覺知自己的內心世界，而非陷在進行評價的圈套之中，將會是一種多麼寧和的狀態。

素。

　　雖然正念是一種不帶任何價值判斷的覺知，但這並不表示我們要放棄區辨的能力。其實，當我們覺知自己真正的思想與感受的時候，我們就能清楚區分哪些是有害的想法與舉動、哪些具有益處。我們對自己的思維與衝動視而不見，它們就會成為我們生活的主宰。覺察我們處於困惑或惱怒時的習慣以及自動反應模式，就是脫離它們控制力的第一步。就像是某些佛教經文所說的一樣，正念幫助我們斷開纏結，這樣一來，我們就能以更清明的心行事。

徐行

　　只需要提醒一下自己好好吐納，稍作停歇，就這樣，我心中的某個部分安定了下來，變得柔軟，挪出空間容納不完美。評斷的刺耳聲響降為喃喃低語，我又再次想起生命不是賽跑，因為我們大家都會通過終點線，領悟生命正是我們來世的目的。我多次遺忘，拚命往前衝，卻根本不知道自己要往哪裡去，但我也多次選擇停下腳步，呼吸，徐行進入神秘世界。

——達娜·佛德斯
《深入再深入》

讓整個世界生氣勃勃

在《小王子》中，也就是安東尼‧聖修伯里所創作的那個簡單卻充滿深意的故事裡面，小王子對於大人因為糾結於自己所認定的「重要大事」而感到困惑不已。我們通常就是那樣的大人，太忙著處理重要事務，以致沒有時間從事小說裡數學家所稱的「閒晃或是胡言亂語」活動。不過，我們生活中真正的重要大事是什麼？兒女為我們的生日獻上自己的畫作，另一半為我們準備可口的一餐，一早醒來的時候發現冬季初雪已經讓世界為之變貌。我們常常差點沒注意到這些事，因為我們總是忙著要趕赴下一個約，查看電郵，完成計畫。這種「重要大事」會讓我們分心，無法認清生命所給予我們的每日恩賜。

只要我們花時間留意，就會發現四周充滿了不可思議的事物。有了正念存心，我們就能夠啟發與生俱來的天生好奇心。仔細觀察某個蜘蛛網的神妙之處，或是靜心思考一下，可以唸出「藍色」這個字詞，而且還能在腦中看到某個顏

> 正念就是明瞭當下的狀況，還有自己內心對其所發生的反應。
>
> ——希薇雅‧布爾斯坦
> 二〇〇八年，柏克萊的
> 激發喜悅課程

> 我在工作遇到了非常棘手的狀況，回家的時候覺得累死了，十分沮喪。我和我的另一半外出用餐，當我望向坐在餐桌對面的他，突然有了以下的體悟。我發現我的人生豐富極了，真感謝我有個可愛的伴侶，還有我們共築的人生。我內心的某個開關瞬間關閉，工作上的問題重新定位，由於生命中的這些禮物，讓我的心中洋溢感激之情。
>
> ——某名課程學員

色，聽見「披薩」這個詞彙，並且品嚐一小塊，這些事有多麼令人驚嘆。當我們有正念在心，就算是最稀鬆平常的事物也變得很神奇。越南著名冥想大師與詩人釋一行在他的著作《橘子禪》當中寫道：

> 對我的心來說，只有當我沒在洗碗的時候，我才會覺得洗碗是不開心的事。等到你站在水槽前面，捲起袖子，雙手泡在溫水中的時候，其實感覺相當愉悅。我喜歡好整以暇，仔細洗每一個盤子，充分感覺盤子、水，還有雙手的每一個動作。我知道要是自己為了想早一點吃甜點而貪快，那麼這段時光就會變得不開心，浪費生命。那就太可惜了，因為生命中的每一分鐘、每一秒都是奇蹟。那些盤子本身，以及我在當下洗盤子，都是奇蹟！

我們未必總是有時間能夠維持如此從容的步調，恐怕也無法如此專注，不過，當我們以真誠之心面對眼前的一切，生命就會變得更加豐富。對小王子來說，關注一朵花給了他美妙的歡愉。充滿智慧的狐狸告訴他：「都是因為你關注你的玫瑰所付出的時間，才讓你的玫瑰顯得重要。」亞特參加「激發喜悅」課程的時候，分享了保持正念的觀察：

> 我曾經覺得自己的人生平淡無奇。我甚至很難想起一整天到底發生了哪些事，因為幾乎可說是「無關緊要」。但我現在覺得這其實是認知，而非事實的問題。看到事物內蘊的美好，而不是找尋美好之物、對於其他不屑一顧，這對

我來說真是一大發現。

當你放慢速度，仔細關注內心以及周遭環境的時候，新世界也於焉展開，一切生氣勃勃。其實，你可能會注意到自己心中已有喜悅自然而生，甚至就連在沒有特殊大事發生、遇到艱困狀況的時候亦是如此。我的共同作者索夏娜曾歷經過一段非常艱難的歲月，而她唯一的放鬆方式就是專注當下，思索未來會產生過多焦慮。「我真的嚇了一跳，比方說，我走在街上，雖然我身處的環境十分悲慘，但突然之間，卻出現一種無法解釋的喜悅。我開始發現三不五時就會有類似那種喜悅的

> 仔細凝視一切，宛若是第一次抑或是最後一次相見。如此一來，你在世間的時光將會盈滿光輝。
>
> ——貝蒂·史密斯，《在布魯克林長大的一棵樹》

瑣碎例子自己冒出來，就像是屬於生活裡的一部分一樣。」

有了正念，我們就能夠珍惜生命中的每一刻，無論我們有什麼樣的體驗，都彌足珍貴。當我們開始以這種方式過日子，自然會有某種特定的活力注入我們的生活之中。

改變的萬花筒

當我們的生活中抱持更多的正念，我們在第一步驟中所看到的某些道理也會變得越來越清楚：當下無常，這看起來似乎顯而易見，但大多數的人卻不是以這樣的態度在過生活。正念直接點出了無常之真相。你體內所有令人心癢、悸動、緊繃——甚至是不舒服的感覺——自有來去。觀照自己的內心，

你將會發現自己的思緒與感覺變化得有多麼快速。

當我們自己領悟到此一變化之真相，我們的體驗關係也會發生劇變。我們知道享受開心體驗，但發生變化（這是一定的）的時候也不需要執著，而面對不悅體驗的時候也能活在當下，不會擔心永遠都是如此（當然不會）。遇到困難的時候，千萬不要抱持我永遠脫離不了這困境的想法，一定要記得世事無常，所以能夠讓你不需恐懼與排拒，也能夠與自己的體驗好好共處。少了這種掙扎，你就能夠以睿智方式面對狀況，而非對抗困惑。某名「激發喜悅」課程的學員寫道：

> 靠著更敏銳的感知，我發現自己的心靈狀態在每個小時的變化居然這麼頻繁，就與每一天的起伏一樣。了解萬物總是不斷在變化，給了我希望，我欣然接受改變！哇，感覺好棒。
>
> ——某名課程學員

　　將正念與想要過快樂日子的意念結合在一起，我發現了更能與不快體驗共處的驚人成果。靠著正念，我可以告訴自己：「我現在正處於不舒服的體驗之中，我不快樂。」我感受深刻，但會讓它快速過去，懷抱自己將會很快恢復快樂的信心，快樂就在附近，不難找到它的蹤影。所以我不需要被這種負面體驗所擊垮，也不會讓我陷入恐慌或是心生憎惡，真令人鬆了一大口氣。

無常的事實同樣也適用於我們生活順遂的時候。要是我們忘了萬物無常，我們可能會開始這麼想：哇！我的生活終於圓滿了！我先前工作真的很拚，才達到了這樣的境界，現在我已

經達標。然後，當狀況發生改變的時候，我們就會懷疑，出了什麼事？我怎麼會搞砸了？當我們明瞭了變化是生活固有的一部分之後，就能讓我們在好日子到來時充分享受，等到它們消失的時候，也不會覺得人生對我們不公平。

> 釘子要靠另一根釘壓制，習慣要被另一種習慣改正。
>
> ——德希德里烏斯·
> 伊拉斯謨斯

正念培養出我們不將人生起起伏伏視為阻礙，反而將其視為一場冒險的能力。以正念觀看不斷變化的萬花筒，給予你轉化人生的機會。你的身心成了自己的實驗室，了解如何激發喜悅與幸福。

能夠營造不同的暫停時段

我們是習慣的生物。就像是在迷宮裡的老鼠一樣，只要給予特定的刺激，我們就能對於先前練習多時的路徑做出預期反應。舉例來說，你在某個大熱天走在路上，與某個正在吃冰淇淋甜筒的人錯身而過，對我們許多人來說，那就啟動了我們尋求愉快體驗的想望，讓我們開始找尋下一家能買到冰甜食物或飲品的商店，即便不在我們的減肥食譜裡也一樣。由於想到冰淇淋甜筒的念頭讓你流口水，有一股強烈欲望開口：「就去啊，感覺一定很爽快。」要是你不注意，那股欲望之聲一定會勝出。但要是你有足夠的暫停時間，仔細聆聽，注意自己的內心狀況，而不是以不適合自己的方式面對它，那麼你可能會採取不同的反應。

正念練習可以阻斷你的心進入自動模式的習慣。比方說，

當你進入冰淇淋店裡面，看到重乳脂鮮奶油香草冰淇淋有特價，你可能心想：「嗯，三百二十大卡，不要緊，吃這一次就好。」不過，當你暫停下來發揮正念，可能會想起那天早晨攬鏡自照的畫面，突然之間，你想起曾對自己許下要變苗條的承諾。現在，你可以選擇重乳脂鮮奶油香草冰淇淋或是無乳雪酪，或是放下所有的衝動。現在，你再也不是被習慣所驅使的老鼠了。

同樣地，負面刺激也會把我們帶向令人非常不舒服的方向。某名同事對你說出批評之詞，當你聽到的時候，覺得怒火冒了上來，你稍作暫停，讓正念引你觀察自己的內心。你可能臉色漲紅，喉嚨抽緊，心跳加快。你可能在想：他怎麼敢對我說那種話？我明明付出了這麼多！

要是你注意到體內的激動狀況以及心態，你就不會立刻進入自我防衛與攻擊模式，應該會做出更明智的選擇。也許在

情感陷阱

心理學家保羅·艾克曼在他與達賴喇嘛合著的《心的自由》一書中，提到了我們要是被觸發了欲望或怒氣之類的情緒，很可能會被其所蒙蔽。「萬一啟動行為模式，就會開始進入不應期……我們完全無法感知外在世界與情緒不一致的任何事物，我們無法接受違背情緒的消息。」比方說，當我們怒火中燒的時候，很容易會把所有言行都詮釋為火上加油的素材。我們可能會陷在這些情緒裡好幾個小時之久。艾克曼說，還是有好消息，正念似乎可以縮短這種不應期的長度。

上個禮拜，有兩名我摯愛的家人做了讓我不開心的事。我並沒有跳入自己平常的那種模式，心裡越來越生氣，還有自己為什麼要受到這種委屈，反而終於能夠自問：我真的想要心情亂糟糟嗎？真的想要拖長加深自己的痛苦？這樣能夠幫助我嗎？還是要怪罪與我相關的那些人，才會覺得還我一個公道？或者，我想要營造一條更正向的道路——接受事與願違——選擇放手，持續前進。我緩和怒氣，過完了那一天，然後找他們長談，我並沒有任何責怪或者生氣的意思，純粹講出他們的無心之過而讓我產生的受傷感。這個方式救了我們大家，不然最後一定會升高為一場混亂怒火。

——某名課程學員

那段暫停時段，你回想起發洩怒火只會讓事情變得更糟糕，所以，你決定這麼說：「我們可不可以之後再討論這件事？我需要時間好好想一下。」這並不表示你龜縮，任由自己被人欺負，但至少你可以選擇一種日後不會對當下言行後悔的方式予以回應。有了正念，你可以開始培養能夠做出產生更多快樂與幸福，而非煎熬與悔恨的抉擇自由。

「你要進行吐納」

凱特在問題小學教導孩童正念，這是加州奧克蘭「正念學派」計畫的一部分。許多學童都出身於飽受暴力侵擾的社區的貧窮家庭，在針對四年級生的某一調查當中，顯示有百分之四十的小孩有認識的人遭到射殺，而且有百分之七十的孩子有認識的人坐牢。當凱特請她的一年級學生群組在家練習正念的時候，他們每日體驗所帶來的挑戰顯露無遺。有些人回校之後報告自己聽到了槍響、有人尖叫、警察敲打鄰居的門。「他們一直在體驗微型創傷，」凱特說道，「但這些小孩有豐富潛

力，他們非常聰明，而且我看出這些正確的工具引發出蘊藏在他們心中的所有愛與智慧。」

凱特運用正念修習，幫助這些孩子感知自己的思緒與情緒。「他們就像海綿一樣，」她說道，「當他們了解自己的心靈運作過程的時候——有時候不在當下，而是在過去或是未來——著實令人興奮。會有小孩跑來找我，大聲嚷嚷：『凱特老師！凱特老師！我剛剛有了一個未來的想法！』他們在腦中練出了一種能夠觀照自己的新實力。」

凱特的那些年輕學生，也在與他人的互動關係中運用了正念。「可想而知，裡面有許多孩子都必須面臨憤怒的問題，」凱特說道，「而且他們經常覺得要是炫示自己很強，甚或是傷害別人，感覺會很爽快，或者也可以幫助他們存活下去。靠著學習正念，他們可以看出感受某種情緒以及因被那種情緒操控行事之間的不同。我們還提到正念可以擠縮在這兩者

> 當我生氣或悲傷的時候，我就會開始修習正念，首先要閉上雙眼，然後你要開始進行吐納。
>
> ——「正念學派」
> 計畫的學生

之間，營造出某種空間。我告訴他們：『當你們感受到體內情緒的悸動，就是準備要營造出那種空間的訊號出現了。』」他們討論了實行的各種方法，無論是吐納、掉頭離開，或是告訴某人先不要有任何動作、給他們一分鐘的時間。「當我們一起練習的時候，他們都願意在生氣的時候暫停下來、深呼吸，然後說道：『好，也許還是有其他方法』。」

其實，還有個小孩分享了他在暑假的時候，運用正念做出更好抉擇的範例。他告訴某名正念課老師，某天他對自己哥哥

超級不爽，準備要去拿武器。他在途中想起了他前一年在學校所學習到的事，他真的停下來，專心數息與關注自己的情緒，他真的沒有拿起武器。要不是因為他具有放下衝動的能力，最後的狀況恐怕會大不相同。

正念工具能夠幫助這些孩子改變對恐懼與毀滅性憤怒的觀點，當我們陷在負面情緒的時候，它也可以對我們發揮同等助益。無論你是像這些問題學校的某些孩子一樣，認為這世界很危險，或者覺得人生應該要永遠甜美，萬一不是的話那就是哪裡不對勁，都請你多加利用能夠藉由「營造空間」而釋放心靈的正念工具。就像那個放下傷害自己哥哥欲望的小孩一樣，靠著正念，放下那些盲目反應，讓你得以做出日後不會懊悔的選擇。

脫離心牢

我最津津樂道的正念發揮力量，造成正面決策的例子之一，就是我的朋友瑪麗‧雷納德的故事。她在最高戒護監獄教導正念冥想。她的其中一名學生，麥特，此人身材猛壯，脾氣也不遑多讓。他曾經是美國陸軍特種部隊綠扁帽的成員，受過訓練，反應迅速猛爆，後來因暴力犯罪而入獄。某天，麥特突然在課堂上問道：「可以教我如何控制自我嗎？」

在那堂課當中，瑪麗講述了正念是一種駕馭心靈之力的方式。她解釋這並非任人宰割，而是自己覺知更清楚，就能夠有更多的選擇。課堂結束的時候，她拋給大家一個挑戰，「展開行動之前，先注意自己體內的思緒與感覺，然後再選擇最適合

自己的方式。」過了幾個禮拜之後，麥特來上課，興高采烈地講出自己的成功經驗。

他開口說道：「你一定不會相信這禮拜出了什麼事。」某天中餐時間，麥特那一桌有人開始「嘲弄」他。犯人在大型食堂裡有指定座位，要是坐到其他地方，很可能會給他們引來麻煩。麥特坐在自己的位置不動，努力不理會對方，但卻發現自己越來越惱怒。然後，他想起了瑪麗曾在課堂說過的話。

「我發現怒氣正對我的身體產生作用，到處都很緊繃，真的很不舒服。我在想，要是能夠狠狠扁他一頓，就能出氣，至少可以讓他閉嘴。但我繼之一想：『喂，挑戰就是要選擇不同的方式。』」雖然麥特知道自己可能會惹麻煩，但還是拿起了自己的餐盤，移到了別桌。「我決定要忍下來，轉移陣地，」他告訴全班，「然後，就這樣，當我一坐定在另一桌的時候，我發現體內的那股緊繃感立刻消失，就像魔術一樣！午餐真好吃！」

麥特舉動的正向效果不止於此，「這故事最棒的部分是，那傢伙在用餐結束之後來向我道歉！監獄裡沒人在道歉的，而這傢伙居然說出了對不起。你知道嗎，我覺得我們兩個人都覺得很開心，真是意想不到。」

要是麥特用以往的方式進行回應，那麼結局很可能是拳腳相向，引發食堂紛爭。他自己，甚至是別人，搞不好會被關入禁閉室，也許有人會受傷。但麥特保持正念，注意內心狀況——體內的緊繃感與憤怒思緒——讓他做出了更正向的選擇。

麥特不是妖魔或壞人，他在擔任綠扁帽的時候，接受了以

暴制暴的高效訓練。儘管如此，他靠著學習正念，能夠開始改變毫無益處的行事模式。要是麥特做得到，我想我們每一個都不成問題。

活在當下

由於我們並不習慣活在當下，所以保持正念需要練習。你可以從日常生活中開始。每天只要花五分鐘，什麼都不要做，只要靜靜坐著不動就是，注意內心的狀況，就可以導引你的心靈更專注，更能融入當下。或者，你也可以選擇每天都會做的事項，比方說喝杯熱茶或咖啡，同時放鬆心情。但千萬不要同時看報紙或講電話，只要在那裡好好體驗就是了。注意氣味，手中的杯溫，還有當你吞嚥的時候，液體流經喉嚨的感覺。

而且，也可以注意自己是何時開始恍神。你可能會在一瞬間聞到咖啡的香氣，五分鐘之後才發覺在不知不覺的狀況下已經喝光了整杯咖啡。你並沒有專注當下的實際體驗，心思的焦點卻是今天接下來要做什麼，或是你昨晚與伴侶的對話。不需要洩氣，你只是在學習心靈的運作方式。保持幽默感，慢慢讓覺知回到此時此刻。將心靈導入當下的效力驚人，過沒多久之後就會得到成果。

我喜歡在自己的日常生活中玩

> 當我完全融入當下情境的時候，一切都變得更加有趣，感覺圓滿。不需要有任何增減，此刻已是完美。我在此時此刻十分完整，感覺真棒，夫復何求。
>
> ——某名課程學員

正念遊戲，這樣一來，就能夠讓練習變得沒那麼像「功課」，反而變得更好玩。以下是我提醒自己的一些方式，各位可以自行試驗，看看哪一種適用。

- 電話響起的時候，先做幾次正念呼吸之後再接電話。
- 當你在排隊的時候——商家、電影院、車陣之中——尤其是覺得緊張或挫折之際，注意那些感覺。接下來關注自己的體內反應，自己的站姿或是坐姿。緩緩深吸一口氣，感受自己活在當下。
- 抱持正念，在住家附近散步。感受腳掌觸地的每一步。純粹就是走路，感知自己在走路。當心思開始渙散的時候，立刻拉回注意步伐。

正念時刻

「我每天會做幾次六十秒的正念練習，通常是在用餐之前。我會檢視自己準備要入口食物的真正本質。這雞肉是怎麼來的？玉米呢？我會想到開卡車的那些人，還有推進那些卡車前進的汽油。陽光，以及馴化植物裡的DNA。我覺得那一切都將入我身，讓我覺得自己也屬於過程裡的一部分，那就是正念時刻。」

——瑞克・韓森博士
《像佛陀一樣快樂：愛和智慧的大腦奧秘》作者
二〇〇八年，柏克萊的激發喜悅課程

● 接下來的這一招，我知道很極端：不要一次多工，嘗試
　單工。也就是說，一次專注作做一件事就好，這樣一
　來，體驗當下就容易多了。

練習專注的次數越多，就更容易穩定心緒，融入當下，你
將會發現光是這種狀態就能夠激發某種幸福感。

正念冥想練習

各位不難發現，心靈很難融入當下。因此，在固定時段進
行正式冥想練習——例如在某間教室或靜修中心——是訓練自
己進入正念的極有效方式之一。在這樣的環境中，少了平常的
分心事物，就不會讓你疏於注意自己的內心體驗，你靜坐的時
間夠長，就能讓你認清心靈的運作方式。根據傳統，正念冥想
被稱之為「洞識」冥想或是毗缽舍那，也就是「專注觀看」的
意思。這與其他形式的冥想不同，它們可能會要讓你必須專注
於某個物件、咒語，或是內心意象，產生某種心靈狀態，而冥
想就純粹是體驗當下，無論是什麼都一樣。正念冥想練習通常
一開始是專心數息，之後就把注意力轉向身心當下的狀態。

無論是正式的冥想練習，抑或是只花個幾分鐘的時間平靜
心情，大部分的人都發現過沒多久之後，專注力就從呼吸移到
體內的其他感覺，在不知不覺的狀況下，大家的專注力就沒
了，沉浸在自己的思緒之中。這不是壞事，本來就會如此。眼
觀，耳聽，心想。思緒並不是敵人，而我們可以訓練心靈。

我們明瞭自己在恍神時會出現什麼樣的反應，是培養正念

過程的一大關鍵。要是你陷在自己的思緒之中，要展現耐心，把注意力拉回到當下，提醒自己正坐在這裡吐納。以溫和的態度做這件事很重要，因為要是以挫敗或是惱怒的心情做出這樣的舉動，只會造成那些特質變本加厲。你正在訓練自我的心靈，這就宛若在訓練小狗一樣，耐心地不斷重複，而非懲處，這樣的效果最好。要是無法持續專心，千萬不要發火，反而應該珍惜自己大夢初醒的機會。每當你以耐心溫和的方式，把注意力拉回到當下的時候，你就會強化這些特質以及融入當下的

要如何修習？

　　找一個讓自己舒服而且相當靜態的坐姿，但千萬不要放鬆過頭睡著了。要保持警醒，但也要保持從容不迫。現在，一開始先專心吐納。你怎麼知道自己在呼吸？身體的哪個部分感知最強烈？你也許發現到氣息從鼻孔進入然後又排出，或是感受到腹部的起伏。再不然，你可能就只是覺知自己的身體坐著在呼吸。只要你的心思開始渙散，就慢慢回到呼吸。專注吐納，可以幫助你專心平靜，如此一來，就越容易融入當下。

　　除了呼吸之外，當其他的內在體驗吸引你注意力的時候，你也可以做正念練習——體內的各種感覺、心情、思緒的來來去去。前一秒鐘你可能關注的是呼吸，下一秒覺察到的是背脊或手臂在癢，然後是聲音，某個念頭，接下來又回到吐納。保持正念的關鍵就是當任何體驗出現的時候，予以關注，不要因為與其相關的任何情境或念頭而恍神。

能力。久而久之，你就會發現負面模式自然消散，而健康態度變得越來越強大。

思緒的忽隱忽現

舉此為例，請各位思考一下：在你的一生當中，心中會浮現多少個念頭？也許有幾百億吧？但是沒有一個會駐留心中。你也許會說：「我有重複的想法。」但要是你仔細審視，就會發現所謂的重複想法其實都是全新的念頭。它們並不是持續不斷的低響，而是被我們稱之為思緒的瞬間即逝的微小電流。

我曾經在紐約的奧米加機構，帶引我所指導的靜修小組，於夜晚時分在鄉間散步。走到某個路段的時候，突然有數千隻螢火蟲出現在空曠野地，在幽暗世界裡不斷明滅。我們大家都默默站在那裡，對彼此相視微笑，自顧自咯咯笑個不停，我們同時明瞭了它所象徵的隱喻，在覺知的廣大空間之中的思緒的忽隱忽現，與之相當類似。

——凱瑟琳・英葛蘭姆
二〇〇八年，柏克萊的激發喜悅課程

正念如何運作？

正念如何幫助我們擺脫負面習慣？以觀察心靈運作改變我們的行為，這種方式似乎很神秘。不過，佛陀卻以精準的方式為我們鋪出了這條道路，就連某些心理學家與神經學家也確證了它的有效性。靠著專注我們的內心狀況，藉以改變負面習

慣。正如同我在這一章所強調的一樣，成功的關鍵並不是對我們的念頭、情緒，以及我們的體內狀況做出反應。

心靈與身體彼此相通，彼此影響。我們靠著五感吸收資訊，這就是過程的起點。

無論在任何狀況下，我們做出的第一反應，就是因為我們某個感官受到了刺激。比方說，我們聽到有人對我們說了些什麼，要是我們只聽到聲音，沒有任何的評估，我們不會有任何反應，但我們生而為人的反應並非如此。

當我們聽到那種聲音的時候，我們的腦袋會立刻進行評估，主要是根據我們先前的經驗。要是聲音柔和暖心，符合美好的經驗，它會被稱為「好的」聲音。如果是尖銳又猛爆，那麼很可能會與過往的痛苦經驗有關（除非你是重金屬樂迷），而我們的評估是把它當成「壞的」聲音。

值此同時，無論我們是否有所覺察，那聲音已經進入我們的體內。如果那是一種令人感到愉悅的聲音，我們應該會覺得心花朵朵開，肌肉可能會跟著放鬆。要是聲音不悅耳，我們會產生強烈恐懼感，突然之間變得緊繃。

最後，依照聲音究竟悅不悅耳，我們做出反應，喜歡或是不喜歡，想要更多，抑或再也不想要聽到它。

想要拋卻舊有的習慣，技巧在於千萬不要被最後一個部分所卡關——也就是反應。在這樣的過程當中，不可能中斷前面的那三個階段，它們全都是在自然而然的狀況下發生，要是你有聽覺，就算沒有意識到那個聲音，但也不可能聽不見。永遠都是如此，而這往往可能會造成誤解。「我叫你過來吃晚餐已經叫三次了！」「可是我在看書，沒聽到你在講話啊。」

　　在過程中的此一階段，出現了你可以改變人生，以及營造更多幸福的選擇，這是想望或厭惡的關鍵點。這段過程也可能在你的心中發生，也就是「第六識」。你可能會想起某人曾對你說過的什麼話，也會產生同樣的內在反應。不管你是與某人互動，或者是獨處時憶起過往的某段遭遇，只要你能夠純粹融入當下，覺知身心的體驗，你就再也不必透過反應重複相同的習慣，而它也會就此逐漸消退。誠如神經科學的解釋，突觸連結少了重複動作而無法進行強化，就會開始漸漸衰敗。

　　大家都知道這種冥想的效果就是解放或淨化心靈。由於我

改變心靈

　　正如神經科學專家與心理學家瑞克·韓森所言，心靈與腦袋是一套統合的體系。腦袋發生變化，心靈也會跟著改變；而心靈起了變化，腦袋也會跟著改變。這就表示你可以運用自己的覺知心靈，在腦內產生永恆的改變，讓你的一生中得到更多的幸福與快樂。

　　每當你重複某個特別的念頭或行動的時候，就會強化某組腦細胞或神經元的連結。神經科學專家描述這種現象的說法是：「一起激發的神經元，也會串連在一起。」也就是說，你越是經常重複某個念頭或是動作，相關的神經傳導路徑就會越強大，而那樣的念頭或動作再次出現的頻率也就越高。要是你陷在某些負面習慣裡無法自拔，這就是不好的事。但要是你能夠打破舊習慣，改為新的習慣，就是好事。久而久之，藉由這種全新、更經常使用的路徑，腦袋就會真的改變結構，而舊有模式就會消失無蹤。

們已經解脫了負面模式，它們就再也無法成為健康心靈狀態的阻礙。如此一來，你的天生喜悅與良善就能夠得到自我表達的機會。

選擇能夠產生喜悅的各種念頭

佛陀是兩千五百年前優秀的心靈研究者。他在得到正覺之前，曾在北印度四處漫遊，長達六年之久，努力嘗試多種方式想要了解生命之本質，以及哪裡能找到真正的快樂。當他在冥想探索自身心靈的時候，他發現有兩個不同的思緒範疇：一種會讓人受苦，而另一種則會產生快樂。第一組包括了與盲目欲望、惡意，以及加害相關的念頭，根據他的說法，將會產生「我自己的惱害以及他人的惱害」。而另一組的思緒——也就是滿足、和善、慈悲的那些想法——得到的效果卻是完全相反。不只是因為它們對他自己與別人無害，而且真的能夠產生快樂。（譯註：原文出於中部第十九雙想經，如是予其欲之想念、瞋之想念、害之想念，此為一分。其離欲之想念、無瞋之想念、無害之想念，此為第二分。）

在某個時刻，會有什麼樣的念頭冒出來，我們幾乎沒有什麼掌控權。要是我們真有那種能耐，應該心中只會包含所有人性愛意與良善的思維。我們有深奧的念頭、古怪的念頭，也有醜陋的念頭。看到我們心中的某些層面——恐懼、卑鄙、批判——很可能會讓我們覺得抬不起頭來。我曾經聽過某名藏傳佛教教師戲稱我們的心靈狀態是「接連不斷的羞辱」，或者，正如同俗諺所說的一樣，「自知之明通常不是好事」。

當我先生與我坐在車內的時候，我通常會碎碎唸，告訴他哪條路最快。前幾天晚上，當他在開車的時候，我正打算要對他大吼大叫，但我卻立刻住嘴，深呼吸好幾次。我告訴自己，我不需要依照這些念頭行事，不需要講出自己心中的念頭。然後，我開始發現我的呼吸暢流全身，最後覺得輕鬆多了，也不在意我們到底走哪一條路或塞車有多嚴重。

——某名課程學員

不過，其實它是非常好的事。雖然我們心中冒出的念頭有些亂七八糟，而且不在我們的控制範圍之內，但對於要把什麼樣的思緒留在心頭，我們還是有掌控權。自我訓練，關注在所有情境之中的身心狀況，我們就更有機會強化那些提供幸福的念頭。

冥想教師希薇雅・布爾斯坦在某堂「激發喜悅」課程中講了一個故事，覺知自己的思維之後，如何幫助她重塑了某一次的經驗。某個晚上，她在紐約市，已和朋友約好了要看劇場表演，她決定要搭公車過去。當公車在嚴重堵塞的車陣中緩慢前行的時候，希薇雅開始擔心起來：我要遲到了，一定會錯過開場。我朋友會擔心我出了什麼事，我不該搭這班公車，地鐵會快一點。希薇雅覺得走路會比搭公車快，於是她立刻下車，「當然，我在走路的時候，公車超過了我……現在我想的是，我應該要搭計程車才對。」

希薇雅修習冥想多年，但她自承自己也愁憂多年，所以會有那種反應當然很自然。她繼續講自己的故事，開始形容在百老匯狂奔的情景──穿著高跟鞋，冷風呼呼狂襲，然後：

突然之間，我出現了這個念頭：我在做什麼？我在發牢騷。那是正念的一刻。在此之前，我卡在某種被習慣宰制

正念的三個層次

我認為正念與喜悅相通的有三大獨立的層次：身體、個人或心理，還有宇宙。

一、在身體的這個層次，正念會令人十分歡喜。當注意力從零散的各處回歸整為一，體內就會發生神經層次的作用。感受雙手相互碰觸，或者是純粹把腳放在地上，察覺自己放下了腳，都能夠帶來莫大喜悅，融入當下的那個動作，可以為我們全身帶來一股狂喜。當心靈專注唯一的時候，絕對不會被恐懼或渴望的內心小劇場所限制。

二、我們每一個人都有根據個人經驗而生的獨特記憶、觀點，以及意見。這些部分宛若錄音帶在迴帶一樣，不斷重複播放。正念可以照亮我們的心靈習慣，讓我們得到解放，再也不會被它們所禁錮。只要能夠將心靈導向當下，無論在什麼時候都會出現這樣的清心時刻。久而久之，心靈會變得更加清明，而我們也能夠學到如何展現睿智過生活。

三、正念照亮了普世的真理。事物終會消逝，所有的一切——你、我、每一個人，以及萬物——都有大限。我們有的是當下，我們多少能夠記得自己可以真正體會生活的喜悅，即便是在相當艱困的狀況下亦然。

我們通常會想像或計畫要是能夠這樣那樣，就能過得開心。但誰知道這樣那樣是否真能發生？人生有無數狀況，當下只有一個，所以正念就是關於身處於當下，這是我們能夠得到喜悅的唯一情境。

——希薇雅・布爾斯坦，《快樂是一種內心任務》作者

二〇〇八年，柏克萊的激發喜悅課程

的小劇場風格之中，對於當下狀況宛若在發表社評進行批判。而我的心在那個當下喊話，希薇雅，妳在發牢騷。切換了濾鏡之後，突然之間當下的真相是這樣的：我是穿著高跟鞋、於隆冬季節在百老匯狂奔的七十一歲女子，太厲害了！要相當幸運才能辦得到啊。這個念頭改變了一切，我覺得好驕傲，真希望有許多人看到我這個模樣。

當我們有了正念，我們就可以放下那些有害健康的念頭，然後以某種能夠帶來更多從容感的方式，形塑我們的體驗。正如同希薇雅所下的註腳一樣：「正念的瞬間永遠是自由的瞬間，我們能夠擁有為自己與他人，做出產生不同正向之選擇的勇氣。」

佛陀向他的比丘們分享了自己發現這兩種思維及其結果之後，又向他們分享了訓練心靈進入健康狀態的秘訣，「比丘多隨想，從隨觀，應此而心之傾向生。」

我們透過重複強化了思緒的積習。要是你經常想到的是殘忍、負面，或是沮喪的念頭，那麼就很容易會繼續抱持這樣的思考方式。要是你選擇的是向上、滋養、能夠為自己與他人帶來仁善的念頭，那麼你的心靈就會越來越傾向這種方向。

正念教導我們，靠著以智慧態度選擇思維與行動的方法，就能讓自我心靈趨向喜悅。我們只要多加練習，就越容易看到它出現。心理學研究學者索妮亞・柳波莫斯基在她的著作《這一生的幸福計畫》當中提到：「不快樂的人在一生中想到不快事件的時間是其他人的兩倍，然而快樂的人卻會去尋找與依靠能夠鼓舞人生觀的資訊。」

在當下找尋避風港

　　一開始的時候，幾乎是根本令人渾然不覺。我正在準備南加州某一靜修活動的演講，當我在複習自己的筆記之際，我覺得右上方視角出現了一抹陰影。我沒有理會，覺得純粹是自己胡思亂想罷了。雖然我小時候開始左眼就沒了視力，但右眼擔綱角色一直很成功。不過，到了第二天，那塊神秘的小垂簾再次出現，我覺得我應該還是要檢查一下，我也沒多想接下來會遇到什麼狀況。

　　診所的醫生很親切，當她為我點散瞳劑做檢查的時候，我也覺得從容自在。不過，過了幾分鐘之後，我察覺到她態度生變。她又打開了燈，從她的神情可以看出狀況不妙。「我擔心你的視網膜出現巨大的撕裂傷，」她語氣焦慮，「由於這是你唯一的正常眼睛，所以格外嚴重，很可能會全盲。我們有兩個方案，一是立刻動手術，然後你在這裡待上五到六個禮拜，等待完全康復，不然，你馬上搭飛機回去灣區，只能盡量樂觀期盼。」

　　我嚇呆了。等到我終於能夠回神思考的時候，我告訴她，我寧可在家與親友待在一起。她警告我千萬不能有劇烈的動作或是情緒起伏，還叮囑我要十分小心，然後祝我好運。在開回靜修中心的那四十五分鐘當中，我直接體會到正念修習的好處。

　　我走向了停車場，我不知道現在是不是白天，不過，當我發動車子之後，車內與車外的一切似乎都突然變得黑暗。我雙手握住方向盤的力道比平常緊了一點，我雖然開得不快，但是

心思卻快速飛轉。我可能下個禮拜就成了瞎子，人生會變成什麼模樣，是不是得完全依賴珍？然後，玄妙的事情發生了，宛若遠方傳來了某個聲音提醒我：「你不知道下禮拜會發生什麼事，只要關注當下就好。」

我的注意力轉移到方向盤上的雙手，然後我發現自己已經能夠放鬆關節發白的手指，注意到呼吸從鼻孔進進出出。我的心平靜下來……過了約一分鐘之後，下一波的煩擾心緒又冒了出來。亞當才十一歲，要是我沒有辦法依照自己想望的方式陪伴他，那麼他的青少年時期會變成什麼樣子？那些話又溫柔進入我心，堅定提醒我：「你不知道將來會如何，只要拉回到當下就是了。」

我的心離開恐懼畫面，回到了呼吸又冷靜下來的這段過程，在我開車回去靜修中心的途中，至少持續了二十五次之多。讓我大受啟發的並不是我心盈滿恐懼，而是我的心並沒有立刻陷入恐慌。我修習冥想多年，證明它成了我最強大的夥伴，我體會到正念的力量。每當惡夢幻影準備要主導一切的時候，就會被我回到當下的舉動以及重新凝聚吐納所阻斷。維持正念在心，讓我平安回到了灣區，甚至還幫助我以某種平靜坦然的心情，度過了幾天之後的手術。

遠離自身恐懼的避風港──也就是當下──永遠在我們的身邊。靠著練習，我們就能夠學習到更容易回到當下狀態的方式，即便處於困惑時也一樣。當我們不斷重複這樣的過程，就能夠明瞭心靈的運作方式，以及什麼樣的抉擇更趨近健康與喜悅。我們的經驗終將給我們這樣的顯示，正念真的能夠幫助我們──如同佛陀所說的一樣──「克服憂悲，去除惱苦，了解

極樂。」

我要怎麼判定自己是否快樂？

　　判斷我們自己是否快樂？似乎是十分容易的問題。你可能覺得自己開心得不得了，但如果那是因為你喝了雙倍濃縮的卡布奇諾，心跳飛快，這算是真正的快樂嗎？某位在熱門產業工作的同事告訴我，她對於這件事一直心有存疑。「工作場合發生某些事的時候，我會以為自己很『快樂』，但當我發現自己匆匆忙忙、上氣不接下氣、腹部緊繃的時候，我就沒那麼確定了。」要是我們無法判定什麼才是真正快樂的時候，那麼我們很可能會選擇將我們帶往截然不同方向的身心狀態。各位可能已經從自身經驗中了解了這一點，咖啡因的興奮感很可能會突然消退，但能讓你保持好幾個小時的醒腦狀態。所以你該怎麼判斷這種快樂是與真正的幸福有關？

　　在一九七〇年初期，有一本了不起的小書問世——賽迪斯・葛拉斯所寫的《你不必受苦受難，也能上天堂》。葛拉斯提到了許多我覺得很真確的觀點，其中之一是他描述心靈不同狀態的「開展與緊縮」論。他說道：「當我們出現覺察、領悟、了解的時候，就會有開展的體驗。」兩相對比，「當我們出現恐懼、痛苦、無意識、渾然不覺、憎惡等狀況的時候，就會有緊縮感。」回憶這樣的差異，也幫助我定義了快樂的基本原則。真正的快樂會與身心的開闊與從容感一起出現，就算你當下專注的活動必須耗費心神，比方說爬山或是彈奏樂器，但是心靈卻不會覺得緊繃。

我為了要當兩個小孩的最好媽咪而不斷努力。我一整天待在家中，與五歲的女兒和十七個月大的兒子相處在一起。最近，我開始對女兒大吼大叫。在學習正念之前，我一定會告訴自己，我是個壞媽媽，愚蠢又沒用啊什麼的。但我現在的反應只是告訴自己：「我剛才對夏莎大吼了。」然後繼續過生活。其實，這樣一來反而讓我變成更好的媽媽，因為我不再對自己那麼嚴苛，也讓我有更多的時間與她開心相處，過著快樂生活。

——某名課程學員

維持正念，關注自己的內心狀態，將會成為助你發掘什麼能帶給你更多快樂的一大幫手。注意自己的身體是緊縮抑或緊繃，就能領悟自己是否想要強化與重複現在的體驗？抑或是想要敬而遠之？同樣地，你也可以檢視自己的心靈狀態是緊繃還是從容，就可知道自己是趨向喜悅或距離喜悅越來越遠。等到你開始落實這樣的步驟之後，就會找出能夠通往深層滿足與幸福的的特定思考與行動模式。

一開始的時候，要區分這兩種狀態可能會有些棘手。緊縮狀態可能會自我偽裝成亢奮。由於興奮度所引發的腎上腺素暴衝，很可能會讓我們覺得自己很威猛，開心得不得了，這種因為欲望而產生的刺激宛若天賜之禮。不過，當你在生氣或是欲望滿點的狀況下，身體真正的感覺是什麼？內心的狀態呢？那種怒火之暴氣可能會讓你覺得很棒，但萬一有人跟你唱反調的話就要小心了！還有，任由欲望橫行，從逛街到色慾都一樣可能會讓你覺得很興奮，情緒高漲，但很難讓你得到平靜與開闊的心胸。當我們因怒火或欲望而變得激昂的時候，身體會緊繃，心思混亂，完全看不到喜悅的蹤影。

幸福狀態是壓力與不安的對比。當你送禮物給摯愛、看到

可愛學步小孩的滑稽姿態被逗得開心不已，或是工作順利完成而雀躍不已的時候，身體是什麼反應？當我的妻子珍走入我的辦公室給我一個擁抱的時候，我發現我心裡立刻湧起一股暖意。我臉上的微笑告訴我身體的其他部位，可以好好放鬆，我的呼吸變得徐緩從容，心靈也是，開闊自在，這就是伴隨快樂而來的開展感。

緊縮與開展之間的區別，和佛教的善念善行與非善念善行之間的區隔，正好有直接關聯。當我們仁善與慈悲的時候，就會覺得開闊又快樂；當我們生氣或恐懼的時候，我們會覺得緊縮又不滿。這裡的技巧並不是要去抗拒你正在體驗的一切，

注意緊縮與開展

當你發覺自己身處緊縮狀態的時候，注意到自己的身心出現什麼變化？課程學員的反應如下：

- 似乎很難呼吸。
- 我想要躲開，縮在某個地方就好。
- 我覺得自己討厭一切。
- 有點胃痛。

當你覺得自己開展的時候，注意到自己的身心出現什麼變化？

- 我的每一個細胞都像在微笑。
- 我無所懼，心胸開闊。
- 我與周邊的人緊緊相繫。
- 我覺得溫暖快樂，而且也想要哭，這一點讓我大感驚奇。

我們創造了許多產生快感的捷徑：藥物、巧克力、無愛的性、購物……電視更是集之大成……偏離本性的活動所產生的正面情緒會導致空洞、虛偽、沮喪……源於力量與美德，而非來自捷徑的活動所帶來的正面感覺才是真實。力量與美德是產生美好感覺與滿足的特質。

——馬汀・賽利格曼
《真實的快樂》

因為這都是身而為人的一部分。你的反應不該是緊繃，而是要保持正念，注意當下，不要下任何判斷，關注反應過程以及情緒為何。然後，選擇能夠開展你的心靈與領悟的念頭與行動。

各位可以發現，在這套課程接下來的章節當中，善的狀態一定與對自己、他人有益的事物息息相關。這不僅為我們帶來真正的快樂，而且，也能培養出佛陀所說的「沒有瞋恨與煩惱」狀態——換言之，就是平和之心。

擴大你的喜悅

正念的確幫助我度過了那一場關鍵的眼部手術，而且，在之後的那一年，還給了我另一個意外之禮。我的眼睛雖然保住了，但那場手術卻讓我留下了後遺症——這世界看起來宛若雅各・庫斯托在某個陰天拍攝的水底世界紀錄片。我得隨身攜帶放大鏡以便閱讀，我的教學筆記是亮彩墨水筆所寫下的巨大字體，學生的面孔一片模糊。辛苦的那一年即將結束時，我的生活喜悅隨著我的視力變得逐漸黯淡。當我面前出現選擇機會的時候——慢慢惡化注定會變成瞎子，或者進行又一次高風險的手術——我決定要冒險。

我發現自己再次面對未知，每一刻，都努力保持融入當下，避免陷入恐懼。然後，當手術結束、拆開繃帶的那一刻，那是我永遠無法忘懷的體驗，我真的看得到了！不光是注意到周遭有什麼，而是清楚明晰見到了一切。我還記得強尼・納許的歌詞在我心中響起，「我現在可以清楚看到雨滴消失……」那首歌的每一段副歌都把我的感激提升到更高的層次，「將會是閃亮亮的豔陽天……」

那股深覺自己好運的感激之情並沒有消退，反而成為我生命中其他一切事物的背景。我看得見珍的微笑，當亞當做出令我驕傲的事時，我可以看見他眼中閃耀的光芒，我可以閱讀書報，我可以看到學生臉龐流露的領悟之喜悅，我能夠看見夕陽，我可以一個人旅行。只要我偶有苦痛艱難，我就會想起我看得到。

多年來，我一直培養審視自我經驗，不只是為了我的個人靈性成長，也為了能夠將我的心得分享給學生。顯然現在值得研究的就是這種強烈的感激之情。我開始對這個

我在車內等待，幾乎沒有時間吃午餐，因為有一群老人的車佔據了僅剩的停車空位，他們正慢慢把某個助行器喬入後車廂裡面。我開始有了領悟，我不需要將這樣的狀況定義為與我以及我想要找車位的欲望，而是一種彰顯我們人性連結的機會。

當我對車窗外大叫，詢問他們是否需要協助的時候，我的好意並不是為了要能夠更快停入那個位置，而是真心想要知道是否能夠提供任何協助，讓他們在當下那一刻能夠更輕鬆一點。他們不需要幫忙，而當我繼續等待的時候，就讓自己注意車窗外頭、被陽光照耀的某棵植物的美麗紅葉，我體會到定義當下居然有這麼多的選擇。

——某名課程學員

問題很著迷，「什麼是感恩？」我全神貫注研究自己的身心體驗，成了感恩之心地景的探索者。我覺得胸臆裡的那股開闊感很熟悉，它的輕盈似乎傳透了我的每一個細胞。

當我在關注感恩的感受之際，我開始注意到此時保持正念似乎可以增強效果。我一直教導大家這個原則，當我們關注幸福心態的時候，也會讓它們變得更加強大。而這不只是理論而已，我的的確確在我的身心之中體會到某種深刻的真理——只要維持正念關注感激的體驗，就能在當下增強感激的感覺。而且，除此之外，它也提升了快樂的永續性。

建立你的快樂實力

你真的可以強化腦中的快樂迴路。只要你體驗到快樂或滿足的一刻——走路、聽音樂、看夕陽……覺得感恩——千萬不能錯過！停下腳步，注意自己體內的感覺與心理狀態。你是不是覺得胸中湧起一股暖意？全身激動？你的心情是不是覺得輕快又開闊？現在，你要刻意強化那種感覺。某些心理學家將其稱之為「記憶」感受。不論是哪一種方法，你都可以造成同樣的神經迴路重複發揮作用，進而予以強化。《像佛陀一樣快樂：愛和智慧的大腦奧秘》一書的作者瑞克·韓森博士，把它稱之為「接受良善」，建議你首先在體內強化那種經驗，等它平靜下來，然後再次強化。他說：「只要有任何的正面心態，你都可以嘗試看看，能否把這樣的經驗培養成一種強烈的『感覺記憶』，當你需要它的時候，就可以刻意再次觸發。」

　　正念具有獨特的力量。所有導致受苦的心態，比方說憤怒、貪婪，以及恐懼，都會被它弱化，而且它還能夠強化我們產生快樂的心態，比方說仁慈、愛，以及明淨。當你在生活中落實正念之後，將你生活中所發生的變化記錄下來。當你停下腳步，注意自己平常忽略的事物，不僅可以增進你的正向心靈狀態，全新的世界也將會在你面前開展。不需要憂慮將來、悔恨過往，或是沉溺於自己想望或恐懼的妄念之中，當你保持正念，就會融入當下的現時性。無論你的體驗為何，都可以把它當成值得你細心關注的生命神聖一刻。

第三步驟

感恩之心，喜樂之心

要對你的生命，其中所有的細節，抱持感激，你的臉龐將會燦爛如太陽，而且每一個見到這樣面孔的人也都會喜樂平和。堅持感恩，你將會慢慢成為與「愛之太陽」相伴的一分子，而且這種愛的療癒喜悅將會照耀你的全身。

——安達魯‧哈維

《光上之光：來自魯米的啟發》

　　有名學生曾經向二十世紀的印度偉大靈性導師尼薩加德塔抱怨，他的日常生活實在太乏味了。「你已經達到了最高境界，」大師回他，「你已經讓生活變得無聊了！」在這種充滿了三十秒聽覺刺激廣告與賣座動作大片的文化當中，我們很容易就會養成不斷找尋頂峰體驗的胃口。當我們覺得高強度刺激事件與精采美好事物才值得我們注意的時候，我們動不動就會失望，覺得人生無趣又無聊。在豐富的環境之中，我們覺得人生乏味。

　　完形心理學的創辦人佛里茲・皮爾斯常說：「無聊純粹就是因為缺乏專注力。」

　　正如同我們在正念之中所看到的一樣，當我們專心的時候，一切都會變得有趣。我的朋友喬・克普佛在念大學的時候發現了這一點，人生也被導入全新的方向。

> 過生活有兩種方式：一種是宛若世上沒有任何奇蹟，另一種是一切皆奇蹟。
>
> ——愛因斯坦

　　喬與我念同一所紐約的嚴格中學，我們的成績幾乎差不多——還不錯，但不是學霸等級。我們兩個對於追求頂尖學術榮譽也沒有興趣。過了四年之後，我們都從皇后學院畢業，我還是維持自己隨性的念書態度，而喬拿到了書卷獎，最後成為哲學系教授。他的秘密是什麼（很可惜，我年紀大了才開口問他）？

　　喬告訴我，他剛進入大學的時候，就已經下定決心要出類拔萃。我還記得他說他對教材的興趣越高，他學習的時候就更得心應手。所以他發明了一個遊戲：在每個學期一開始的時候，無論某堂課程乍看之下有多麼無聊，他一定會問自己這個

問題？「為什麼這個教授會傾注一生鑽研這個主題？為什麼他會覺得它如此有趣？」為了要尋求答案，他一定會發現寶貴的知識，甚至開始對教材深深著迷。喬打破了不珍惜眼前事物的過往模式，取而代之的是一種讓他發光發亮的積極開放態度。

就如喬所發現的一樣，你不需要等待領悟與感恩自然產生。你可以刻意培養這種通往喜悅之心的有效通道。你的每一天，都有許多機會可以培養感恩的心，只要關注周邊各種明顯或微小的恩賜。就算狀況令人難受，或是不如你所願，還是有機會可以找到讓你感恩的事物。

當你的心因為壓力而變得緊縮，或是充滿負面念頭的時候，很可能會錯過這些恩賜，完全沒有讓它們進入的空間。不過，當你停下腳步，讓自己開始注意值得感恩的事物時，就算正在面對挑戰，也不可能會在擔心未來或悔恨過往之中繼續迷失下去。例如憤怒、悲痛、憎惡之類的負面狀態，都會在感恩的當下消融殆盡。

某位藏傳佛教的喇嘛曾說感恩像是衛星碟一樣。當我們心存感激的時候，我的接收器就會全力開展，接受我們能夠得到的豐沛訊

> 我給自己更多的時間，細細品味自己所看到的一切，身處於天空雲團之間、某片落葉、季節更迭的樹木，或是我的朋友與我摯愛的人。當我這麼做的時候，我發現自己更珍愛生命，感受到心內的喜悅。
>
> ——某名課程學員

> 看到女兒成長讓我好歡喜，當我讓自己放鬆心情，體驗感恩賜予我的愛與開闊的時候，我覺得海闊天空，簡直像是攬鏡自照一樣愉快。
>
> ——某名課程學員

號。感激某人或是某件事的舉動，立刻就能引發喜悅。你可以現在就試試看，想一個會讓你感恩的人或事件，看看會發生什麼事。要是真心感到喜悅，卻沒有任何一點喜悅躍然而生，這是絕無可能的事。

感恩，在你的身心之中，會產生什麼樣的感受？課程學員們提供了這些心得：

- 我的呼吸更有韻致。
- 我覺得胸中有光，手指有刺癢感，臉龐出現半笑神情。
- 感覺像是有一條良善的毛毯披身。
- 感恩的同時，帶給我活力與平靜。
- 它讓我覺得被上帝所眷愛。
- 我的自我與肌肉感到放鬆。
- 我覺得自己的身體躺在為我量身打造、支撐全部自我的靠枕上面。

各位可以發現，其實只需做到的就是抱持感激，關注心中感恩體驗所呈現的各種不同方式。對於某些人來說，培養感恩是他們在修習激發喜悅練習之中的轉捩點，我們可以立即發現，喜悅就是這麼唾手可得。靠著修習，感恩之心越來越能看見我們周邊的美善。當你在探索這個新步驟的時候，注意培養感恩之後對你的生活，還有你身邊那些人的生活所帶來的影響。

空一半的水杯

體會感恩的阻礙是什麼？在「激發喜悅」課程中的大多數學員抓出了他們生活忙碌步調的元兇，他們的意見是：

散播喜悅。

——拉爾夫·沃爾多·愛默生

- 當下匆匆忙忙，我經常感到疲憊，然後就把一切認為是理所當然。
- 受到以目標及成就導向的日常生活態度所影響，我覺得投注的每一刻都應該要有生產力。
- 我堅信自己必須要完成「待辦事項」的清單之後，才能開始享受。

有許多人都對以下的情境敘述感同身受。我們會非常專注目前從事的活動（或是接下來的那一個），所以就忽略了我們

體驗感激

花個幾分鐘，想想自己一生中讓你感恩的人與事物。一開始的時候，你感恩的也許是能夠閱讀這些字句。每個人、特質、事物在你腦海中浮現的時候，你對自己默默說道：「我很感謝誰……或是什麼事……」每想到一個，就稍微停頓一下，體會在你身心之中湧現的那股感激之情。

在你完成這項修習之前，先停下腳步，吸收感激本身的充實感，深呼吸，讓它盈滿你的身心。

當下必須多麼感恩。似乎總是沒有足夠的時間嗅聞玫瑰氣味。就算具備了讓我們得以專注意念目標的時間與餘地，我們也可能還是習慣就算沒有得趕著去哪裡或完成什麼事，依然向前猛衝的那種快速步調。

　　羅琳黛摔斷腳骨的時候，也只能被迫放慢生活節奏。當她靠著拐杖，在家裡一拐一拐跳著前進的時候，她發現就算她雖然無法快速移動，但內心習慣的匆忙節奏卻依然不斷驅使著她。要是她的動作不夠快，彷彿就會錯失了什麼一樣。羅琳黛努力減緩一切，真的一次只做一件事，注意到自己果真錯失了許多事物。

　　每天晚上我梳頭髮，不過，突然之間，我發覺我本來一直把它當成例行事項。我並沒有把它當成能夠讓自己放鬆、好好珍惜的美好愉悅，反而覺得不過就是例行事務而已。我不再隨便梳髮一百下，發覺到舉高手臂、將梳子穿滑髮絲的感覺有多麼美好。我還注意到我內心真的能夠放緩節奏，讓自己享受這種單純的喜悅。我滿懷感激，不只是因為改變了這微小的習慣，而且也開始釋放那種早已成為一生習慣的緊迫感。

粉碎感恩的破壞力

　　感恩能讓我們立於當下。當我們陷落在對過去某一事物的痛苦懊悔，或是對未來不知所措的焦慮之際，我們很可能會忘了應該要對當下保持感恩。我認識我妻子之前，經常自怨自

艾，幻想要是當我找到生命摯愛的時候會有多麼美好。渴望困住了我，我忽略了自己有許多很棒的朋友，但他們不重要，因為我對於自己缺乏的部分太過專注。當我們迷失在「我的生活可以（或是應該）更好」的迷思當中的時候，我們就會錯失我們真正擁有的唯一人生。對未來抱持正向角度很健康，不過，珍惜現在生活，建立良善，更能幫助我們達到那樣的境地。

「未來可以更好」的念頭之一，就是「我可以更好」──這絕對是粉碎感恩的破壞力。當我們覺得自己不夠好的時候，我們就會投注精力，努力向自己與全世界證明自己夠好，我們很可能會落入害自己無法珍惜當下的某種完美主義陷阱之中。

我們也可以當沉溺過往的完美主義者，生活在事物不應如此，抑或是本該更好的悔恨之中。我們固然能夠從過往錯誤中記取教訓，但要是在心中反覆播放也許可能如何的場景，絕對會讓我們對可以感激的事物完全無感，無論是過往或現在。比方說，你可能與某個新朋友外出用餐看電影，兩人雖然是玩得很盡興，但你的腦中卻不斷回放自己無意說出的某句話。你痛罵自己：我真是白痴，我想那段友誼就此結束了吧。後來你才知道，那朋友告訴你兩人共處的時光真是開心，而你卻一直陷在懊悔之中，而不是回味當晚的喜悅，真是白忙一場。要是我們專注的是哪裡出了錯，而不是順利的部分，那麼同樣的故事情節也可能發生在幾個月甚至是多年之後。

> 這句話聽起來似乎太簡單，抑或是毫無意義，然而裡面卻蘊含了深刻真理：生命與當下才是唯一。
>
> ──艾克哈特‧托勒接受史提夫‧多諾索專訪刊登於二○○二年七月《太陽》雜誌

　　另一種同樣無益的悔恨版本，就是希望一切能夠像「往日美好時光」。當我們透過後照鏡凝望人事物的時候，那一切總是看起來比實際狀況美好。與伴侶吵架可能會讓你懷念單身歲月，忘了與各式各樣的人約會有多麼痛苦。當我們關注並感激現在的生活，我們就可以確保自己的每一個當下都能馬上成為「往日美好時光」，我們都能過得充實，抱持感恩。

明明就在我們的眼前

　　穆拉・納斯雷丁，蘇菲教派裡的古怪智者／笨蛋，有許多令我激賞的故事。其中之一是納斯雷丁與他的驢子經常穿越波斯與土耳其的邊界，久而久之，兩邊的邊界關稅官員發現他似乎越來越有錢，他的衣飾越來越高檔，噴的是優雅香水。官員們確定他在走私違禁品，仔細搜查他、他的驢子，還有驢子的扣帶，但每次都一無所獲。這種狀況持續了好幾個月，雖然他們總是小心翼翼檢查納斯雷丁與他的驢子，但還是什麼都找不到，他似乎變得越來越有錢。

　　許多個月之後，其中一名海關官員看到他在市場購物。他趨前說道：「穆拉，我已經退休，不當海關了。現在我有豐厚的退休金，我對你只有一事相求。我們都知道你從邊界走私物品，但一直沒有在你或驢子身上發現任何東西。要是你願意對我講出秘密，我發誓我絕對不會說。你到底在走私什麼？」

　　納斯雷丁看著他，露出邪惡笑容：「驢子。」

　　我朋友艾比得了喉癌。在八個月的化療、放射線治療，以及透過鼻胃管吸收食物的痛苦過程之中，她選擇的是不要去想

疼痛與不適，而是自己多麼幸運，能夠得到良好的醫療照護，而且醫生們及時發現了腫瘤。她康復狀況非常好，而且，她的故事也的確激勵了每一個認識她的人。

不過，三個月之後，艾比卻聽到了晴天霹靂的消息，她的肺部有惡性細胞。專科醫師給了她兩個選擇——其中一個是侵入性沒那麼強烈的療程，會去除肺部的一些組織，但有可能無法根除問題。而另外一個比較激烈，但也更保險，他們要摘除上半部的整個肺葉。在醫生的建議下，艾比選擇了第二條路。

> 你可以抱怨，因為玫瑰長刺，或者，你也可以歡喜，因為刺上有玫瑰。
>
> ——基奇，湯姆・威爾森
> 連環漫畫裡的人物

「當手術結束之後，我的醫生告訴我，他們在肺部完全找不到癌細胞，一定是檢驗的時候弄錯了。」我想，大多數的人在相同狀況下一定會非常憤怒，這也是情有可原。但艾比卻決定要將心導向珍惜，而不是懊悔或憤怒。雖然，在這種狀況下，她可能看不出有什麼需要感激之處，但是她卻選擇把它當成另一個敞開心胸面對人生的機會。「我進入手術房之前的禱告就是，出來的時候，肺部已經沒有癌細胞，最後，真的實現了！」她說道，「我的祈禱得到了回應。」

艾比並沒有被悲痛所擊垮，她所受的折磨反而厚實了她的感恩能力，而且，有了關注感恩所得到的喜悅，她也因而大受鼓舞。

艾比以感恩之心面對苦難的反應源於多年的靈性修習。她很清楚，就算是名正言順的怒火與挫敗感，也無法改變既成事實，只會導致更加心煩意亂。雖然培養這樣的智慧通常需要時

間與修習，但這一切的起點就是要領悟自己其實有選擇。轉換態度，以感恩面對逆境，可能是一種漸進的過程，也可能會在一瞬間發生。只要你謹記自己真正的想望是快樂與平和，那麼就能夠以更可能朝向這方向邁進的各種方式學習展開行動。

　　作家卡洛琳・霍布斯建議我們無論遇到什麼樣的體驗，都應該要努力說一聲「耶」。這就意味我們並不是在反抗自身狀

對人生喊一聲，耶！

　　我們通常會覺得人生要是有那麼一點不一樣——更好、更輕鬆、更舒服、更合我意——那麼我就可以感受到喜悅。我們把自己的喜悅吊在前方，就像是綁在棍子上的胡蘿蔔一樣，然後我們會這麼說：「要是我能夠解決與老闆或母親之間的衝突，那麼我可能就會有片刻喜悅，或者，當我熬過了自己的憂鬱、絕望、寂寞……」但潛在的喜悅一直在你的眼前，得到的關鍵就是對當下的真實面說一聲「耶」，無論我們是否喜歡目前的狀況，或者是否符合我們的期待都一樣。

　　回想自己的人生當中某次不快的經驗——也許是某場衝突、健康問題，期盼永遠不要發生的某件憾事。不要下任何評斷，先注意你的第一反應，努力對這樣的狀況說聲「耶」。當你做出這舉動之後，注意自己的內心變化。你當下的體驗可能與你的想望或期待不符，但說出了「耶」，就可以增強自己的力量，給予你勇氣面對一切。

　　　　　　　　——卡洛琳・霍布斯，婚姻與家庭持照治療師
　　　　　　　　《無論如何，都要喜悅》作者
　　　　　　　　二〇〇八年，柏克萊的激發喜悅課程

況。各種情境，就算是最令人大失所望的也一樣，都可能蘊含了某種會讓我們心生感謝的潛藏之禮。有時候，我們回頭才會看到更好的出路，但當時可能因為被怒氣或沮喪纏身，浪費了太多悶悶不樂的時間。當我們對於各種遭遇抱持開放態度的時候，我們就更有可能在自己的艱難時刻找到寶貴的潛藏之禮。

> 我花了多年時間才有所領悟，被我貼上「問題」標籤的那些轉折與陰影其實都是聖地，是偽裝為阻礙的慈悲，是一整條朝聖之路，所有的奧義在我面前盡顯無遺。
>
> ——達娜・佛德斯
> 摘自《從生根到盛開》之「每一步都神聖」

「偽裝為阻礙的慈悲」

拉姆・達斯，備受大家敬愛的靈性導師與作家，多年來總是以他的動人演說讓聽眾如癡如醉。一九九七年的時候，他得了一場嚴重中風，生活也就此產生劇變。原本可以靠著字句施展魔咒的他，現在卻是在沉默許久之後，才好不容易湊出一個簡單的句子。拉姆・達斯在其著作《依然在此》當中，描述了當他拚命想要牢牢抓住昔時身分、回憶往事的這段過程，一開始的時候有多麼痛苦。

他中風後曾在加州的心靈堅石靜修中心公開現身，某個特別為他歡慶的場合。他所發表的演說很簡短，斷斷續續。雖然大家因為他出現都很感動，但我後來看到他的時候，他也表達

出能力再也無法與以往相提並論的哀傷。

　　拉姆·達斯除了失去口才之外，而且也沒辦法從事那些曾帶給他莫大喜悅的活動。當然，他必須歷經一段悲痛期，不過，最後他終於能夠對全新的自己說一聲耶，將挫敗轉化為一種深沉的感恩，他在《依然在此》中寫道：

　　　我以前都說：「我是高爾夫球員與賽車手。」……但現在我卻成了話當年的那個人。我沒辦法打高爾夫球，也不能開車了。要是我緊抓不捨那樣的身分，我會痛苦不已……這場中風宛若一把武士刀，將我一剖為半，劃分出兩個階段。在我中風之前，我對於變老擔心得要命……而中風帶我走過了這種深沉恐懼的其中之一，現在我可以在這裡宣布：「我們唯一需要恐懼的是恐懼本身。」……這場中風清空了某些恐懼的口袋，經過這場事件之後，有了現在的我。

　　拉姆·達斯這麼說，這場改變的結果，就是讓他變得比以前更加接近上帝。他發現了隱藏在自身苦痛深處的禮物，他寫道：「我夫復何求？」

　　久而久之，拉姆·達斯不只適應了自己的新身分，而且比以前更能鼓舞人心。他邀請敬重他的那些聽眾，利用他講話的停頓時刻，進入某種冥想的沉靜之中。

　　他讓那場中風成為一種教誨，現在，他以一種更為深切的方式，宣達自己已傳述數十年的智慧。

　　當我們身處在最險峻時期之際，感恩不只是一種提醒我們

的恩賜，讓我們能以更宏觀角度面對艱難事物的狀態。有了領悟之後，我們可以看出苦痛本身往往能夠增強我們的底蘊，讓我們面對生命的態度更成熟，與沒有感恩的心態相比，這會讓我們變得更慈悲更睿智。我們看到他人激發出只有面對逆境才有的那種智慧，深受感動的次數有多少次了呢？還有，我們自己因為生命給了我們討厭的挑戰而學得了寶貴教訓，又有多少次了呢？抱持感恩的心，不只能讓我們樂於面對自身的艱難，也能夠讓我們身在其中的時候，體會到它們是我們邁向智慧與崇高的圓熟過程中的一部分。

半滿的玻璃杯

麗莎參加了心靈堅石的某次靜修，迫不及待想要擺脫忙碌生活之中讓她心煩意亂的一切，不過，在寂靜之中所顯現的卻是來自她心海的不停抱怨。在禁語靜修的空檔，會固定安排十五分鐘的導師檢驗時段，當她來找我會談的時候，流露出一種混雜了挫敗與自嘲的神情。她嘆了一口氣之後，開始說道：「真不敢相信我居然這樣自言自語了一天。難怪一切都如此沉重，我一直在抱怨！這已經讓我好疲倦。」

我問道：「那股內在的聲音說了什麼？」

「總是相同的話，」麗莎回我，「不管我做什麼，我的心一直在喃喃抱怨，『哦，我現在得要做這個，現在我得要做那個。』當我待在冥想大廳，聽到靜坐課程結束鐘響的時候，我心想：『哦，我現在得要做行走冥想。』然後，那一段修習的結束鐘聲一響，我的心又發聲，『哦，我現在得要做靜坐冥

想。』就連午餐鐘響的時候，我的回應也是：『哦，我現在得要去吃午餐。』我知道我的日常也都是如此，真希望自己不要再這樣下去了。」她繼續說道：「但我不知道該怎麼戒掉這習慣。現在我明白為什麼經常覺得活著好累，是我自己把它搞得很累！」

其實麗莎自己點出了問題的核心。我問道：「如果妳只更動裡面的一個字呢？」她一臉困惑看著我，我繼續說下去：「我在想，每當妳聽到自己抱怨得要做些什麼的時候，把它換成『現在我準備要做這個了』還有『現在我準備要做那個了』，不知道會演變成什麼狀況？這樣一來，每一種活動就比較不像是例行性工作，而比較像是一種值得妳珍惜的場景轉換。」她答應我會試看看。

過幾天之後，麗莎又來找我討論，這次是一臉粲笑。「一個小小的字詞，居然產生這麼大的不同！」她說道，「過去這幾天以來，我已經完全不在乎鈴響，我甚至很期待摺衣服的工

從「得要」轉化為「準備要」

挑選一個你覺得在人生當中，讓你覺得是重擔的特殊任務或是狀況，嘗試改變「得要」這個字詞，將它換成「準備要」，看看是否產生不一樣的觀點。「現在我準備要把垃圾拿出去」可能會讓你感激要來收垃圾的人。你越注意當下，就會越感激，過沒多久之後，你的半空玻璃杯就會至少看起來是半滿的玻璃杯。

作冥想時段。我把每一次的活動都當成了一場新冒險，所以我注意到自己先前錯過的一切。我不想要烏鴉嘴，但我現在真的很開心！」

　　知道麗莎在靜修時找到了領悟人生的新方式，讓我很開心，但更讓人印象深刻的是她持之以恆。幾個月之後，我在柏克萊與她巧遇，她說「我準備要」的持續練習產生了深遠的效果，「我現在輕鬆多了，」麗莎微笑，「改變了那個小小的字詞，就此改變了我的一生。」

　　只看到生活中不對勁部分的這種習慣，就像是專看報紙裡令人沮喪的新聞一樣。固定看負面新聞，很可能會讓我們忘記了漫畫或是勵志的專題報導。感恩幫助我們轉換觀點，所以我們就會看到杯內有的部分，而不是可能少了什麼。

我過了眾人對我慷慨奉獻的一週，我的心情不是享受，反而變得擔憂，小心翼翼，深怕自己過得太喜悅，也就是說，恐怕會在我最意想不到的時候，鬆開了護欄而滑跤。這也顯露出我壓抑喜悅的傾向，抑或是覺得自己恐怕得以某種方式「償還」自己所得到的喜悅。我不知道自己在生活中自限喜悅的頻率有多高，好笑的是，我似乎並不會為自己的痛苦設限。

──某名課程學員

以感恩重新表述

　　某一年，我在洛杉磯探視我的八十九歲母親，我帶了一本由加州大學柏克萊分校兩位高手所發行的《更偉大的善》雜誌。他們的重點是提出有關利他主義與幸福的劃時代研究，而我帶的那一本的主題則是感恩的好處。當我們坐在餐桌前，品

嚐我母親總是會特地為我準備的茄子的時候，我把裡面的某些發現告訴了她。她說她覺得這樣的報告很了不起，但她也老實招認，她這輩子早已習慣以半空玻璃杯的角度觀看一切。「我知道我非常幸運，周遭也有許多事物值得感恩，但一點小事就會把我惹毛。」她說她希望可以改變這習慣，但很懷疑是否能改得過來，她做出結論：「我還是比較習慣挑毛病。」

吃完晚餐之後，我母親和我一如往常，開始玩拼字遊戲。（她是超厲害高手，把可憐兒子打得潰不成軍，會讓她很開心！）我們繼續聊天，木板上逐漸塞滿了一行行的字母小塊。

感恩的好處

● 正向心理學之父馬汀‧賽利格曼，曾經請那些自認非常沮喪的人連續十五天、每天寫下三件好事。等到實驗結束之後，百分之九十四受試者的憂鬱降低，而且有百分之九十二的人認為自己的快樂的確有所提升。

● 感恩研究的頂尖學者，加州大學戴維斯分校的心理學家羅伯特‧艾蒙斯與邁可‧麥克寇洛夫，將志願受試者分為三個群組，進行感恩益處的研究。「感恩組」連續十個禮拜、以每週一次的頻率，寫下他們感謝的五件事；「問題組」寫下他們心煩的五件事；至於「中性組」則是寫下影響他們的五件事，但不需要強調是正面或負面體驗。結果呢？根據某份幸福量表，「感恩組」的快樂程度比「問題組」或是「中性組」高出了百分之二十五。他們對於人生也比較滿意，更樂觀，對於健康與病症的抱怨比較少，體能運動超過了「問題組」，更是遠勝過「中性組」。

「媽，妳也知道，感恩的關鍵其實是我們描述某種狀況的方式，」我先開口，「比方說，妳的電視突然收訊不良。」

她露出領悟的微笑，「我可以想像那樣的場景。」

「『真的好煩啊，害我想大叫！』這是描述妳的體驗的方式之一，或者，妳也可以說：『真的好煩啊……然而我的生活真的充滿了恩賜。』」

她嘆氣，「但我覺得我應該是想不起來要做出那樣的回應。」

所以我們一起想出了一個可以提醒她的感恩遊戲。每當她開始抱怨什麼的時候，我就直接丟下這一句，「然而……」接下來她的回應就是：「然而我的生活真的充滿了恩賜。」看到她樂意嘗試，讓我雀躍。在接下來的那幾天當中，只要她冒出抱怨的話，就給了我們許多練習小遊戲的機會。每當她必須乖乖說出我們約定的那個答案的時候，我們都會咯咯笑個不停。雖然一開始的時候只是個小遊戲，但過沒多久之後，這樣的練習就開始發揮了一些真正的效果。她的心情變得更加開朗，因為我們共處的這個禮拜充滿了感恩與真心快樂時光。

我回家之後的頭幾天，經常打

在春季第一場單車之旅的時候，我遇到了一處非常陡峭的山坡，心情為之一惱，而且身體變得緊繃。在那個當下，我也領悟到自己擁有健康的身體，能在這美麗的春夜生龍活虎，是多麼值得感恩又幸運的事。我對自己的苦惱心情一笑置之，開始一次踩一下前進。我放慢速度，降檔（這是實際的舉動，也同時是隱喻的說法），享受當下。我的注意力不是山丘頂端，而是踩在踏板上的腳、身體的動作，還有修習感恩的美好、自由，以及即現性。

——某名課程學員

電話給我母親，幫助她可以繼續維持感恩練習。神奇的是，她保持得很好，也就培養出了這樣的新習慣。我的姊姊那段時間一直不在家，等到她回去的時候，她打電話問我：「你對媽媽做了什麼？！」

讓我又驚又喜的是，我母親持續練習，而且這樣的改變發生了革命性結果。在我前往探視她的七個月之後，她寄給我一張卡片，祝我生日快樂。我們家的習慣是會在這種祝賀裡面包含一首詩，這一次我特別珍惜。雖然她在這幾個月當中開始逐漸喪失視力，但是在以下這段深刻的摘錄段落中，可以看出她修習感恩的效果很顯著，看來還是有辦法可以教老人玩新把戲！

九十歲對我來說很好，
我再也不會對世界的走向大聲咆哮，

⋯⋯然而我的生活真的充滿了恩賜

每當你發現自己在擔憂或抱怨的時候，試著加入那一小句話。就算一開始的時候看起來不符事實，但還是繼續下去，看看會發生什麼事。也許你會發現找個隊友同行會有幫助——比方說你的伴侶、小孩，或是「喜悅之友」。尤其是一開始的時候，要記得你正處於學習的過程之中，必須要對自己有耐心。每當你成功移轉，讓自己的觀點充滿感恩、變得更加輕鬆的時候，轉而注意自己的感覺有多麼舒暢，停下腳步，讓你的身心吸收那種體驗。

誇誇其言自己的獨特拯救任務。

我沉浸在滿足之中，明白自己受到了祝福，

激發了生命至高喜悅。

我比以前更快樂，字字為真。

以往引發憂煩的念頭，如今看來甚是荒謬。

雖然我的視力越來越模糊，但我卻看得比以往通透，

玻璃杯的水不是半空，它當然是滿出來了。

決定權在我們手上。我們過日子的方式可以是緊盯著自己的負擔，或者也可以讓我們的挑戰提醒我們恩賜同樣圍繞在我們的身邊。也許我九十歲母親的故事可以激勵大家在遇到人生麻煩的時候，也能想到自己的生活真的充滿了恩賜。

鍛鍊你的感恩實力

要是珍惜與感恩的體會這麼美好，而且又能夠直達喜悅，我們為什麼不能一直好好細數自己的恩賜呢？因為，感恩就與其他的幸福狀態一樣，需要修習才能夠培養為習慣。不過，就算只投入一點點時間，也能夠對於你的幸福指數造成莫大影響。

我的妻子珍，每天都做感恩練習長達數年之久。一開始的時候，她會在每天晚上花五分鐘的時間與某個朋友以電郵往來，報告他們當天的感恩事項。這個舉動的效果很驚人，不過，她記得在一開始的時候的確要下一番工夫。

她回憶過往，「當我們剛進行感恩練習的時候，我得要拚

命努力。」她自小在被大家認為是聰明到懷疑一切的家庭中長大，她成了找出問題的專家，從來不會關注正面發展。「如果遇到不是特別順遂的日子，我有時候得想個老半天才能寫下重點。要是我被十幾歲的子女搞得煩心、花時間處理稅務，或是卡在壅塞車陣裡面，有時候很難會產生感恩的心情。」

不過，珍說到作到，她持續伸出觸角，注意到那些以往被她當成理所當然的點點滴滴。

「我開始注意到自己需要感恩的事物何其多。我有乾淨的飲用水，桌上有食物，我有機會受教育，擁有可愛的家庭，而且我喜歡我教導外籍生學英語的教師工作。而且，我也學到了我可以自行選擇要專注的重點。當我的車需要修理的時候，我可以不爽，但我也可以對於技工提前抓出問題，不需等到車子在高速公路上拋錨而心存感激，我很感激自己有能力可以負擔修車費用，而且也感激自己有車可用。」

珍知道自己每天晚上要寫下感恩事項，也給了她額外的刺激去注意她所珍視的人事物。過沒多久之後，她的電郵充滿了感恩。當我們培養了感恩的習慣，心靈就會自然而然停駐在生活中的美好事物。正如同珍所發現的一樣，如果你真心打算要激發感恩，久而久之，它就會成為你的自然節奏。

感激的觀點

　　珍進行了交換夜晚電郵兩三年之後，她的隊友邦妮被診斷出罹患了乳癌。邦妮後來發現這些年的感恩練習是她熬過艱辛療程的一大支柱，在她的某封電郵中，她寫下了這些內容：

> 第二回合的化療很辛苦，但我的著墨重點不是那種辛苦，我最強烈的體驗是感恩，現在一想到這一點，我就哭了出來，也許我對世間之苦多了一點體悟。而我前幾天醒來，望著閃爍星空之中的滿月——雲朵本來圍繞在月亮周邊，然後又開始移動，遮蔽了它——啊啊啊，人生。

　　對於微小事物的感恩之情，帶引邦妮度過了治療時光。她會寫下這樣的訊息：

　　「我沒有辦法爬山，但這個禮拜我可以走路……我對於美麗的春日十分感恩……希望妳能抱持正念看待此生珍貴之處。」

　　在我們面臨挑戰之際，感恩為我們打開了更寬廣的視野，幫助我們更有效對付挑戰。我們不開心的時候——沮喪、憤怒、痛苦——就會變得退縮。這種簡單的感恩練習真的可以幫助我們放鬆心情。我們看待事物不是只有單一觀點，我們變得「心胸開闊」。受苦的原因不會消失，但是它們發生的

> 當我以前心中懷滿憂傷的時候，總覺得體驗喜悅似乎就是哪裡不對勁。但我現在發現，在悲傷的時刻，自己以及周邊的人更加需要喜悅。
>
> ——某名課程學員

背景脈絡會變得更為重要。

　　瑪麗是某間市中心小學的社工。她大部分輔導的學生都是出身隔代教養或單親家庭，某些則是來自父母薪水幾乎入不敷出的大家庭。「來找我的那些學生，幾乎都經歷了悲傷與失落，」瑪麗告訴我，「有太多的貧窮、死亡、坐牢、離婚、家暴，以及暴力行為，在他們的年輕生命中顯得稀鬆平常。」她在練習「激發喜悅」課程感恩步驟的時候，開始想起自己抱持積極感恩態度，讓心情大為不同的昔日時光。「我決定要靠『感恩系列』為這些孩子的生活帶來一些平衡。我們坐下來，

深化你的快樂習慣

- 每天快要結束的時候，花個五分鐘的時間，寫下自己的感恩事物。除了那些比較明顯的恩賜之外，也要確定自己寫下了簡單的事項，比方說看到夕陽或是子女的微笑。你可以把這些文字寫在私人日誌裡，不然也可以與某個朋友或是「喜悅之友」進行交換日記。
- 每次吃東西之前，先稍作停頓，說出一些「餐前感恩」詞，記得要有許多要素才能成就你的一餐。
- 某名課程學員表示，當她家人在處理日常家務的時候，她會向他們道謝。

　　只要你體會到感恩之開闊與喜樂的經驗，就可以稍作停頓，刻意關注體內的變化，加強你自己的「快樂習慣」。只要花幾秒鐘的時間，就足以讓這種悸動沉澱身內，讓意識記住這種心理狀態。當你開始熟悉感恩的景況，接觸它就會變得更容易也更自然。

圍成一個大圓圈，每個人說出自己當天的感恩事物。他們都是超棒的老師，只要稍微提點一下，他們就想得出來，而且迫不及待分享他們深刻又感動的感恩之心。」

　　瑪麗看到學校小孩出現了正面效果，又給了他們任務，詢問自己的每一個家人有哪些感恩的事物。她鼓勵他們要回報來自姊妹、祖父母、爸爸或媽媽所提供的特殊範例。結果他們的家庭成員們都很樂意有此一機會回答這問題，而那些回報的學生將團體的喜悅拉升到另一個層次。就算這些小孩的家庭基本狀況沒有任何改變，但某些光卻透了進來。「每當我們進行感恩系列的時候，」瑪麗說道，「當我們開心道別的時候，就會感到一股特殊的歡喜。」

心理學家馬汀・賽利格曼是讓眾人過得快樂的專家。在他的著作《真實的快樂》之中，他提到他為自己的「正向心理學」課程所開發的那些練習當中，其中一個特別有效——就是撰寫感謝信。他建議你可以挑選一個自己超感恩的對象，寫下一頁的內容，感謝對方如何豐富了你的人生。然後，在對方面前，緩緩唸出來，專心聆聽對方的反應。我在自己的冥想課與「激發喜悅」課程中都提供了這種練習，發現寄送感謝信，抑或是靠著電話唸出來，對於雙方來說同樣意義重大。就算要感謝的對象已經過世，我的建議還是要寫信。光是表達謝忱的這個舉動，就會對你的幸福造成深遠影響。

　　有一點要注意：感恩不能勉強，如果你硬要這麼做，只會滿心挫折，想要封閉自我。如果你正面臨了艱鉅挑戰，找不出什麼能夠感激的事物，只要記在心上就是了，有什麼感覺就誠實以對。對於自己的抗拒態度，要寬容以待，還有，你要知道有一件事可以讓你感恩——你不需要被迫抱持感恩之心！

讓感激像是喜悅一樣散播出去

　　我在念六年級的時候，我的老師奧克斯曼教導我們，將新學到的字詞納入自己的日常使用語彙中的小秘密，就是要在與人對話的時候使用三次，她告訴我們，「這樣一來，它就變成你的了。」多年之後，我自己成了學校老師，我總是努力告訴自己的學生，不只是要靠讀或聽的方式接收重要資訊，也要進行討論、描繪，以及書寫。運用越多的感官方式，教材就能夠吸收得更紮實。

　　同樣地，當我們把自己的思緒轉為言詞或行動的時候，無論是正面或負面，都會加強它們的力道。比方說，你可能對某個朋友或自己的伴侶有情有愛，但要是你真的在對方面前表達自己的感覺呢？就算是在一起多年，說出「我愛你」這幾個字，也會讓某些狀況變得活潑盎然。我們的摯愛心情雀躍，我們也有相同反應，宛若完成了某一道電流迴路，生命活力在我們之間穿越交流。當你向別人表達感激之情的時候，也會出現相同狀況，散播感恩，就會將包圍我們與我們感謝對象的喜悅傳達出去。

　　我們的生命中到處可見到幫助我們生活與茁壯的各種人的身影。要是你仔細思考，你的名單可能會

　　幾年前，我得決定要送點什麼當作我爸爸的六十五歲禮物。他擁有一切，而且沒有任何想望的東西。所以我寫了一封信給他，敘述我感謝他當我爸爸的種種細節以及他的性格。然後，我找了一間製作手工木盒的商店，找到一個適合他的盒子，然後把「感激小盒」送給他，結果那成了一份超棒的禮物。

　　——某名課程學員

包括郵差，那些耕作你的食物、運送到市場的人，還有讓支撐我們城鎮的體系得以持續運作的公務員、你的老師與神職人員、你的同事……這份名單怎麼寫也寫不完。要是你真心想要培養感恩之心，除了要心繫自己對這些人的隆重感謝，更要在有機會的時候向他們表達謝意。

敞開自己的心胸之餘，要向別人表達感謝，也會讓你周邊的人感覺更舒服自在。

他們不會緊張兮兮，擔心他人的評價，可以放鬆，感受到你的善意。然後，他們會更大方向你表達謝意，這樣一來，也會讓你產生更舒服的感覺。

向別人表達我們的感恩與謝意，不只會讓我們感覺愉快，也有助這世界成為一個更友善的地方。

但我不覺得要感謝他們

當我兒子亞當還是小朋友的時候，我經常為他朗誦床邊書，我們最喜歡的系列之一是羅伊德‧亞歷山大的《不列顛編年史》。在精采的《黑神鍋傳奇》那一集當中，某名主角最後站在邪惡的那一方。在最後一場戰役進入尾聲的時候，英雄們向那些為了幫助他們目標而陣亡的所有死者致敬，而那名墮落的角色也在頌揚名單裡。年輕的主角塔蘭，對於這樣的舉動完全無法置信。某名智者兼同伴向他解釋，雖然此人背叛

完成了表達感謝的功課之後，我決定要在上班的時候向人真誠道謝。這對我造成了巨大改變，我覺得我和那些道謝的對象感覺更親近。

——某名課程學員

了組織，但是在他們的最終勝利之中，也在許多方面發揮了功能，所以向他的貢獻致敬當然很合適。

　　當初我坐在亞當床上唸完這段落時，感動落淚的情景依然歷歷在目，因為我想到了我曾經很敬重，但卻不把我當一回事的那些人。其實我應該要感謝他們在某段時刻豐潤了我的生命，但後來失望卻從中作梗，讓我無法全然敞開心胸感謝他們的恩惠。我的淚水是因為自己當初的作為而感傷，但也包括了因為現在又能讓他們回到我心中的喜悅。這一堂課一直幫助我提醒自己，雖然很難做到，但對於那些幫助我成長的人，我還是可以保持開敞心胸。

　　當我們與某人的關係出現障礙的時候，我們很容易就會忘記自己有感謝他們的理由。我的朋友羅伯在某次冥想靜修時，有了這樣的體悟。當他最後一次來找我討論的時候，他臉上掛著燦爛笑容。

　　「就在剛才的那二十四小時當中，我突然明瞭了以往一直不懂的道理，」他開始向我解釋，他很幸運，有個支持他的仁慈父親，父子關係深厚。不過，他與母親的關係就讓他沒那麼自在了。「她經常大肆批評，」他說道，「感覺她像是住在一個充滿恐懼、缺乏情感的地方。」在羅伯的一生中，父親一直是在鎂光燈之下，位居中央的英雄，而母親通常是在旁邊的位置。「但是我昨天有了轉變……」他繼續說下去。

　　　　當我回顧自己的一生，我領悟到我母親一直在我身邊陪伴我。是她教會我擲棒球，她熱愛文學，教導我寫作，而這也成了我現在的職業。當我思及她對我的正面影響的時

候，我領悟到雖然我們有這麼多母子關係的挑戰，但她真的很關心我。其實，她真的很愛我，以她自己的方式就是了。在過去那幾個小時當中，我對母親產生一種從所未有的感激之情，感覺真棒！我覺得現在自己的心境開闊多了，我不需要壓抑自己對她全部的愛，她可以與我父親一起站在中央，那也是她的屬地。

與我們最親近的人，經常就是我們最難以感激的對象。就像是羅伯一樣，你與父母的關係，也許正是懷抱感恩予以轉化的起點。或者，你也可以想起某名同事、小孩，或是伴侶的事蹟，予以感謝，體驗那種釋放的感覺。當你一想到這些人曾經讓你陷入困境的時候，也可以想一想他們幫你培養的特質，比方說耐心、決心，或是智慧？或者，這些人身上有你忽略的正面特質。當你放下那些障礙，關注自己所感激的一切的時候，也就等於開啟了通往喜悅的另一道門。

> 練習感恩，也讓我有機會扭轉自己與青少年兒子的緊張關係，因為我真的很感激我的生命中有他。
>
> ——某名課程學員

已足矣……

在我小時候，我們家每逢春天就會慶祝猶太節日逾越節。在享用名為「賽德」的傳統家宴的時候，我們會吃一些特別的食物，提醒我們在上帝帶引猶太人離開埃及的束縛，投奔自由之前的那段艱難歲月。浸泡在鹽水中的荷蘭芹讓我們想起了被奴役時所落下的淚水，而辣根或是苦味香草則有助我們回想

敞開心胸，滿懷感激

派翠西亞・艾爾斯伯格所引導的冥想
二○○八年，柏克萊的激發喜悅課程

對以下的一切，我們滿懷感激……

……滋養體內每一個細胞，以及讓你從出生存活到現在的吐納。

……你的身體所帶來的奇蹟，無論有什麼樣的弱點或是限制，總是為你服務，讓你得以感受世界的美好。

……在你根本渾然不覺的狀況下，協調全身功能的腦袋。

……讓你得以體會、感覺，以及驚嘆的意識。

……讓你可以看到自己四周之豐富美好——顏色與形狀、摯愛的臉龐——的那雙眼睛。

……讓你可以聽到鳥囀、樹梢風動、人們對你說話，還有孩童笑聲的耳朵。

……讓你能夠聞到花朵香氣、新鮮空氣以及你最愛食物氣味的嗅覺。

……讓你得以嚐到世間水果美味、享受豐潤桃子或巧克力在口中融化的嘴巴與舌頭。

……除了保護你的身體，還能夠讓你接觸感知世界，體會溫熱、冰涼、柔軟，以及摯愛撫摸的皮膚。

…… 為你的一輩子，甚至早在你出生之前，不斷在竭誠跳動的心臟。

> 在這具寶貴的人體軀殼之中，能夠保持意識又生龍活虎，要對這樣的美好恩賜抱持驚嘆與感恩。不論是我們的存在，或是任何人事物的存在都是令人驚嘆的玄機，我們大家都生活在奇蹟之中。

那段歲月的苦楚。我們也吃許多的無發酵餅乾，讓我們想起那段沒有足夠時間讓麵包膨脹，就得趕緊逃離法老軍隊魔掌的日子。在整個漫長的儀式當中，我們禱告，歌唱，聆聽出埃及記的故事。

接下來，是對我來說最美好的部分——不只是因為我們開始大快朵頤豐盛的「真正食物」，而且我們要開始唱那首歡樂的歌，〈達耶努〉，這個希伯來語字詞的意思是「已足矣」。隨著十五段的歌詞，細數上帝所給予我們的許多恩賜——從奴役中得到解脫自由、沙漠中的奇蹟、接近聖神——我們大家會齊聲高唱那段活潑的副歌：達耶努！這個已足矣，然後還有這個……光是唱那樣的感恩歌就會讓我心中盈滿喜悅，如今依然如此。

有時候，我發覺我可以利用「達耶努」的精神看待生活。被給予了生命，已足矣，但不只如此，還有健康的身體、善良的心、健全的腦袋……感謝你，生命。能夠享受熟桃的美味，聆聽貝多芬與披頭四的音樂而得到喜悅，嗅聞梔子花與月桂樹的芳香，透過擁抱感受別人的關愛，謝謝你。還有，這具肉身具備了所有感官，還有能進行創意思考、開玩笑、省思哲學問

題、覺知自身的腦袋所產生的聰明才智。而在這種心靈身體互動的過程之中，被稱為「詹姆斯」的這個我，具有關注別人痛苦的能力、因為他人的喜悅而歡喜、表達我的愛，而且被我周遭的世界所感動。

　　然而，我可以因為這些事物的其中哪一項而得到讚揚嗎？我們有任何人可以因為自己擁有的生命而得到讚揚嗎？那全都不屬於我們，一切都是恩賜。生命的特點之一就是它出奇慷慨，它大可以只給你仙人掌就好，但卻給了你梔子花，這種仁善的豐富喚起了我心中莫大的感激。

感謝生命

　　當我回顧自己十八、九歲到二十出頭這段歲月的時候，我發覺自己做了許多瘋狂的事，漠然無覺穿過了危機四伏的地雷區。然而，我們許多人都知道，無論我們在錯誤的方向走了多遠，我們永遠可以在生命之路回頭。某些內在召喚讓我們面對善良、真誠，以及快樂的方向。回想帶引你走到現在這個位置的那些生命轉捩點。你能夠預先寫出那麼神奇的腳本嗎？對於持續引領我們，朝幸福方向前進的奇異恩典，我們怎麼能夠不心存感激呢？既然感恩練習要寫信，也許你可以考慮對「人生」本身寫一封感謝信，不只是為了永恆無盡的恩賜，而且也是為了那些能夠賜予你成長茁壯所需的功課。

　　等到我們開始尋找生活中的恩

> 如果你的一生當中唯一的禱詞是「感謝」，那就夠了。
>
> ——埃克哈特大師
> （一二六〇年到
> 一三二八年）

賜之後，就會發現它們無所不在。Ｍ·Ｊ·萊恩在她的作品
《感激的態度》中寫道：

「感恩的功能就像是手電筒。照亮了早已存在那裡的東
西。你未必擁有更多或是不同的物件，但突然之間，你
真的可以看到它的存在，而且，當你看到了之後，再也
不會把它視為理所當然。」

在名為《吉祥經》的著名教義裡面，佛陀列舉了我們日
常生活中許多高尚的特質與狀態。他在受福者的特質之中，

佛陀吉祥經

以下是為最吉祥：
——遠離眾愚迷，親近諸智者，尊敬有德者。
——多聞公藝精，嚴持諸禁戒，言談悅人心。
——奉養父母親，愛護妻與子，從業要無害。
——如法行布施，幫助眾親眷，行為無瑕疵。
——邪行須禁止，克己不飲酒，於法不放逸。
——恭敬與謙讓，知足並感恩，及時聞教法。
——忍耐與順從，得見眾沙門，適時論信仰。
——自治淨生活，領悟八正道，實證涅槃法。
——八風不動心，無憂無污染，寧靜無煩惱。

依此行持者，無往而不勝，一切處得福。

索夏娜·亞歷山大取材佛陀《吉祥經》
為「激發喜悅」課程所改編之教材

納入了感恩。感恩本身就是一種恩賜，也是通往喜悅的開敞之門。每當你對什麼心覺感激的時候，停下腳步，好好吸納，完整體驗那種振奮喜樂的感覺。感恩可以成為一種過日子的永存架構，甚至，就像是愛因斯坦所說的一樣，開始把周邊的一切都視為奇蹟。

第四步驟

在艱難時刻找尋喜悅

身處隆冬，我終於在自己的內心找到了無敵之夏。

——卡繆

當生活順遂的時候，很容易就可以心感喜悅，「生命真美好，是不是！」你可能會這麼說，「我好開心，一切都很順遂。」不過，我們大家都知道，生活還有另一面。當我們身處在苦痛煎熬之中的時候，要如何培養喜悅與幸福？將你的心導向喜悅，並非表示要強顏歡笑、否定自身的感覺，或是扁著僵硬的上唇受苦。但當你遇到險阻的時候，那到底代表什麼意思？

開心，一切都很棒：這並不是佛教對於人生的開宗明義，他們的四聖諦之首：人生苦海。在巴利語（佛陀所使用的語言）當中，「杜卡」這個字詞的翻譯是苦，也具有壓力、不滿足，以及不定的含義。生活充滿壓力，而且也經常令人覺得不滿足與不定，我們大家都有一些經驗。

超乎我們控制的狀況，很可能會在一瞬間害我們翻天覆地。我們開著車，若有所思，最後發生追撞；我們把健健康康過日子當成了理所當然，突然之間，毫無預警，被診斷出罹患了某種疾病；好友離世；我們丟了工作、沒了房子、沒有了伴侶。悲劇總是意外到來，每天的報紙都在提醒我們這一點。誠如我的老師喬瑟夫・高登斯坦所言，「各種狀況隨時都可能發生。」

我的朋友阿比哈雅的人生一片光明。她教授冥想，曾經完成了為期兩年的訓練，取得牧師證書，目前在醫院工作，幫助面臨威脅生命惡疾的人。從事自己所愛的工作，讓她得到莫大滿足。我最後一次聽說她的消息時，她說她非常快樂。然後，某一天我意外收到她的電郵，她寄給所有朋友的公開信。

我這禮拜過得很有意思，有些消息想與大家分享。某次物理治療之後，讓我進了急診室，因此讓我做了電腦斷層掃描，幾天之後，又因此做了磁振造影，然後，昨天某名神經外科醫生給我看了結果，我的腦中有一塊很大的腦瘤。這麼戲劇化，真的是筆墨難以形容！神經外科醫生認為他可以清除大部分的腦瘤，但不是全部。只有等到他知道那是什麼腫瘤之後，他才能夠明瞭全貌，而要走到這一步也只能等到開刀的時候。

　　困局會不會到來，不是問題；而是它何時到來，受苦與壓力是人生結構的一部分。雖然我們當中有些人的生活比別人順遂，但要是每個人活的歲數都很平均，那麼我們沒有任何一個人能夠逃離老化、疾病，以及死亡。這三項人生真諦讓悉達多王子，也就是佛陀的前身，大受震撼，他在二十九歲的時候告別他的夢幻世界，促使他開始追求轉變，成為「覺者」。他以僧侶的身分、花了六年的時間四處遊歷，探問在一個多苦世界中要如何找尋到真正的快樂。而他的旅程讓他得到了這樣的結論：我們越能夠面對受苦是人生之一部分的事實，我們就越有機會體驗到擺脫壓力的心靈自由。其實，當被問到他教誨的奧義的時候，佛陀的回答很簡單：「我教導的是苦，還有離苦。」

　　雖然眾人都在受苦，但當狀況不順遂的時候，我們很容易就覺得一定是哪裡不對勁。我的朋友羅德尼・史密斯在大學教書，也在西雅圖開了某間安養中心多年。他曾經講過院內有位九十歲的女士，發現自己得了不治之症，開始嚎啕大哭。「為

什麼是我？」而反觀我的朋友阿比哈雅，當她發現腦瘤的時候是四十多歲，而從她向朋友宣布消息的內容中，可以看出她的回應態度：

> 我的心今天非常飽滿，因為自己收到了所有的愛。希望各位明白，我寄送的這封訊息充滿了愛與感恩，一定要過得快樂，享受一下人生的美好。

兩個人面對類似挑戰的時候，反應真的是大不相同！顯然其中一個人雖然遭逢狀況，但就是比較快樂。你有權選擇要怎麼面對自己的苦難，你可以拚命逃避，以拒絕的態度繼續生活；你也可以恨它，整個人變得越來越激烈不滿；你可以乾脆默默苦吞，接受自己運氣不好。或者，你可以發覺另外一條道路，帶你通往智慧與人生真諦的那條路。

> 某些人在雨中散步，而其他人就只是濕了身子而已。
>
> ——羅傑·米勒

阿比哈雅的手術很順利，雖然在漫長的復原過程中，必須要面對無可避免的挑戰，但她刻意保持心胸開闊，提醒自己人生並非只有她歷經的艱難而已。最近，針對那個以各種方式支持她康復的朋友圈，她發了封電郵，裡面寫道：

> 我依然非常感謝各位。大家在許多層面幫助我解決與面對自己所面臨的一切，對，有恐懼與困惑，但也有基於人性與感恩、有奧義與喜悅支持的更寬廣視野。

　　我們的生活環境一直瞬息萬變。可以這麼說吧，生活中能夠得到多少快樂，並非取決於身處於什麼狀況，而是我們如何應對。有時候我們順流而行，也有的時候我們陷在泥沼之中。在八世紀的印度，學者與哲學家寂天寫下了這一段話：

> 如果遇到麻煩時會有解方，
> 那麼何必意志消沉？
> 而要是完全沒有任何補救方法，
> 那麼悲傷又有何用？

　　這種簡單又實用的忠告，即便過了千年之後依然受用，這也是一個讓我們在平常與挑戰建立健康關係的良好平台。佩瑪・丘卓，原本在加州當老師，後來成為藏傳佛教比丘尼與著名冥想老師，她為這樣的忠告賦予了現代的背景脈絡，將其稱之為「寂天對於減壓的忠告」。她在《生命不再等待》一書中寫道：「比方說，要是我們被塞車困住了，有什麼好煩的？如果有解決方案，比方說有出口匝道，那麼就不需要生氣。不過，要是放眼所及都是車子，完全沒有辦法逃離車陣，那麼執念只會讓我們更不開心。」無論遇到什麼狀況，不要去找尋受苦的緣由或是擔心接下來會出什麼事，我們可以一次一個步驟慢慢來，就像是阿比哈雅一樣，對於生命放在我們面前的一切，抱持開闊態度回應。

　　「激發喜悅」課程的第四步驟，讓我們看到了藉由開放，而不是抗拒的心態面對生活中的苦難，就能夠學到讓生命中無可避免之苦自然穿流你身，而不是讓它卡住了你，你可以營造

出讓自己得以敞開心胸，迎接更多喜悅的各種條件。

　　在這一章當中，正念是我建議的主要工具，因為加劇我們苦痛的抗拒感就存於己心。正念可以舒緩我們在艱難時刻所經歷的一切，而且也會讓我們解脫引發受苦的心靈狀態。此外，也有其他在你遇到難關時幫忙的工具。不過，正念可以直搗苦之根源，而且讓我們擺脫它的影響。因為，當我們不再拚命保護自己、遠離痛苦經驗，反而保持正念對其抱持開放心態，我們內心的所有正面特質——諒解、慈悲、仁善——也都會變得生氣勃勃。

　　就我所知，保持這種開放心態鼓舞大眾的人物當中，其中有兩位是達賴喇嘛與總主教戴斯蒙・屠圖。他們兩位的一生中都見到了可怕苦難，然而卻不知道為什麼，都能散發具有感染力的喜悅。怎麼辦到的呢？我相信是因為這兩位都深刻了解苦痛只是生命的一部分，而且，由於他們致力於靈性修習，也不會害怕與其共處。我曾經看過達賴喇嘛聽到某一悲慘事件的時候，面色極為肅穆，甚至哭了出來，然後，隨著話題改變，他又在幾分鐘後哈哈大笑。他對於世間悲痛全然開放的態度，也讓他可以在歡欣、良善、喜悅出現的時候深受感動。

> 在你明白仁善是最深沉的內心特質之前，一定要先了解悲傷是另一個最深刻的特質。
>
> ——娜歐蜜・夏哈布・奈，《字詞之內的字詞世界：詩選》中的《仁善》

　　當你在研究這個步驟的時候，要記得這一點，不需要為了要修習這樣的主題而到外頭找尋苦難。我當初在進行某次禁語冥想靜修的時候，周邊的許多人似乎都歷經了深層的情感釋

放，到處都是淚水與面紙。不過，我基本上就是遵循自己的吐納，幾乎完全沒有痛苦感。我不知道自己是不是漏了什麼，於是去找我的老師喬瑟夫‧高登斯坦。

「看起來其他人都經歷了震撼教育，而且得到了某種深層轉化，我是不是該採取什麼不一樣的舉動？」

「不需要自己去找問題，」喬瑟夫微笑，「它很快就會自己找上門來。」

他說得沒錯。在接下來的靜修當中，我自己也有多次抽光面紙盒的體驗，領悟到這個光譜的兩端都能給予我們恩賜。

要是你處於人生順遂、相對而言沒有什麼挑戰的階段，那麼你可以持續將心靈導向幸福方向，遇到挑戰來臨的時候，繼續以正念維持振奮狀態。當無可避免的艱困時期到來的時候，本章裡的工具可以幫助你準備面對狀況，不會被恐懼擊垮，也不會陷在抗拒的泥沼之中。樂於面對各種狀態，無論挑戰有多麼艱鉅，努力讓自己的心胸保持開闊──這是喜悅生活的必備要素之一。

嬰兒學步

當你一路順遂的時候，「激發喜悅」的修習應該是有趣又輕鬆，不過，當你在面對挑戰的時候，反而最需要它們上場。我的意思並非是你得要假裝自己不會受傷，不過，在困難歲月找到幸福時刻，將會對你造成巨大改變。

寶拉擁有高薪專業工作，住在自己超愛的房子裡，而且對於那些「我覺得完成之後將可以改變世界的願望」已經全部達

標。一年之後，她失業了，住在低收入戶國宅，裡面許多住民都是病老族群。她註冊了「激發喜悅」的線上課程，她寫道自己的確發現了一些「喜悅的重要時刻」，但每天面臨的挑戰卻依然讓她心情低迷。

> 你的許多小故事都具有超快樂的結局，所以我想要給你一個在過程之中的誠實反饋，雖然並不是單一成功事件的欣喜結局，但應該也是很重要。每日待在壕溝之中真的像是搭乘雲霄飛車，快樂的恩賜是會持續個幾天，接下來，突然之間又會有人說了些什麼，啟動我腦海中的懷疑之聲，害我又回到心情惡劣的原點。

寶拉並沒有因絕望而放棄，卻學習到了該如何繼續前進。「重點就是要採取嬰兒學步的方式，」她說道，「那真的是關鍵——重複自己的意念，困難臨頭的時候，要保持警醒熬過去，狀況好的時候要撐久一點，真心感恩，練習對自己保持慈心，而不要垂頭喪氣或失去耐心，然後，明天起床，繼續重複一切。」

雖然寶拉的生活環境充滿挑戰，但她卻說其實她覺得「心靈比以前的某些時候更飽滿，而且我覺得自己變得更成熟與睿智」。採取嬰兒學步的方式慢慢來，日復一日，最後一定會得到回報，讓我們喚起自己對生活的深刻信任，以及悠游其中的能力。

承納一切

　　當我們的狗兒帕爾在今年死掉的時候，我悲傷至極。他是一隻體格健壯、個性和善的拉布拉多犬，只要是剛認識他的人，一定會愛上他的可愛溫柔。帕爾一直是我的耐心與無條件之愛的導師，長達十二年之久，雖然在他越來越衰弱的頭幾個月，我心中已經開始進行道別，但依然很痛。我非常想念他，想念把自己埋在他的肚子裡、把他親得喘不過氣來的過往時光。

　　他離世之後，我有好一陣子對任何事都提不起勁，只能顧好自己的基本需求而已。我給予自己悲傷的空間，還有沉澱的時間，消化一切的感受。就連我想要轉移自己的情緒的時候，我知道自己還得流出更多的淚水，所以發現自己會不斷聽某段悲傷的音樂。大提琴撕扯我的心，而吉他卻鼓勵我要記得自己

堅守立場

　　當你正歷經艱難時刻，所受的煎熬可能會讓你覺得殘忍無情。不過，通常都會有太陽穿透雲層、悄悄露臉的時刻。記得萬物無常，就連負面的心理狀態也一樣——注意每一個幸福揚升的時刻——看到小孩在玩耍時的微笑、嚐到喜愛食物時的歡愉、與朋友互擁時的溫熱，或是看到某本好書的滿足感，千萬不要錯過這些時刻。你可能也需要努力嘗試感恩練習，提醒自己不要忘了生活中的各種恩賜。只要身心之中浮現正面感受，就停下腳步，仔細觀察並吸收沉澱。

溫柔狗兒的美好。就算帕爾已經不在人世，我也會用過去這些年來的相同聲音，大聲對他說話，而我們共享的愛也會與淚水一起開始狂湧。我知道否定那些感覺對於帕爾，以及我們曾經共享的深厚關係來說並不公平。

煎熬最痛苦的原因之一就是我們失去了某人或是對我們重要的事物，這是一種無可避免的狀況。我們要是迴避這種無可逃避的現實，就不會找到快樂。諷刺的是，傳統佛教修習就是要讓我們藉由關注這些不可避免的變化與失落，才能達到快樂。佛陀建議他的信徒每天都要反思以下這些事實：

堅不可摧

有一種破碎，來自於堅不可摧
有一種裂滅，來自於不可裂滅

有一種超越所有悲傷的哀愁，終將通往喜悅之路
有一種深刻的脆弱會浮現力量

有一種文字遠遠無法形容的空荒
我們帶著每一次的失落穿越其中
走出這個黑暗幽界之後我們獲得生氣

有一種比所有聲音都深刻的哭喊
它的鋸齒邊緣切剖了我們的心，我們破敞而開
到達牢不可破又完整的內在之地

學習歌唱

——拉夏尼，《超越破碎》

一、這具肉身會漸漸衰老；我難逃衰老。

二、這具肉身會得病；我難逃生病。

三、這具肉身會死亡；我難逃死亡。

四、我們親近的一切終將與我們分離。

　　雖然經常反省這些觀點似乎令人沮喪，但它的好處之一就是可以讓我們習慣事物的真正本質。我們不會當生命的逃兵，反而好整以暇坐下觀賞整場表演，看盡所有的哀愁與光輝。

　　某一年，我決定要與我在柏克萊帶的每週冥想團體分享這種練習。每個禮拜我們會盡量謹記這些守則，檢視它對我們日常生活所造成的影響。一開始的時候，體會如此赤裸的真實陳述，讓我覺得很沉重，無路可逃，沒有可以分心的可能。我發現我珍惜的一切都具有短暫的本質，我所有的關係都會結束，

放手

　　我們不可能控制人生。你就試試看要怎麼去圍捕閃電，遏制颶風吧。攔住河流，它將會生出新的通渠。抵抗，潮水將會淹沒你的雙腳。放手，慈悲將會帶引你到達更高的地域。唯一的安全之道就是任由它們全部進來——狂野與脆弱、恐懼、幻想、成功與失敗。當失落拆開了心門，或是悲傷以絕望蒙蔽了你的雙眼時，坦然接受事實成了我們的修習。要是選擇放開自己熟悉的存在方式，你的全新目光將會看到整個世界。

——達娜‧佛德斯，《深入再深入》

珍會離世，我將與親人與朋友圈分開。我的良好健康與能力不過是暫時狀況而已。我看到自己住在養老院，身邊的人可能根本不認識我，而搞不好我也不認識，甚或根本認不出那些人！

不過，延續這樣的練習，就像是穿需要一段時間適應的新鞋一樣。等到一開始的不適感消失之後，這些真理變得很熟悉，有了它們，不只能夠接受「事情就是如此」，而且還體會到我生命中每一個人與所有事物的珍貴性。當我對這些事實坦然以對，而且不再期盼躲避不可避免之事之後，我感到一股出奇的釋然。誠如羅馬哲學家塞內卡所言：「當你停止盼望，就會停止恐懼，因為恐懼與希望相伴隨生。」體悟死亡與時間所造成的殘敗其實都無可避免，也讓我減輕了對於它們到來之際的恐懼。

由於帕爾快要離世的時候，我的心並非是全然抵抗的狀態，所以還有空間可以關注珍惜他所有的美好特質。我還記得我躺在他身邊，沉溺在無條件之愛的感覺。愛、悲傷、接受、珍惜都在我的心中，我可以放手，任由它們存在就是了。不需要排解、釐清、期盼有什麼奇蹟出現。只要好好體會所有的感覺，讓它們發展，流過我身。就某種特殊的角度看來是很舒暢的感覺，我的開放態度幫助我連結了生命，而不是為它設下圍欄。

身處於悲傷中的喜悅

當我們越願意體會生活當下的困難部分，那麼我們對於這一切的態度也會變得更加開放。當愛麗絲的祖父母過世的時

候，她說道：「我們幾乎沒有任何討論，甚至連儀式也沒有舉行。」所以，過了幾年之後，當她父親意外在六十六歲年紀過世的時候，她決定要以全新的方式來面對苦痛。「每一天我都懷抱要體驗悲傷的意念，在沒有任何恐懼的狀況下，任由它氾流——或者，應該說是撕裂——我的身心。」希薇雅・布爾斯坦在「激發喜悅」課程中所講的某段話，點醒了她。「關鍵的智慧就是要在事發的當下明瞭狀況，而且不會想要與之違抗。」

愛麗絲知道這就是她想要達成的目標。不過，當火葬場通知愛麗絲領取她摯愛父親的骨灰時，她卻發現自己流下痛苦與悔恨的淚水。

我發覺我拚命想要遠離這樣的狀況，我真的大聲說出了「不要！」當我慢慢再次沉澱事實之後，我看得出來，那個「不要」是為了要保護我的心，控制我的體驗。我要怎麼保護我的心？我已經心碎了。我怎麼可能控制？我們都會死，我不想要美化它，這很痛，而且經常令人心生畏

認識他們……

回想一下失去某位摯愛的經驗。讓自己以柔情的體悟去感受悲傷，感受你對這個人（或是寵物）的愛，還有對方豐潤你生活的方式。盡情徜徉在你認識他們所體驗到的感激之情，然後專心將愛與感恩的念頭傳達給你的摯愛。

懼，但我很慶幸我面對它。

愛麗絲靠著面對痛苦真相的方式，也能夠讓自己隨著她的情感與體驗的全光譜一起流動，她繼續寫道：

> 但也有許多美妙喜悅的時刻：我以溫暖坦然的方式，與我的兄弟姊妹緊緊相繫，一起浸沐在有關父親的動人記憶之中，感受到足以消除其他困難的洶湧深刻之愛，與世界上其他在此時此刻悲傷的人們連結在一起。最後，我們擁有了最美好、意義最豐富的儀式，我知道這是我自己敞開心胸面對痛苦所埋下的種子。

當我們擔憂體會悲傷將會讓自己無法承受的時候，很可能會想要靠著酒精或藥物麻痺自己，不然就是迷失於工作或強迫性的舉動。再不然，我們可能會被凍結在悲傷或恐懼的狀態裡動彈不得。正如愛麗絲所發現的一樣，對於自己的感受抱持開放態度，進入當下，而不要迷失在情緒之中，讓她也能敞開心胸擁抱喜悅時刻。

靠著正念面對身體苦痛

我們都會經歷肉身疼痛，完全無法逃避。不過，當我們的身體在歷經疼痛的時候，我們可能會想起 M・凱斯琳・凱西提出的那句知名引言，其所內蘊的有益意涵：「疼痛無可避免，

受苦卻是一種選擇。」這並不是要把身處在嚴苛殘忍疼痛處境之人的悲痛縮減到極致，而是某種具有價值的通用指導原則。我們遇到疼痛就會退縮——這是一種內建反應，如果我們想要生存下去，它就會警告我們要避開某些事物。不過，面對疼痛來犯的時候，我們無法避免，而學習以正念予以反應，將有助於減輕我們的煎熬。它也是一種很好的訓練方式，可以讓我們遇到生命中任何一種煎熬的時候保持開放心胸，進入當下。

當然，你可以靠各式各樣的方式達到舒緩與療癒，但是當你盡量（我使用的詞彙是「盡量」，因為雖然修習有幫助，但能做到這一點未必容易）保持正念態度面對疼痛的時候，同時要注意出現了什麼狀況。疼痛就與所有的體驗一樣，冒了出來也會消逝。要是你暫停一下，注意自己的粗肥腳趾，觀察它的搏動、刺痛，以及熱感，可能會注意到這些感覺不像是一開始的那麼強烈。比較強烈的反應之後，會出現舒緩的片刻，最後，腳趾的疼通慢慢消退。除非是遇到極端狀況，不然我們很少會遇到持續性的疼痛。

而煎熬與身體苦痛正好相反，只有當你的心靈煩憂的時候才會出現。誠如廣泛研究死亡與垂死過程的靈性導師史蒂芬‧

> 當我九十五歲的父親病重垂死之際，我悲傷不已。我覺得好疲累，很難與別人相處，沒辦法遵守信諾。靠著正念練習，我領悟到原來是悲傷「掌控我」，奪走了我全部的人生。我發現其實我可以在悲傷出現的時候、就好好面對它，而一天當中總是也有它不在的時刻。這種方式讓我可以「掌控」悲傷，而且不管出現什麼情緒，都能夠融入當下，自此之後，我覺得比較輕鬆，也比較有元氣，又能積極過生活。
>
> ——某名課程學員

拉維所言：「對痛苦的抵抗，可能會比痛苦本身更加痛苦。」我們很可能會因為自身反應而更加激化我們的煎熬。要是你踢到腳趾頭，那股疼痛可能會劇烈難忍，或者，偏頭痛的感覺會像是一堵讓人崩潰的痛苦之牆。你當然想要痛苦結束，但是被困在未來恐有惡事發生的各種情節之中，只會讓你又多了另一層的煎熬。我現在狀況很糟，但萬一之後更慘呢？也許我是不是摔斷了哪裡的骨頭？萬一這種疼痛沒完沒了怎麼辦？或者，我們會陷在某種情感的死胡同當中：每當一切順利的時候，就會發生這種事。就算是身體痛苦早已消失多時，我們可能依然會困在心理或情感的痛苦之中。

達賴喇嘛也有類似體悟，他提供了一種處方：「想要減輕痛苦的煎熬，」達賴喇嘛如是說，「我們必須要在痛苦所引發之痛苦，以及我們思及痛苦所造成的痛苦之間，做出重要的區分。恐懼、怒氣、罪惡感、寂寞、無助，都是會激化痛苦的心理與情緒反應。」尤其在面臨慢性疼痛的時候，區辨身體疾患與經常伴隨病痛而來的正常無助感更是重要。

當身體劇痛不斷的時候，像是那些罹癌或是其他不治之症的人，教他們放下抗拒，融入當下的感

> 我深受可怕慢性病之苦。身體的每一個關節都有毛病，而且我的脊椎一直在退化。我工作了二十四年，最近被炒魷魚，幾乎可說是我的病害我丟了飯碗。不過，我還是有許多喜悅的事。我有一個關愛我的美好家庭，漂亮的家，我可以閱讀，還能打一點字，但對我來說，最重要的是我能夠開心過日子，我不擔心明天的事。這種想法所造成的不同，真令人驚嘆。我永遠不會是成為那個我一直夢想的健行／露營阿嬤，但我依然還是阿嬤。
>
> ——某名課程學員

知，幾乎是不可能的任務。不過，正念依然可以有助提醒你，你的存在不只是只有肉身疼痛而已。作家兼禪學老師艾茲拉·貝達在她的著作《存在禪——活出禪的身心體悟》寫道：

> 我們常常誤以為療癒就代表了疾患痛苦就此遠離。不過，療癒未必意味肉身能夠康復……療癒不只是與身體徵狀有關，許多人得到了療癒，但依然還是一樣有病體，甚或死亡。許多人肉身健康，但永遠得不到真正的療癒。療癒牽涉到的是清淨路途通往開放的心胸——明白一體性的心……要療癒，得到完整性，也就是我們不能繼續光憑這具肉身、我們所受的煎熬認同自我，我們要以更寬廣的存在感認同自我。

第二支箭

　　這一章所提到的折磨多半是心理與情感面，讓我們陷入低迷的折磨，而且我們受苦的程度就與肉身折磨一樣，通常是更嚴重。當我們沮喪、孤單、哀傷、憤怒的時候，我們經常會自言自語讓狀況雪上加霜：我是怎麼了？我不該有這種反應才對。或者我們自己編故事，繼續往那種情緒鑽下去：她對我做了這些事。我當然生氣，而且……或者，我們拚命想要否定那種情緒：撐住，其實也沒那麼糟糕。而苦痛被埋藏起來，只會以其他方式顯露出來，有時候更令人痛苦不堪。

　　佛陀運用了某個生動的比喻，讓我們知道自己是如何讓煎熬雪上加霜。要是有人被箭射中了，他會感受到劇痛，而要

> 我一直有某種輕微但依然疼痛的疾病，我發覺除了那股痛苦之外，還是能夠感受隱然的喜悅與生氣。這並非表示我不痛了，但它卻讓我明白疼痛並不會讓我元氣全失。我不等於疼痛，那是我的一部分，就像是喜悅與愛一樣。
>
> ——某名課程學員

是他立刻又挨了第二支箭，那麼疼痛感會更可怕。當我們已經處於痛苦狀態，還繼續添加負面念頭的時候，就是這種景況，所以，各位要如何避開這第二支箭？

就像是面對肉身疼痛一樣，我們也可以採取抱持正念慢慢來的體驗方式。我們不要將你的煎熬複雜化，靠著正念，你就能夠以均衡、清明、仁善的態度面對它。丘揚創巴是一位才華洋溢、破除傳統的藏傳佛教大師，他總是喜歡這麼說，每一種狀況，無論有多麼艱難，其實都「很有用」。如果你以不帶任何判斷的覺知看待自己的煩惱心緒與感覺——不要沉溺其中，而是要提醒自己萬物無常——那麼就會發現自己其實並沒有那麼不知所措。而且，在這樣的過程中，你也能夠深化自己的體悟，敞開心房。

陷在打轉的循環之中

費歐娜第一次來參加正念冥想靜修的時候，不太清楚最後會遇到什麼樣的狀況。她是某名二十多歲的年輕女子，在紐約市位居要職，她覺得禁語靜修將會是一種完美的對比，一種可以找到內心放鬆感與平和的方式。她並不知道，通往內心平和之路經常得面對惡魔與恐懼的種種阻礙。沉浸在靜修的寂靜與純淨之中，幾乎沒有什麼可以分心的事物，只能逼她面對自己

的日常心靈模式。費歐娜不但沒有找到寧和感，反而立刻面對的是某個熟悉的夥伴——就隱藏在表面之下的那股焦慮。

她第一次與我會談的時候，狀態很激動。「我想要的是平靜與寧和，」她的語氣很挫敗，「但我卻阻止不了自己的心。」

我問道：「妳的心到了哪裡？」

「根本是到處亂跑！」她氣急敗壞大叫，「我回去上班的時候該怎麼處理未完的工作，要如何與我的男友相處得更融洽，我為什麼面對人群會這麼緊張，反正一堆啦。我想要讓那股聲音安靜下來，但它就是不肯停。」她繼續講下去，聲音也越來越尖銳，全身不安躁動。

在我們心中不斷打轉的那些念頭，看起來可信度很高。我們仔細編寫失敗與混亂的劇本，而且相信它們一定會成真。這種舉動很有創意，但是對於尋求快樂卻沒有助益！擔憂是某種真正的心靈煎熬，我很清楚這一點，因為我自己就是出身一個總是憂心忡忡的家庭。我媽媽老是開玩笑，當她想不出有任何事需要憂慮的時候，她就會真的開始擔心了，她是這麼說的：「我都是靠這種方法來確保自己妥善處理了一切。」

這種方式讓我想到了智慧愚人穆拉‧納斯雷丁的另一個故事。某天下午，穆拉的學生們發現他小心翼翼在自家周邊撒麵包屑，他們看了一會兒之後，有名學生終於開口問他：「穆拉，你為什麼要這樣撒麵包屑？」

穆拉回道：「為了要防範老虎。」

那名困惑的學生回問：「老虎？方圓數百哩之內都沒有老虎啊？」

納斯雷丁聽到之後的回應是：「很有效吧，你說是不
是？」

擔憂我們自以為可能成真的幻想式問題，很可能會讓我們
的心陷在這樣的泥沼之中，這種心態正如同馬克・吐溫所說
的一樣：「我一生中總是在模擬可怕狀況，而某些還真的發生
了。」對於未來的合理規劃，可以給予我們方向，但對於可能
失誤的部分一直抱持偏執，將會把我們逼入萬劫不復的壓力狀
態，幾乎很難產生正向結果。正念可以打破那樣的迴帶循環，
把我們帶回到當下，所以我們可以對於此時此刻的真正狀況做
出回應。

停止打轉

在費歐娜與我會談的過程中，她提到了陷在自我思緒亂流
之中是什麼感覺，我可以看出這對她而言有多麼痛苦。她說她
心內的混亂程度宛若「被困在迷宮裡無路可逃」。我問她，是

憂慮帶來的問題

問題的全新解決途徑以及觀看角度，通常並不是來自於
憂慮，尤其是長期性憂慮。憂慮者不會針對這些潛在問題想
出解套方案，總是反覆思索危險本身，默默沉浸在與其有關
的恐懼氛圍裡，而依然身處於同樣的思維窠臼之中。

——丹尼爾・高曼，《EQ：決定一生幸福與成就的永恆力量》

否願意暫時不說話，體會當下的感覺就好？

「妳能否體驗到此刻雙腳踏地的感覺？」她點頭，可以。

「有沒有感覺到身體碰觸到了椅子？」她又點頭，「妳的呼吸呢？當妳的肚子在起伏的時候，妳感受得到嗎？」對，她可以。「接下來的這幾秒鐘，什麼都不要做，只要知道自己坐在這裡呼吸就是了。」我們靜靜坐在那裡，她開始放鬆。

「費歐娜，妳如果想要得到自己尋求的平靜，只需要融入當下即可。只要妳發現自己在圈圈裡打轉，就依照這個指示：停止找尋出口就對了，放鬆自我，然後自問：『我在這一刻，感知到的究竟是什麼？』」

在靜修快要結束的時候，我可以看出當費歐娜在冥想中心四處優雅走動的時候，臉上掛著微笑，在她返家之前，她寫了一封信給我：

> 在我腦海中根深蒂固的那個念頭終於沒了，「其實不需要想破頭。」換作是以前，這絕對不可能是我的選項。就在今天，當我在做行走冥想的時候，我的思緒開始不斷打轉，那句話也進入我的心中。我停下腳步，閉眼自問：「當下的真實面是什麼？」而此時此刻的真實是我的呼吸起伏，還有不斷來來去去的各種身體感應。我心想：「生活的其餘部分會隨著它自己的時間找出平衡。」然後，我繼續走路，這真是一大啟示！

當你卡在不斷打轉的循環之中，最有效的方式之一就是回到當下，抱持正念專注自己的吐納與身體。身體永遠處在當

我剛收到了自己財務出狀況的消息，發現自己冒出了熟悉的高度焦慮模式，我立刻幻想自己無家可歸，進入「我將會失去一切而人生一無所有」機制。但這一次，我能夠以超然的層次觀察一切，我告訴自己，現在並沒有大難臨頭，我不想要浪費生命擔憂。神奇的是，我能夠把心緒轉移到當下，而且當時真的很愉快，然後我與女兒享受了陽光燦爛的一天。

——某名課程學員

下，然後，暫停一下，專注己身，就可以打開空間，注意自己心靈的狀況。你可以往後退一步，問自己當下的真實面是什麼。這就像是按下計算機上的「清除」鍵，無論數字有多麼複雜，只要按下那個「清除」鍵，就可以有一個全新的開始。同樣地，回到感受身體與吐納，可以幫助你不要在同一個地方繞圈圈。你不需要釐清一切，可以開始相信只要自己融入當下，你的覺知就足以讓你定心，睿智面對眼前真正的一切。

脫離恐懼

有時候，心靈能夠創造的最強烈幻象就是恐懼。這並不是老虎朝你直撲而來，讓你得想辦法保命的恐懼。就那種狀況來說，恐懼就是要趕緊逃離的訊號是那種心中銳不可當，很可能會將我們完全吞噬的那種恐懼。你也許可以找到合理的心理學依據，解釋為什麼我們會冒出某種恐懼，不過，佛陀並沒有想要釐清緣由，反而建議我們要以正念態度直接對付恐懼，能讓自己擺脫它的威力。他在毒箭的寓言故事當中，運用某種隱喻詮釋他的觀點。要是你被某支箭射中了，你會開始問：「是誰射出這支箭？是誰做的箭？對方又塗了什麼毒？」不，你應該

要問的是能不能盡快拔出這支箭。同樣地，當你發現自己身陷在心靈恐懼之中，不要拚命去找出它為什麼會存於你心，或是在裡面打轉出不來，讓自己擺脫困惑的睿智有效方式之一，就是讓自己的心回到當下，認清狀況，自己是被困在讓恐懼油然而生的思緒之中。

　　索夏娜在一開始參加冥想靜修的某堂課時，聽到喬瑟夫‧高登斯坦提及要以正念面臨恐懼，她知道很有道理，但是她所感受到的內心恐懼似乎十分真實——而且緣由也是一樣可怖。「我知道這聽起來非常不理性，」她說道，「但我就是——對於有關吸血鬼的一切——怕得要死。」到了晚上，她決定放棄行走冥想，一個人待在房內，她會聽到窗外樹葉沙沙作響，擔心是什麼怪獸的腳步聲，這股恐懼越來越強烈，她最後嚇得逃到房外。過了好幾天之後，索夏娜決心要採取行動。如果喬瑟夫說得沒錯，靠正念面對恐懼就能讓她脫離自己的幻象——至少她盼望是如此。

　　某天晚上，大約是凌晨兩點鐘的時候，索夏娜穿好抵擋寒氣的衣服，走出了冥想中心，迎向麻州寒冬，她回憶當時情景：

> 　　如果真有吸血鬼，那麼我就會走向自己的宿命，如果沒有的話，我就能夠靠著直接對決，終於擺脫這種恐懼。對街有一座湖，所以我決定在滿月之夜繞行這總長三英里的環湖路。我確定每一棵樹後面都躲了個吸血鬼。在一片寂靜之中，我聽到後頭傳來腳步聲，我覺得心臟快要從胸口裡跳出來了，而且那股恐懼宛若電流竄流全身。但我還是努

力將感知拉回到自己的吐納——真的是上氣不接下氣——
而且我保持正念體驗這一切的感受，我對自己說出了現在
的感覺，「這是恐懼，這是恐懼。」

等到索夏娜完成了漫長的環湖步行之後，她不僅擺脫了自
己對吸血鬼的恐懼，同時也發現了正念切斷內心煩憂的神奇力
量。甚至到了現在，恐懼本身似乎再也沒那麼可怖了。她說
道：「我覺得自此之後，再也不曾陷溺在那樣的恐懼之中，不
論現在是基於什麼原因出現了恐懼，我都能夠更從容提醒自
己，『這是恐懼』，然後，我就再也沒放在心上了。」

有個我經常看到的保險桿貼紙提出警告，「不要盡信自己
所以為的一切。」當你發現自己迷失在思緒漩渦之中的時候，
以正念關注自己的呼吸與身體，就能打破當下的魔咒，甚至可
以讓你擺脫那些對你的幸福毫無助益的心靈模式。

當情緒潰堤的時候

密勒日巴，十一世紀的藏傳佛教大師，他曾經在某個洞穴
裡冥想多年滌清心靈，至今依然流傳了許多有關他本事的傳奇
故事。在某個故事當中，密勒日巴傍晚散步回來，發現他的
洞穴裡有十多個魔鬼，他偏好獨處，想要趕走它們。一開始的
時候，他對它們進行靈性開示，期盼它們心滿意足後離開，沒
用。然後他開始斥責它們，希望自己的怒火能夠嚇退它們，卻
只是引來哈哈大笑。他決定要與它們和平共處，於是他說道：
「顯然你們是不走了，所以我們不妨學習共處生活吧。」哦，

這對魔鬼來說一點也不好玩，所以幾乎大家都離開了，只剩下一個特別難纏可怕的魔鬼。密勒日巴做出了全然投降的舉動，他把自己的頭放在那個魔鬼的嘴裡，向對方說道：「你比我厲

「回瞪」思緒

在二〇〇二年三月的時候，達賴喇嘛與某個小團體會面，裡面的成員包括了聲譽卓著的神經科學家、心理學家、哲學家，以及佛教學者，共同討論了負面情緒的起源以及靈修的好處。 丹尼爾・高曼在他的著作《破壞性情緒管理》當中，曾經描述了這場會面的過程，凸顯了對話中的重要時刻。以下這段摘錄出於馬修・李卡德，他在法國取得了遺傳學博士學位，後來成為比丘尼。

「當憤怒、欲望，或是嫉妒的思緒一出現的時候，我們完全沒有任何準備。所以，不消幾秒鐘的時間，那樣的思緒接二連三出現，過沒多久之後，強化我們憤怒或嫉妒的思緒，就會侵犯我們的心靈地景──到那個時候，就已經太晚了。就像是星星之火足以燎原，我們麻煩大了。」

「干預某種念頭的基本方法叫作『回瞪』思緒。當某個念頭冒出來的時候，我們必須要直視它，檢視來源，需要檢視這個貌似可信的念頭的本質。當我們直瞪著它的時候，它的可信外表就會開始融化，那念頭還來不及產生一連串的思緒，就已經消失無蹤。重點不在於阻斷念頭出現──反正那是不可能的──但不能讓它們進犯我們的心靈。我們需要一再重複這樣的步驟，因為我們不習慣以那種方式面對思緒……最後，一定可以到達這樣的境界，思緒來來去去，宛若鳥兒飛過空中，完全不留下任何痕跡。」

害多了，我不會抵抗你，你要怎麼樣，不用客氣，如果你想吃掉我就來吧。」就在那一刻，魔鬼消失了。

令人難以承受的情緒，比方說憤怒、悲傷，或是哀愁，感覺就像是可怕的惡魔一樣，而我們的自然反應很可能是逃離或是抵抗。不過，那將會產生問題。拚命想要閃避或否定某種情緒，將會把它鎖在內心，壓抑，而無法釋放。不去抵抗心靈的負面狀態，就是一種任由它們自然消融的勇敢舉動。就像是密勒日巴一樣，當我們放棄掙扎，當我們不再對痛苦迴避或置之不理，反而讓自己保持正念態度面對它，也就讓我們開始解脫它的掌控，清除我們自身洞穴裡的那些魔鬼。

雖然正念是清除這些惡魔的直接了當方法，但這並非是唯一的途徑。要是你情緒潰堤，一定得要費勁才能融入當下，那麼正念可能不是此時此刻的最佳策略。找尋治療師，或是一個能夠理解你的朋友。散步，或者是給自己犒賞，從事某種滋養性的活動，這可能是你避免墜入自己心靈兔洞所需的喘息空間。

不過，我們未必一直有朋友在身旁，就算從事滋養性活動，也未必能夠保證心靈永遠不會陷於漩渦之中。正念是一種你可以隨時取用，幫助你不會迷失在困惑之中的工具，它可以喚醒你，離開心靈的「爛片」模式。

法蘭已經學習冥想多年，所以，當她準備要參加一場漫長的靜修時，她早有心理準備，抱持正念，也會冒出某些心中最深處的負面情緒。她告訴我：「當靜修一開始的時候，某種熟悉的心靈沉重感幾乎是立刻出現。」在接下來的那幾個禮拜，她探索了自稱為「在自我人生中，我所知的最痛苦能量——也

就是悲傷、退縮，以及沮喪」。

　　沉浸在靜修時的沉默與專注的時候，浮現的深層心靈模式很可能會滲透身心，讓人覺得快要崩潰。我鼓勵法蘭，釋放強烈情緒的過程要採取一次一丁點的方式。「一開始的時候，就讓情緒自然湧現。然後，你稍微喘息一下，重新調整自己，準備再次體驗。」靠著維持正念，面對艱難的心靈狀態，即便只是一次一丁點的釋放，法蘭也能夠得到全新的體悟。

　　這種感覺非常強烈，出現的時候對我緊纏不捨。所以我知道我必須要把它帶入覺知之光的區域之中，以正念面對——伴隨的是心中的劇痛——然後帶入慈悲，我知道那種可以感受它，但不會成為它的無垢覺知，我必須要呼喚某種戰士的勇氣，才能讓它出現，然後看看我以往習慣的反應方式。我不知道自己完成之後，到底會對我的人生有什麼意義，但我知道我必須要完成它。

　　在靜修中心、以如此強烈的方式釋放某些深沉的負面心靈模式是難得的機會。不過，法蘭所運用的這種基本過程，其實不管遇到任何狀況都可以拿來舒緩心靈，尤其是情緒崩潰的時候。其實，她是在認知自己的感受，沒有任何排拒，仔細關注那些情緒如何在自己身心之中顯現，而且體悟到它們只是暫時的現象，是人性的一部分。要記得面對痛苦情緒的過程，有一個簡便的方法，就是頭字語RAIN，這是由冥想老師蜜雪兒‧麥克唐納首創的概念。

RAIN：面對痛苦情緒的正念方式

R 代表的是認知（Recognize）

在神話故事當中，怪獸或惡魔都具有強大的力量，但被人知道名字之後就會破功。當英雄或英雌們勇敢地在惡魔面前說出他們的名字時，邪惡力量開始崩解，當下的主宰成了那位呼名者。說出自己的情緒，就是削弱它們對你掌控權的第一步。比方說，與人激烈討論的時候，你可能會認知到「這就是憤怒」。不需要譴責、抗拒，或是否定那種感覺，這可能會讓你迷失在那種強烈的情緒之中。或者，你可能感受到某種讓自己低落的沉重情緒，你認知到「哦，這是悲傷」，然後，你就可以做些溫柔的事滋養自己。就算你不知道自己的情緒是什麼，你也可以產生這樣的簡單體悟：「我很困惑。」最起碼，這樣不會害你一頭鑽進亂局之中。

安是「激發喜悅」課程的學員，她提到了某次歷經痛苦過程的時候、如何靠著認知自己的情緒而度過難關。某天，她丈夫在抱怨胸痛，她不敢賭，立刻載他前往當地醫院，他並沒有通過心臟壓力測試。才不到幾分鐘的時間，安已經坐在等候室，而她丈夫則被送到走廊的另一頭，很可能是心臟病發。安想起了課程裡的指示，幫助她保持正念，而不是在恐懼中胡亂打轉，她說道：

> 我坐在那裡等待，我只注意到自己的各種情緒，我心想：「好，焦慮就是這樣。」靠著這樣的方式，我並沒有被當

時的狀況牽著鼻子走。我還是想辦法融入當下，別想一堆
「萬一如何如何」，而是讓自己穩住，不去追究為什麼或
是未來會怎麼樣，我只是一直告訴自己，這是我生命中終
會遇到的一刻。

我認識的某人，當她遇到卡關，覺得自己激動又崩潰的時
候，會運用某種創意十足的呼名策略。她弄一杯茶，坐在自己
屋外的門廊，讓自己進入她所稱的「發怒佛陀」狀態。過了半
小時左右，那股能量轉移，然後，風暴過了，她又回到那個只
是坐在自家門廊喝茶的蘇菲亞。接下來，她就能夠以更平穩清
朗的態度面對那個觸發她強烈情緒的狀況。

延伸到熟悉的範圍之外

　　加州大學洛杉磯分校醫學院「人腦圖譜中心」的研究
員，對於利用字詞說出恐懼情境的好處有了重大發現。當他
們給實驗受試者觀看生氣或恐懼表情的時候，腦部的恐懼中
心會顯示血流增強，顯現已經刺激到他們的對戰或逃跑反
應。不過，當他們要求受試者選擇一個字詞，描述那生氣或
恐懼的面孔時，恐懼中心的血流也慢慢消退。而且，部分的
前額葉皮質——控制情緒的腦部區域——顯現出血流增加。
研究員的結論是：發生在腦部高階區域的呼名舉動，可以控
制情緒反應，幫助你的心情更冷靜。

A代表的是容許（Allow）與接納（Accept）

容許與接納你的感覺，也就表示要放下對感受會產生改變的期待。只要你開始盼望有什麼特定結果——也許如果我維持正念，那種感覺就會再次消失不見，就像是上次一樣——這就是在抗拒自己的感覺，在心中產生反感，就算再怎麼幽微，依然還是厭惡感。誠如我們先前所看到的一樣，抵抗會鎖住某種情緒，而無法讓它歷經自然而然的變化過程。

不過，在當下體會痛苦情緒可能會相當艱難，我們已經相當習慣對抗不悅情緒。

我們想要轉移焦點，不然就是想出一個快速解決方案。我看我出去喝一杯好了，或者看場電影吧……也許可以與哪個有趣的人見面。要注意的是，如果你正處於艱困時期，就不該給自己一個滋養的喘息機會，你若想要的是擺脫慣性負面情緒痛苦束縛之後的長期犒賞，轉移焦點是不會成功的，還不如鼓勵自己：「無論如何，我會面對這樣的感覺。」你可能會覺得體內產生某種痛苦反應，歷經相當不適的心理狀態。容許自己的感受浮現，表示你對它們保持覺知，如果不舒服的話也不會推開；如果是愉快的感受，那就繼續維持，但不要沉溺其中。至少，要給自己一會兒的時間，允許感覺如實存在。

I代表的是以興趣（Interest）進行探究（Investigate）

等到你「認知」了某一情緒，「允許」它如實存在之後，就可以開始「探究」它如何在你的身心之中自我表達。不需要努力去理解或解釋什麼，只需要注意那種情緒會帶來什麼樣的

悸動。悲傷的感覺是什麼？沉重？黏滯？你在哪裡產生感受？胸膛？喉嚨？面積有多大？是像高爾夫球還是壘球抑或是海灘球？它的邊緣是尖銳還是變得圓滑？注意那些感覺是否維持不變，抑或是隨著時間不同出現了細微還是劇烈變化？它們可能會逐漸消退，或是變得更強烈。而你的任務就是要以仁慈、不帶任何價值判斷的覺知，「允許」它的存在，時時「探究」。

或者，你也可以在某些時刻轉移覺知，將與情緒有關的心理氣氛納入探究範圍。這種心情是陰沉？旋亂？沉重？緊繃？輕盈？還是開闊？同樣地，讓這種體驗如實存在，以某種仁慈、充滿興趣的方式碰觸它。然後，經過了一段時間之後，再將注意力回到你的身體，這些悸動還是與以往一樣嗎？有沒有發生改變？

允許與探索某種類似恐懼或暴怒的強烈情緒，雖然聽起來令人難以承受，但你將會發現你自己的覺知可以制住當下浮現的任何情緒。比方說，當你害怕的時候，能夠覺察到恐懼的心靈的那塊區域，並沒有感到害怕，它純粹就是感知到恐懼經驗成分的思緒與悸動而已。同樣的道理，也可以適用於你體驗生氣的當下。對於怒火的覺知，與怒火本身是不一樣的。你可以留在這些情緒的覺知中，而不是迷失在那些情緒裡。靠著這樣的方式，覺知會成為讓你得以安全探究自我真正人性體驗的避風港。

> 我發現要是對於自己的煎熬抱持開放、憐憫，以及探究的態度，就能大幅減輕痛苦感。它並非是一種「事情就是很糟糕」的硬塊，而是某種可以穿透的物質。這種心態為我打開了充滿餘裕的自由自在。
>
> ——某名課程學員

N代表的是不要對號入座（Non-identification）

當你把自己等同於某種情緒──我真的是憤怒（悲傷、寂寞）的人──你就把自己關進了某個盒子裡面。其實，是一串連續性的思緒與情緒流過你心中，你不能隨便指向其中一個，宣稱「那就是我」。也許會出現怒火，但你不會永遠在生氣。也許你驚恐的程度超過了自己的耐受範圍，但當你與朋友一同哈哈大笑的時候，可以說自己是個擔憂的人嗎？我們的情緒都是在正念覺知的範圍內產生，自顧自跳舞了一會兒，然後又轉變成其他的感覺了。你千萬不要去想我真的是憤怒的人，你可以領悟到的其實是：我現在心中有怒，而它並沒有辦法定義你這個人。

不要對某種情緒對號入座，其實就等於是「不要當成是你獨有」的另一種說法。從佛教教義的觀點而言，擁有某種特定的靜態本體根本不真確。沒有任何一種情緒是你，也沒有任何一種情緒是專屬於你的專利。情緒是遇到某些狀況時所產生的人性體驗，你的憤怒或悲傷，與我的憤怒或悲傷並沒有太大的不同。領悟我們體驗的共通性，就可以讓我們面對自我心靈活動的方式，進入到某種深刻的轉化，我們不會把自己的思緒與感覺當成是我的心靈，反而會把它們當成是眾人的心靈，某種共通的人性體驗。

當你遇到痛苦情緒的時候，運用RAIN這套過程可以產生獨特成效。當你不急忙撇開自己的感受，也沒有迷失其中的時候，過了一會兒之後，你就會發現它們與其他事物一樣，發生了改變，它們有起點也有終點。這個心得可以讓你的生活變得

大不相同。你不需要急著相信自己會永遠卡關，啟動驚慌失措的按鈕。

　　而且你可以相信自己，面對強烈情緒的時候，絕對具有可以巧妙處理的能力。

　　結婚三十年之後，羅伯特正在面臨痛苦的離婚過程。靠著正念面對他自己的強烈苦痛，也讓他度過了某些艱難至極的時光。他分享了以下心得：

　　悲傷如潮浪襲來。有時候我覺得自己快要淹死了，只能反覆喊著「幫我，幫我，快幫我。」我靠著RAIN四大步

RAIN 的四大步驟

　　當你身處在某種強烈情緒之中的時候，花一點時間嘗試這個方式：

　　「認知」自己的感覺，把它說出來，憤怒、恐懼、悲傷，還是困惑？

　　「允許」情緒如實呈現，不要撇開它，也不要迷失其中。

　　「探究」你身心裡的情緒。以好奇與充滿興趣的心態研究那種情緒。你身體的哪一個部分對它有感？在你心中的感覺是什麼——沉重？緊繃？開放？還是激動？

　　「不要對號入座」是讓你得以掙脫情緒掌控的關鍵。不要把它當成是你獨有的經驗，你的體會是一種會發生也會消退的人性情緒，無法定義你這個人。

驟，熬過了一波波潮浪，每一次都讓我得到了各式各樣的身體與記憶的資訊，我慎重關注，沒有對號入座，潮浪撲身又離去。我內心的小船自己導正方向，往前航行。我繼續保持警覺，在這美麗的春日容光煥發，我相信我正在修習過生活所需學習的部分。是不好玩，但平心而論，這就像是一場多采多姿的冒險。

RAIN 可以幫助你以更均衡的方式熬過這些情緒。而且，當你不再餵養那些根深蒂固的狀況與情緒的各種糾結，它們就會開始式微。

運用善巧方便

有時候，情緒的威力太猛烈，光靠 RAIN 也無法奏效。我們先前已經看到了例子，就連類似法蘭這種已經修習冥想多年的人，也必須以溫柔方式對待自己，而且以正念面對激動情緒的時候，必須要不時喘息。以睿智的方式敞開心胸，面對困難情緒，包括了要知道在過程中何時會到達再也無法取得平衡的臨界點。如果你在崩潰邊緣掙扎，或者覺得自己已然崩潰，那麼就必須退守。不然的話，你最後一定會封閉自我，或是浸溺在自己的心緒之中。

遇到類似這樣的狀況，以佛教著名的「善巧方便」處理情緒找尋出路，才是明智之舉。這些基本上就是能夠減少困惑、培養你面對艱困處境的悟性的各種有效方式。我的哲學是「找到所有能找到的援助」。聆聽你自己的直覺，只要是能夠讓你

得以融入當下，以建設性方式面對困境的都是善巧方便。去找有智慧的朋友，靠治療師幫忙，如若有任何化學不平衡的問題就服藥，這一切都是善巧方便。健康心靈的最重要基礎之一就是健康的身體。除了健身或散步之外，全方位類型的運動，像是瑜伽或太極，也可以對心靈發揮不可思議的力量。

　　正念的主要價值之一，就是我們以直接體驗艱難情緒的方式，就能看透並領悟它們是如何運作。比方說，當我們感

改變憂鬱的一句話

　　你要知道有許多有效途徑可以找到幸福，而你必須挖掘最適合自己的那些方式，這一點很重要。對於身受長期憂鬱症所苦的人來說，更是如此。雖然我們當中有許多人可以做出抽離負面情緒的抉擇，但對於那些似乎被情緒損耗搞得沮喪的人來說，幾乎是不可能的任務。不過，葛列格與我已經看到許多人回報他們主動脫離了深度憂鬱。他們的路途很艱辛，但大多數人都提到了讓他們開始建立自我的微小決定，比方說講出實話，或是讚美生活中的某個部分、對別人示好。不過，我們也注意到運用冥想可能也有幫助。在某些案例中，這方式似乎為憂鬱者打開了一扇充滿機會的門，讓他們能夠走出去。然後，就此做出更快樂、更健康的抉擇。

　　　　　　　　——雷克・佛斯特與葛列格・希克斯合著
　　　　　　　　　　《我們如何選擇過快樂生活》
　　　　　　　　　（給激發喜悅課程學員的私人信函）

受到強烈情緒的時候，我們會覺得自己的煎熬會持續一輩子。不過，正如同肉身痛苦並非是一成不變的固定體驗，情緒也一樣，就算是非常猛烈的情緒亦然，也會有強度產生變化的時刻。你是否曾經有過這樣的經驗？一直在悲傷啜泣，突然之間，你內心的一切都靜止不動，瞬時之間你忘了自己到底是在哭什麼？或者，你曾經對某人非常生氣，突然間想起了還有事情得要忙，注意力完全轉移？這些暫停時刻就像是暴風雨的間歇狀態。

希薇雅・布爾斯坦說，這就像是從暴雨雲團中穿透的一抹光。光之銀亮可以讓我們看到並非一切都陰鬱死滅。在那一刻，它提醒了我們，所有的一切──包括那些──都會發生改變。就算是貌似令人無法承受的情緒，也不若我們以為的那麼堅不可摧。我們的哀傷與痛苦並不會持久，無論狀況有多麼惡劣，你終究還是會再次微笑。

如有需要，你可以暫時將注意力轉移到某個能讓你分心的事物，以免強烈情緒發生滾雪球效應。佛陀建議面對惱人念頭與情緒的善巧方便之一，就是「寬恕與無視」。覺知與專注的倡導者之一居然會告訴我們「就忘了吧」，很可能令人

> 我的六歲女兒，患有嚴重心臟疾病，得定期回診看心臟科醫師。就在約診的前一天，我把晚餐煮焦了，屋內的所有煙霧偵測器警報大響，而且我的車門沒關好，電池沒電，然後我的手機電力也耗盡。到了看診的那天早晨，我的早餐煮焦了，車子無法發動，我完全失控。不過，看完醫生之後，在我們開車回家的途中，我的腦海中出現一股微弱的聲音，提醒我一切都在變動，就算當下的狀況貌似相當絕望，也不可能永遠都如此。
>
> ──某名課程學員

大吃一驚。不過。佛陀的方法超級實用，當某些情緒已經失控的時候，這一招的確派得上用場。

身為父母，我很清楚那種方式的好處。亞當是個敏感的小孩，動不動就會被嚇到。在他四歲時的某個星期六下午，他的祖母與我帶他前往觀賞「皮克家族馬戲團」，逗趣小丑與魔術師的演出。就在表演進行的時候，一顆巨大氣球毫無預警突然爆炸，這是演出的一部分。其他觀眾爆出如雷笑聲，但那場爆炸卻讓亞當陷入截然不同的歇斯底里情緒之中，我把他帶出場的時候，他依然嚎哭不止。

我們到了外頭之後，我瞄向六公尺外的攤位區，恰巧發現有他最愛的冰淇淋。「哦，亞亞，你看，」我對大哭的兒子說道，「他們有『班傑利』！」就在那一瞬間，尖叫沒了，他忙著四處張望找尋寶藏的位置。我態度冷靜，滿心感激帶他走向冰淇淋小攤，慢慢說出每一個字。「哦，我們真幸運，他們有『賈西亞櫻桃』（他的最愛）！」亞當忘了自己正處於崩潰中，一拿到甜筒就完全恢復冷靜。

有時候，當我們因為某種情緒而潰堤或失控的時候，我們就像是小孩子一樣。其實，我們的感覺通常直通的正是我們柔軟的「孩童自我」，我們也可以運用某些善巧方便的育兒技巧。對自己溫柔，運用佛陀之忘法，到公園走走，買個冰淇淋甜筒！

無論你暫時停歇是因為做了好幾次的正念呼吸，或者是聽到隔壁房間有小嬰兒在哭，抑或是聽到電台播出了某首改變你心情的歌曲，都可以運用這機會刻意轉移注意力，不要執著於某種強烈情緒。有了這種仁善的「忘性」，就能夠讓你想起不

要繼續餵養這些負面情緒。然後，它們就能慢慢消退，讓你可以想出更多有益健康的決定。

另一種轉移焦點與「改變心境」的方式就是滋養自己，或是從事釋放負面能量的活動：運動、做些瑜伽伸展、在大自然裡散步、找某位朋友說話，或是讓自己待在房間暫停一下，讓那些情緒流過你身。

運用善巧方便的首要重點，就是讓你不會迷失於自身的煎熬之中，反而藉此強化了你對於生命的領悟，能夠以睿智態度應對、並且培養慈悲。這種開放態度也可以輕輕鬆鬆讓你回到喜悅與幸福，找到活力。

戰勝崩潰

當你覺得自己因為某種強烈情緒而崩潰的時候：

- 張望四周，找尋當下的感恩目標。
- 運用五感之一把自己拉回當下，你看到、聽到、聞到，或是摸到了什麼？你可能會聽到某首振奮人心的愛歌，或是泡一個舒心的熱水澡，讓自己完全沉浸在那樣的體驗之中。
- 將自己恐懼、憂愁，或是困惑的部分當成小朋友。那小孩幾歲？想像溫柔抱住這小男孩或小女孩的畫面，你希望這孩子知道什麼？

轉移焦點，放下那種強烈情緒，你就可以從自己心靈營造的夢境中走出來，睿智面對必須關注的事物。

向更偉大的事物進行呼喊

我們在承受巨大之苦的時候，經常會體會到孤單的痛——這也許是最難受的痛。我們覺得沒有人能夠了解或幫助我們，就連朋友也一樣。要是你覺得保持正念的感覺太強烈，想要暫時分心的策略也無法奏效，那麼你該怎麼辦？你可以追求比自己更偉大的事物，可以呼喊那些善力幫助你。無論你覺得這是上帝、達摩、靈性導師，抑或是某些比你自己更高階的力量，你可以呼喊那些善力，提供你慈悲與愛的支援。

有時候，我們碰觸哀愁或痛苦的底層之後，最後會向比我們更偉大的力量求助。

只要目的是為了要讓心靈遠離恐懼、苦楚，以及困惑，邁向有諸多可能的健康遠景，那麼這就算是一種正向的步驟。而且這種舉動有一種純真感，宛若在祈禱的小孩，因為我們超越了自身狀況與悲劇，以謙卑態度打開我們脆弱的心。

我被意外診斷出癌症，後來，我開始學習與自己的恐懼共處，當我覺得它太可怕的時候，我會運用善巧方便，做些別的事。我學到我可以循序漸進——聽到檢驗結果、進行手術前的準備，然後躺在醫院輪床上面準備進入手術室。當事情一步一步來的時候，就沒有那麼令人崩潰了。大家源源不絕的禱告、電話，以及電郵，讓我覺得被愛緊緊包圍。我想我真心覺得自己並不孤單。我以過往不曾參透的那種方式，體會到對其他類似體驗者的悲憫之情，所以恩賜無盡，不能說那是「全然糟糕」的體驗。生命充滿豐足與風采，還有，奇怪的是，明明是更加靠近生死交關的時刻，有時候卻會出現喜悅。

——某名課程學員

受苦是恩典

我曾經與茱莉亞・伯特佛萊・希爾聊過天，她是一位環保與社會運動家，為了要保護古老森林不受伐木荼毒，她曾經在某棵近六十一公尺高的紅杉的小平台居住了兩年之久。她的故事很勵志，而且她對於真理的投入力量也讓我為之動容。她住在樹上的第一年，恐怖的氣候震盪，也就是著名的「聖嬰」現象帶來了有史以來最潮濕、風雨最強烈的冬季。有時候，風勢太過強勁，茱莉亞無能為力，只能緊緊抓住平台的邊緣。她擔心自己喪命，會禱告祈求上帝展現力量，幫助她度過難關。她安然度過了某場暴風雨之後沒多久，更恐怖的又來了，她覺得好納悶上帝為什麼沒有在傾聽？然後，某一天，她突然領悟到

尋求擁抱

讓你自己找尋心中真摯與純真的深層感受，宛若像個孩子在禱告一樣。就在此時此地，呼喚生命的善力，不管是出於你怎樣的想像，由它指導與幫助你。試想有個善力能量的場域緊緊圍繞著你，外在與內在都是。深深吸納那種感覺，注意體內有什麼樣的體驗，還有它所營造的心靈狀態。如果那股善力有顏色，會是什麼色澤？讓你自己沉浸其中，任由那舒心之色灌注你身，讓你被那場域所包圍，放鬆進入它的懷中，感受它的保護。

三不五時就回溯這樣的經驗，熟悉它的感覺。只要你有需要，這樣的避風港永遠為你存在。

自己已經得到了祈禱的回應，茱莉亞就是靠著那些試煉，找到了得以面對各種暴風雨或挑戰的內心力量與韌性。

我最喜愛的老師之一，印度上師尼姆‧卡洛利‧巴巴曾經說過，「受苦是恩典。」當我們深陷苦楚之中，很難感受到煎熬是恩典。不過，當我在課堂中詢問有多少人是因為受苦而走上靈性之路，幾乎每一個人都舉了手，我可以說他們都是得到恩典的人。受苦讓我們擺脫了沾沾自喜，鼓勵我們追尋某種不需依靠外在環境的快樂。如果我們誠實回顧過往，可以看出每一次的艱鉅時刻都給予我們無比珍貴的恩賜。

與斯瑞‧奧羅賓多在南印度共同創辦「曙光之城」國際靈性社區的二十世紀偉大上師「母親」曾經提到，我們最艱難的處境其實很可能反映出我們最偉大的可能性，她是這麼說的：「你要體現完美就必須克服內心的所有困難。要是你發現了某個非常漆黑的洞，混濁幽影，你當然就（可以）確定你內心的某個地方有一道強烈的光。了解該如何運用其一，實現另一個目標，完全操之於你。」

如果你是因為承受莫大苦難而走上這條追尋快樂之路，那麼不要因為這項任務的艱鉅而覺得沮喪。你反而應該要這麼想，你知道自己會更有動力找尋隱身在幽暗之中的真正寶石。

> 兩個禮拜之前，我男朋友甩了我，我徹底崩潰，因為我深愛這男人。我沒有辦法把這當成什麼天賜之禮，不過，我決定要努力培養開放的心，接近自我，接近他。這項任務很艱鉅，但也帶來了豐富的犒賞，因為我找到了一道本來以為只與他有關的愛與關懷的深泉，但我卻發現與它有關的其實是我，以及我可以在這世界上所呈現的樣貌。
>
> ——某名課程學員

　　對我們的痛苦抱持開放態度，而不是默默承受，就能夠深化我們的體悟，得到我們心中最珍貴的特質。海倫・凱勒，完全喪失視力與聽覺，她發現了這樣的恩典，還得到了這樣的智慧：「在輕鬆平靜的狀態下，沒辦法培養人格。只有透過試煉與苦難的體驗，才能強化心靈、鼓舞鬥志、達成目標……這個世界處處皆苦，也處處有戰勝的成果。」

　　當你身處在困境之中，千萬要記得，你在培養的是可能連自己也沒有領悟到的勇氣與力量。誠如茱莉亞・伯特佛萊・希爾所言，在無情挑戰面前的不屈不撓絕非是一夜能成就的力量。久而久之，才會展露出耐心與洞察力是寶貴的恩賜。

　　我們知道面對生命帶來的任何狀況，我們都具有以智慧回應的能力，這正是受苦是恩典的最深刻層次之一。

　　當我的朋友唐恩・佛萊克斯曼發現他罹患無藥可醫的癌症時，他多年的靈性修習也開花結果。他早已學習到要如何以無懼與均衡的態度面對困境。當他將自己的診斷消息告訴我的時候，我深受感動的不只是他坦然接受狀況，而且他還將它轉換為深化自己對生命之愛的機會。

　　我現在正處於自己生命中最飽滿的階段。現在我時間沒那麼多了，心態出現從所未見的開闊。光是聞到美麗花朵的氣味、見到蜂鳥，或是聽到朋友說話的時候，居然能感受到這麼豐盛的美好，讓我大感驚奇。我不花時間抱怨，表達愛意與感激是我目前能做的最重要的事。

某種超越語言的禮物

南西十四歲的女兒茱莉亞自戕喪命，讓她歷經了無可言喻的悲痛。我是在那起悲劇發生一週年的時候認識了南西，她當時依然幾乎找不出活下去的理由。她決定參加一場冥想靜修，找尋方法面對自己的苦痛。她發現冥想修習給了她一個避風港，讓她在身處情緒風暴的時候可以保持理智。每年二月，她都會回來繼續參加靜修，好好坐下來，面對已成為她長期朋友的悲傷、憤怒，以及困惑。

而每一年我都會與她共同舉行紀念她女兒的儀式。

四、五年過去了，南西漸漸學到接受女兒的不幸之死，也終於找到了她願意繼續生存下去的意志。在某次靜修時，南西向我分享了她的一大重要體悟。她明白要是她讓這起悲劇封閉她內心的愛，無論對她或其他人來說都不會有好處。她知道她女兒期盼母親找到快樂，而不是封凍自己的生活。南西決定要與其他面臨相同悲劇的父母站在一起，這將會是向女兒致意的最佳方式。在靜修結束之後，她開始在某一支援團體當領導人，裡面的成員都是失去子女的父母——而這也是她多年悲傷歲月所參加的同一團體。

某天，我的信箱裡出現了一張漂亮的卡片，她寫了這樣的一段話：

> 我收到了一份言語難以形容的禮物。我看到了我最深沉的絕望，最陰暗、受傷最慘烈的內心地帶，我學到了不要畏縮或閃避。我浸淫在愛之中，甚至體會到了喜悅，值此同

時，依然知道我的失落所帶來的傷痛。幾天前，我在某個喪親媽媽哭泣的時候，抱住了她——她兒子自殺身亡。當她緊緊抱住我的時候，我也全心擁抱著她，我輕輕搖晃著她，彷彿在搖晃茉莉亞，搖晃我自己，搖晃所有人的破碎之心。在那種擁抱之中，我們連結一心，我覺得自己好幸運。

能夠在那一刻安慰某個與她有過同樣經歷的人，讓她又回到了生命原點。兩三年之後，我看到這個曾經觸及深痛折磨，找到支撐力量的女子散發光芒，而且鼓舞了每一個與她相遇的人。她依然有悲傷時刻，而且還是很想念茉莉亞，但也湧現了

選擇人生

下沉螺旋開始了。自我懷疑與幽暗在主舞台互相爭場，而順從的我，溺水，等待死亡。

正當我沉落在自己絕望波濤之下的時候，某個念頭湧起。為什麼要到那裡？我這趟旅程已經走了千回，完全沒有出路。

我在選擇人生，幽暗消散了一點，下沉螺旋變慢了，然後停止。現在的我浮出水面，不再因為真實而退縮。

好，我不完美，而且顯然真相與我先前的選擇並不一樣。也許這就是唯一的重點——隨著螺旋下降又上升，然後做出人生的選擇。

——達娜·佛德斯，《唯一靈魂》

對生命的喜悅與珍惜——她曾經一度以為再也不可能看到的喜悅。

精神病學家隆納‧大衛‧連恩表示，曾經歷過這種傷痛絕境的人，通常會是最棒的療癒者。法蘭，選擇靜修來面對苦纏自己多年的痛苦與憂鬱的那位女性，也呼應了那一段話：

> 我已經得到了體悟，這種以廣大的覺知和仁慈，在當下面對苦痛的能力，正是能以同樣方式在當下面對他人痛苦的關鍵——當然，那絕對是恩賜。

南西與法蘭找到了受苦的最偉大贈禮之一：充滿憐憫的柔軟之心。當我們以溫柔打開自己的痛楚，我們就融化了那個將自我與生活切割為二的盔甲。當我們面對自己的苦痛宛若母親抱住孩子，而不是斥責他的時候，就能在他人有需要的時候培養出和善與關愛的避風港。在第九步驟當中，我們會進一步探索要如何對別人的苦楚抱持開放態度，而且以慈悲進行回應，得到深刻的寧和感與健康。

對世界保持開放態度

雖然我們不需要去尋找痛苦，但為了要過得喜悅而躲避它是行不通的。對我來說，激發喜悅的重要部分之一就是要對於人間事保持覺知，讓我的心對於痛苦以及喜悅都抱持開放的態度。比方說，看報紙並不算是什麼能夠鼓舞人心的修習，但我

我每天都看報，它提醒我的是我們共同的人性，強化了我對於生命中恩賜的感激之情，也鼓勵我要以實際的方式表達關愛。

當你對愁苦不再閉上雙眼，自然就會覺得難以承受。你可能會覺得奇怪，「世間有這麼多的痛苦，我怎麼可能開心得起來？」詩人傑克‧吉爾博德鼓勵我們，「在無情困境之中，堅持愉悅的韌性是這個世界的熱爐。」雖然佛陀的教義一開始專注的是痛苦，但目標卻是快樂。同樣地，十字架上的耶穌是強烈受苦的意象，但基督徒的真正目標是復活之喜悅。雖然我們覺知痛苦，但也會記得快樂也是生活的恩賜之一。

靠著本書所提供的練習，你已經學到了通往更喜悅人生的好幾個步驟，發現到真正的快樂存在於健康的生活方式，你也學到了設定自身意念的力量，培養出助你做出睿智抉擇的正念工具。你也發現到一顆感恩之心是如何讓你看到生命除了哀傷之外也充滿了恩賜，而且你也看到只要讓你的心對生活的一切保持開放態度，便能夠無懼面對自己的悲痛。

第五步驟

無瑕疵之樂

若人造作身口意惡業

必定受苦報

一如牛車緊隨牛的足跡

……

人若造身、口、意善業

一定有樂

如影不離形

——佛陀

《法句經》

　　我還記得那一刻，宛若在昨天發生，而不是數十年前。我抱起那個嬰兒，把他放在我的面前。我本來懷疑他真的是我的小孩嗎？不過，當我們四目相接的時候，我心中已經知道這是事實，那就像是抱著我自己一樣。當我們凝望彼此的時候，他的天真雙眼盈滿好奇，我感覺到自己立刻愛上了他。我的眼前閃現了生活的各種全新可能。打從十四歲開始，我就經常在想像自己與兒子玩傳接遊戲的畫面……

　　突然之間，我的白日夢戛然而止。我二十二歲，當時是一九六〇年代末期，我好不容易才剛摸清楚自己的方向，這並不是我想像的光景。恐懼襲來，我想要搞清楚出了什麼狀況，事情怎麼會演變至此，一陣思緒宛若暴風雨流竄我心。

　　在那之前大約一年，我鄰居的妹妹邦妮待在這裡的時候，偶爾會來看我。我們的純友誼閒聊會面漸漸變成了一起歌唱，耳鬢廝磨，最後到了我的床上。「自由之愛」是當時隨性放縱時代的哲學，而且「要是感覺很好就衝吧」一直是我的信條。除了確定我們有避孕之外，我沒有停下來思考任何後果，到了某個時候，她就不再過來了，我只是覺得，就這樣吧，我自己繼續過我的人生。

　　就在事發的幾天前，我收到了一張聖誕卡片，上頭有個男嬰照，後面寫了幾句簡單的話：「嗨，我是安東尼，我是你兒子。如果你想要見我，就打電話……」我不可置信，整個人驚呆，陷入慌亂之中。接下來的那三天宛若一場惡夢，我希望能夠想辦法讓它消失的惡夢。

　　不過，大門電鈴響了，三個月大的安東尼躺在她母親的臂彎裡。我還記得邦妮說道：「喂，見見你兒子。」然後把他遞

到我手中。我愣住了，各種情緒翻湧，我告訴她，我需要一些時間和他獨處，然後把他抱到了我的房間。

　　一開始的時候，我讓那美麗的小嬰兒進入我的心中，但時刻很短暫。我困惑又幼稚，連自己都照顧不好，一想到要照顧別人就把我嚇壞了，人生就這麼毀了，我焦慮襲身。然後，我想到的是我的父母，告訴他們我有兒子了似乎是不可能的事，因為我得要向他們介紹我兒子的媽媽是個非裔美國人。他們對我的期盼是娶一個「猶太好女孩」。我開始恐慌，要是我抱著這娃娃，也就是我的兒子，再過個三十秒，我就沒辦法回頭了。

　　我把他帶回客廳，塞進他母親的臂彎裡。「我沒辦法！」我回她，「你為什麼不早一點告訴我？」我記得她說了一些她擔心我逼她去墮胎之類的話。我的困惑突然轉為怒火，然後我們開始對彼此大吼大叫，夾在我們之間的小嫩嬰開始大哭。咒語破解了，邦妮裹好安東尼的外衣，立刻衝出公寓外頭，狠狠甩上大門。

　　我跌坐在沙發上，混雜了驚訝、釋然、羞恥的強烈情緒吞沒了我。接下來的那幾天，又轉化為麻木與否認，再見到我兒子，已經是二十九年之後的事了。

　　當恐懼與困惑主導我們行動的時候，將會引發別人受苦，而且我們通常不會發覺自己也飽受煎熬。由於我選擇放棄進入這個美麗天真小嬰孩的生活，他成了我恐懼的受害者，我拒絕了他的母親，沒有給予情感與財務的支援，她必須面對成為單親媽媽的可怕任務。我一直到多年之後，才了解自己拋棄兒子之後所背負的哀愁與痛苦。

聆聽友善的指引

我們所做的每一個抉擇都會產生後果——這是佛陀所說的道之本質，或者，正如同耶穌所說的一樣，「怎麼收穫就怎麼栽。」當我們撒下好種子的時候，那將會是美事，但另外一種狀況就會讓我們擔心。你可能想到多次自己做出有問題的舉動，後來必須面對後果的情景，可能要過了一段時間之後你才會自食惡果，讓你侷促難安。不過，你也可能想起當你一開始隨性而為的時候，立刻湧現的不適感——你內心之中的騷亂，下沉的感覺，或是有人在背後盯著你，那是一種立刻發揮作用的後果，熟悉那種不舒服的感覺，讓它們提醒你要做出睿智抉擇，這正是平和心境與喜悅之心的基石。

大家常說我們的身體不會說謊。無論我們想要裝得有多酷，臉紅尷尬就會洩底。同樣地，我們腹部糾痛或是如鯁在

重新定義好壞

過著正直生活，是激發喜悅的一大實用策略，這也被當成是某種「善巧」，因為它可以讓我們的生活運作得更順利。在佛教教義當中，思想與行動並不會被歸類為好或壞，而是被分為「善」與「不善」。

- 「善」表示思維與行動的驅力來自於增進自己與他人的幸福。
- 「不善」表示刻意產生傷害自己與他人的思維與行動。

喉，都可以告訴我們狀況不對勁，即便是我們心想或說道「我很好」或是「這樣做不成問題」的時候也一樣。某名學員馬文，寫下他面臨工作道德挑戰困境時的真實身心體驗：

> 我遇到了一個狀況，誘使我以某種並不符合我專業最佳做法的方式行事。我有一陣子在想，我也沒做錯任何事，而且大多數的人依然會同意我的態度，但無論我怎麼想，我就是覺得不自在，我覺得需要隱藏自己的舉動。那是一種直覺的不適感，感覺有重量壓身。最後我做了決定，「夠了！這個我真的不行，就算其他人覺得合法也一樣，我必須要收手。」我的身體立刻感到一陣釋然——雙肩鬆開，深呼吸，長吐一口氣，「哇！」我覺得身體輕盈，心靈自由，再也不必面對那一切令人疲累的道德審判。雖然我有許多同事不明白這有什麼大不了的，但我知道這麼做出抉擇的那一瞬間，我又找回了自己的正直。

當你做出不善舉動的時候，會有什麼感覺？「激發喜悅」課程學員以生動詞彙講出這種抉擇對健康可能造成的影響：
- 肚子不舒服了好幾天。
- 焦慮、充滿壓力、心煩意亂、似乎血流在狂奔。
- 胸口抽緊，宛若陷入恐慌。
- 一開始的時候得意洋洋，過沒多久之後，低鬱又懊悔。
- 胸膛垮了，眼睛下垂，全身緊繃，處於防衛狀態。
- 畏縮，內心已死。

描述那種感覺的某個答案特別生動：「我全身萎靡，內心因為懊悔與悲傷而成為一片灰色。」

這完全不是快樂的感受！就我當老師的經驗看來，這些並不是某些神經質者的反應，只要是抱持正念的人，應該都會發現有這種感覺。

而要是當你完成了某個善舉，又會有什麼感覺？課堂學員說出了與上述感覺成鮮明對比的反應：

- 滿足與心情平和。
- 輕鬆，喜悅，好玩。
- 胸中宛若散發熱光。
- 有暢通感。
- 性靈充滿。
- 宛若有微笑從內心泉湧而出。
- 想要在心中倒帶重播那一段經驗，再次好好享受。

除了我們體內的友善回饋機制之外，通常也會出現被我們稱為「良心之聲」的反應，這個就稍微複雜一點。我從小到大聽「吉明尼小蟋蟀」的歌聲長大，「永遠要讓你的良心成為你的指引。」我當然很清楚那是什麼意思。雖然道德規範會因為

> 對於追求善行生活的人來說，自然無悔……
> 對於無悔的人來說，自然得到喜樂……
> 對於有喜樂在心的人來說，自然喜悅而生。
>
> ——佛陀

文化與歷史的不同而有差異，但只要我們學到了「是與非」，它幾乎就會成為我們內部程式的線路。不過，出於健康良心的主動探索，與自我評斷的崩壞不適感有所不同，了解這兩者間的差異非常重要。前者可以讓你靠近滿足與喜悅的寬闊感，但第二個卻會導向恐懼與焦慮。

當你仔細關注，將會發現那股批判聲音彷彿搖著手指，充滿恐懼說道，你又要搞砸了。但真誠祝願你快樂的智慧之聲，就像是某位慈悲導師的聲音一樣，會以充滿耐心、仁善，以及愛的聲音溫柔提醒你。它們會在你面前指向新的地平線。當你學會聆聽它們的聲音，你就會發現讓自己脫離負面制約，進入更從容生活的方法。

佛陀把這種正直的快樂稱為「無瑕疵之樂」，而且他還提供了一套帶領我們到達那個境界的綱領。等到我自己開始遵行這些綱領之後，又回到了初見襁褓兒子的那種深刻真切的暢通感，也讓我終於給予了他天生就應該得到的愛與關懷，我也領悟到踏上無瑕疵道路永不嫌遲。

記得善之喜樂

回想一下自己曾經伸出援手，對某人展現善意的經驗。回憶當初看到他們有多麼快樂的時候，你身心之中所感受到的歡愉。或者，回想某次你做出真正開闊又坦誠的抉擇的場景。就算很難，也許可以回憶某種釋然、清明、暢通的感覺。吸收這些正向的感覺，讓它們繼續成為你選擇善舉的動力。

無知是一種有問題的福氣

　　要是我們知道仁善與正直的舉動將會為我們帶來快樂，那麼我們為什麼還要以另外一種方法行事呢？隨著年紀增長，我們可能會學到以沒有那麼善良的方法思考或行事，就算我們很清楚，通常也會繼續從事方便又最熟悉的舉動。我們可能會花數年的時間探索現在行為方式根源的過往傷口，然而卻繼續做出傷害別人與自我的舉動。為什麼？因為我們即便知道最後會不快樂——但還是因為困惑不明的習性——做出不當抉擇。

以無意識的方式過日子

　　當你出現讓自己之後感到懊悔的言行，當初是什麼原因促成你做出那種決定？「激發喜悅」課程的學員回答如下：

- 我覺得疲倦或壓力大。
- 我沒照顧好自己。
- 我很餓。
- 我喝酒。
- 我生氣。
- 我覺得被威脅或被責罵。

　　當我們沒有照顧好自己，或者迷失在某種強烈情緒之中，很可能就會因為恐懼而隨便行事，或是因為盲目的欲望而迷失。我們以無意識的方式過日子，而且這種習慣成為了主宰。

　　雖然我們可能以為自己的言行是為了滿足自身的想望，但如果我們深入研究，經常可以發現自己的動力是來自恐懼。我們恐懼在某個危急狀況下被抓包，我們說謊掩飾過去；我們恐懼自己得到的不夠，攫取不屬於自己的部分；我們恐懼被所愛的人所傷害，所以給予先發制人的一擊。當下看起來也許很值得──這是維持習慣的代價──但卻危害到我們內心的喜悅與活力。

　　這個拒絕自己兒子的年輕人，早就因為過往的恐懼而培養出了習性，終究導致發生了那一刻。雖然我不覺得自己是敗德者──我當然沒有處心積慮傷害別人──但我很清楚要如何便宜行事、漠視自己的行為可能會對別人造成的影響。我可以在自己無法控制狀況的時候假裝無助或是責備別人，我可以對自己假裝自己辦不到而規避責任。我覺得為了讓自己或別人看不到真相，不要因為自己的非善舉被抓到而「撒小謊」也不成問題。所以，雖然我在二十五、六歲的時候找到了一條靈性之路，而且對自己許諾要過著正直生活，但隨著年歲過去，積習的力量就讓我因循苟且下去，我的選擇是不找安東尼。

　　我為自己編出合理化藉口，不知道要從哪裡開始找起，但其實是我很害怕──

　　害怕他怎麼看待我這個人，害怕他不知變成怎麼樣的人，害怕我們要是真的找到彼此的時候，我的生活可能會天翻地覆。我內心多少知道我兒子應該會很好奇自己的父親，而且我有一股感覺，自己的生命並不完整。每年快到安東尼生日的九月時分，某種羞恥感與缺憾就會找上我。我很想知道他好不好，過著什麼樣的生活，還有成為了什麼樣的人。而且無論他

在哪裡，我都衷心盼望他過得好，然後，我就貪圖一時之便忘了他，直到隔年九月才會再想起。

　　大家都很熟悉「無知是福」這種說法。反正就忘了我們的舉動所引發的後果，當我們的正直可能消失無蹤的時候一

底層空間

　　雖然我們大家都渴望正直，但我們每個人都會被自身深處的無意識因素所控制。當你透過冥想或放鬆進入內在覺知的時候，會發現良心的幽暗密室。我喜歡把它比喻為冰箱的下層。想像一下，你有個又大又漂亮的房子，美麗的廚房，豪華冰箱。但也不知道為什麼，屋內卻瀰漫著一股非常噁心的奇臭。你覺得奇怪，「怎麼了？」我清理了馬桶，洗了碗盤，早上才剛買了蔬菜，臭氣從何而來？但後來當你打開冰箱門的時候，你才發現過去這幾個月都不曾檢查底層，如今裡頭有一堆腐爛的蔬菜。

　　無意識領域就像是那樣的底層空間，我們每一個人都有。這正是我們修習冥想的原因之一，冥想與宗教訓律無關，重點是越來越清楚自我的內心問題，所以你的覺知裡不會有任何的隱藏。我們得要夠勇敢、夠誠實，才能把覺知帶入內心，然後看個清楚。「哦，原來這是我的心理冰箱下層，而且裡面有一些臭得要命的爛蔬菜。但沒關係，我現在就是這樣的人，但我要保持百分百的覺知，培養正直的方式就是要練習覺知。」

　　　　　　　　　　　　——阿南渡登仁波切
　　　　　　　二〇〇八年，柏克萊的激發喜悅課程

概否認，不是比較簡單嗎？但我們能夠真正遺忘嗎？真的能夠遠離苦楚？從這次的九月到下次的九月之間，我將注意力轉向其他事物，說服自己一切都很好。但我卻因為自己的實際感受與不想接受的真相之間所產生的扞格──其實就是自覺該做的事，但自己卻一直無法鼓起勇氣──而深感不安。

面對前二十大的真正惡行

　　當我們越來越有良知的時候，就必須付出代價：我們再也無法假裝自己不知情，我們更容易看出自己與理想之間的差距。正如同冥想大師露絲・丹尼森所言：「親愛的，業障就表示你什麼都逃不了！」由於業障將我們舉動的後果傳達給我們的時候，並不會擔任寬容導師的角色，所以在覺醒的卑微過程中，我們需要給自己真正的慈悲與良善。

　　一開始的時候要寬恕，但原諒自我未必是件易事。我們該怎麼面對這罪惡感？在我們心中，以及在與他人的關係之中，我們可能所引發的痛苦，該怎麼解決是好？提到罪惡感，我多少也算是權威。我身為猶太人，要說這是我的傳統之一也可以。但我學到的是，當我們卡在罪惡與自我譴責之中動彈不得的時候，我們追求的喜悅能力也會受到限制。要達到無垢的境界，需要誠實面對過往，竭盡努力與他人和解，而且還得以充滿慈悲的體諒取代罪惡感與自我評斷，才能原諒自我。

　　我在一開始的某堂冥想課程當中，上了一堂自我寬恕的速成課。我靜靜坐在那裡，只有我自己的思緒相伴，與那些讓我為之畏縮的一連串過往舉動面對面。靠著這些每天數小時的冥

想，任何受到阻礙的有愛之心的心靈狀態，都會變得清明。我年輕時的諸多記憶讓我因羞愧而面容抽搐。無論我因為當時的那些舉動得到了多少立即的歡愉，現在絕對不會帶給我任何快樂，我的身體會因為罪惡感與悲傷而顫慄不止。

我沒有打算為自己脫罪，但回首過往，我當初的不當行為也許沒有糟成那樣。

拉姆・達斯曾在他的著作《活在當下》指出，當我們變得越來越有良心與覺知，我們的「不潔似乎也會變得更加醜陋又巨大」，因為我們現在看待它們的態度更加清透，我也盼望是如此。

我的不當行為的嚴重性是否被放大了，並不重要，因為現在回憶起來非常痛苦。這就表示我已經成為了另一個人，再也無法像以往一樣傷害別人。雖然我在那一堂課領悟得很快，但那一連串不善之舉依然在重複播放。到了最後，實在讓我難以承受，所以我決定列出自己曾經犯下的「前二十大的真正惡行」。我想直接點出它們的名稱，至少可以幫助我以更有覺知的方式面對它們。後來我鬆了一大口氣，我只能想出自己的十七大項真正惡行。不過，我卻依然感到無比歉疚與懊悔，宛若那是一個可恥罪行的無底洞。

成癮治療領域的先驅者史坦頓・皮爾，曾經提到因為自身不善行為的「累積的厭惡感」會越來越強烈，最後會出現真相大白的那一

> 對於我現處的人生階段，我可以清楚又誠實地宣布，在大多數的狀況下，幾乎天天都是依正直行事，我每天也看到了某些領域的進步，這種一切正常的生活（沒有可怕的羞慚、秘密，或是危機），帶給我很大的快樂。
>
> ——某名課程學員

刻，我再也沒辦法繼續下去了。當我們又開始對自己的小孩發脾氣、暴食、酗酒，或是欺負某人的時候，我們內心會以某種全新的方式敏銳體會這種恐怖的感覺。當你明確了解自己的選擇會引發更多悲劇的時候，這就表示你已經準備要邁向新的方向。不過，這種自我轉變並非一蹴可幾。你必須要慢慢來，明瞭自己正處於某段進程之中。

從煎熬到慈悲

　　睿智的媽媽能夠了解憤怒小孩的困惑。她明白那種尋求關注行為的出發點無論是因為挫折、疲憊，或是飢餓，孩子真正需要的是被愛擁抱，有人能夠以慈悲態度了解其痛苦，然後，這孩子開始慢慢平靜下來。同樣地，對於那些引發我們傷害他人態度的痛楚與困惑，我們以仁善的覺知予以溫柔擁抱，我們就能將自己的煎熬轉化為慈悲。

　　在我的「惡行靜修」過程中，一開始的時候，我覺得對自己的慈悲體悟是不可能的事。我唯一能做的，就是隨著一小時一小時過去，認知並接受自己過往那些舉動的真相。然後，奇妙的事發生了，由於我並沒有排拒或否認那些畫面與感受，我發覺自己的罪惡感、羞慚與哀愁慢慢消融。在它們的位置之中，冒出一種對我無知狀態的溫柔體諒。我可以看出自己當初有多麼困惑，居然以為自我欺瞞或背叛甚或否認可以帶給我自己快樂。

　　佛陀並沒有把邪惡當成某種無形的力量。他的說法反而是，所有具戕害性與負面的言行都是來自於無知──不了解生

命的運作之道。我們誤以為自己在做的事可以讓我們開心,但因為我們不明瞭,反而做出帶引我們通往與目的地方向相反的決定,完全搞錯了,而「罪」此一詞彙的定義就符合了這種狀況。

因為這種無知或困惑,造成我傷害或是不當對待別人的那些方式,以及我的那些抉擇,也反映出我對自己有多麼殘酷。我想要躲避懊悔之痛,乾脆就忘記或否認自己的傷害性行為,造成我的斷裂,無法觸達自己明明渴望全面開啟擁抱愛與慈悲的境界。

在那段緊繃的內在過程當中,我的自我評斷轉化為諒解,不只是針對我自己,也包括了其他人。我看得很清楚,當下無論任何人做了什麼舉動,都對他們有意義。我們都是被各式各樣的狀況所形塑而成,而某些可能會產生對事實的扭曲觀點。有時候,我們的不當行為並非蓄意,不過,要是我們故意傷害別人,很可能是因為我們自己受了傷,而那種未經處理的傷痛影響了我們的舉動。

寬恕自己

想出一件你到現在依然會後悔或歉疚的事。回想一下是什麼狀況,包括內在和外在,可能引發你講出了那些話或是做出那些舉動。是哪一部分的恐懼促使你做出這些決定?現在,把自己想像成一個了解你也原諒你的仁善智者。要是在未來,遇到類似處境的時候,你是否可能會有不一樣的舉動?

我曾經看過一張海報，上頭以令人心碎的語彙表達出這個觀點——某個貌似傷悲的男孩圖像為背景，呈現出以下這個數據：「在家暴家庭中長大的小孩，長大後會犯下家暴的可能性是一般人的七倍。」當我們意識到每一個舉動都會造成某一後果，而且它是某條漫長因果循環鍊的一部分的時候，對於自我與別人的廣大慈悲，也就自然而生。

睿智的反省

回首看我自己，一個驚懼、不成熟、自私、二十二歲的我，我現在能夠明白當初我為什麼無法接受照顧我兒安東尼的責任，而這並不會改變我當時的舉動造成他痛苦、害他母親一生增添過度壓力的事實，也不會改變我的悲傷，因為他在長大成人的過程中，少了我這個慈愛爸爸的角色。不過，隔絕自我

連通正向思維

當你想戒除不當習慣的時候，不要去想自己過往的行為有多麼糟糕，而是要把專注力放在你想要從事什麼樣的行為、得到什麼樣的感覺。不要陷在自我評斷之中，而是要回憶當你做出睿智決定時的那種輕鬆愉悅的感覺，讓那股感受刺激你繼續下去。神經科學領域的研究指出，要完全強化新習慣可能需要好幾個月的時間，維持新的生活方式，持續這樣一段時間之後，將能夠幫助你確保已經將它連通到你的腦中。

遠離那樣的傷痛，也會害我的心不夠開敞，難以感受我對他的愛，無法原諒我自己，終究沒有機會放下一切重新與他連結在一起。

處理自己錯誤的方式，可能會讓問題變得更嚴重，但也可能會幫助你成長。你不該累積罪惡感，但應該要反省事發經過，從每一次的狀況中記取經驗。最近，我聽到某名浸信會的牧師，威爾頓以一種全新又充滿智慧的方式定義寬恕。他在某場電視訪談中說道：「寬恕並不是抹消所有的結果，而是創造各種可能性。」這種說法適用於寬恕別人與自我。我們未達正直的那些經驗，可以成為我們日後做出更具善意之選擇的跳板。這樣的過程需要大量的耐心與仁慈。當你早已養成不良積習，你需要清楚的意念與真正的決心喚醒自己，進行改變。聖人寥寥可數，並不多見，但有許多人立定志向要覺醒，只要你朝能夠帶來更多自在與平和的方向前進，那就對了。在每一刻當中，你到底是深化了哀傷還是喜悅的轍痕？端看你選擇的思路或言行而定，那麼何不選擇喜悅的那一個？

快樂的習慣

佛陀提供了一套建立正向習慣，帶引我們進入正確轍痕的指導綱領，這是他直通快樂之路的其中一部分原則。而這些戒律，顧名思義，就是對於我們身處在容易迷途的領域之中，建議要做出有益與善巧的抉擇。而它們所蘊含的原則都一樣——如果你想要快樂，就不要蓄意造成自身或其他人受苦。每一種崇高的傳統，無論是某種宗教或是哲學，比方說人道主義——

都有一套道德規範。其實，這所有的綱領都是基於不傷害別人，以及推己及人之道的某種版本。

　　只要是熟悉「十誡」的人，都會覺得佛教的基本版本很熟悉，一共有五戒：不殺生、不偷盜、不邪淫、不妄語、不飲酒。但這些戒律不是嚴格規範，而是綱領，支持心靈健康與平靜的方式。

> 正直的感覺真好。當我行事不正的時候，總是會留下一絲痛苦。當我行事端正的時候，我覺得體內比較輕盈，而且可以直接轉到下一個思緒或行動，完全不需對自己的言行有任何猶豫。
>
> ——某名課程學員

　　針對「激發喜悅」之道，我將這五大基本戒律重新組構，轉為你能主動培養，為生活注入更多快樂的五大習性。它們的目的是為了激勵，而不是成為一把以罪惡感拿來鞭打你的量尺。當你努力嘗試，探索領悟每一習性的各種層次時，將會更加了解自我，以及良心行事與內在平和之間的連通性。

一、尊重所有生命

　　這些綱領的核心是尊重生命，第一戒的傳統意涵為不殺生或傷害其他生靈。聖五傷方濟各的圖像，野鳥在他頭上棲息，森林動物圍繞在他身旁，正好說明了不傷害他者本質之心的溫柔與純粹。

　　尊重生命的感受能力是我們與生俱來的一部分。除非小孩曾經受過傷害，或是被大人教導要如何出手殘害，不然通常都會對萬物產生深切的關懷，想要予以保護。我六歲的時候，我的叔叔邀我參加一場刺激冒險——他打算教我如何釣魚。我很興奮……但當我用力拉扯在另一頭出現的某條翻車魚時，卻再

在我小時候，我發現自己總是忍不住會去照顧那些受了傷、大家都覺得活不了的動物。我想要在全世界都放棄的牠們當中找出可能性，然後靠著自己的關懷與愛讓其恢復生氣。我想，我在醫院急診室擔任護士，也是做相同的事。我熱愛我的工作，讓我覺得有一條大家互通的深沉生命之河——我自己的苦與他人的苦、世界的苦沒有任何不同。當我們領悟到這一點的時候，就不會想要傷害其他的生靈。

——某名課程學員

也不是這種心情了。看到那可憐的生物在魚鉤上拚命掙扎，我不禁聯想到自己嘴裡有鉤刺的場景，那股痛苦感直達腹部。我請求我叔叔把牠丟回水中，看到魚兒重獲自由的那一刻，我的不適感才終於消散。

我們每天都會面臨要如何尊重生命，但依然讓自己活下去的各種選擇。你服用抗生素的時候，很可能是在自己與某些細菌之間做出抉擇，當你以時速九十幾公里的速度在路上狂飆的時候，你的擋風玻璃將會成為飛蟲的致命武器。雖然我與許多佛教徒一樣都是素食者，但我某些極受人敬重、極為睿智的朋友卻不是如此。藏傳佛教徒來自新鮮蔬菜寡稀的高山地帶，所以雖然他們誓言不殺生，但他們還是會以動物為食。吃肉並不阻礙我們尊重生靈，北美原住民與許多獵人可為明證。我們一舉一動所抱持的意念，對於我們的正直影響最為深遠。

在日常生活中，我們有許多管道可以培養尊重生命的習慣。重視他人的想法與感覺，也是尊重他們生命的方式之一。保護環境、為人權努力、支持幫助弱勢的團體——這一切都能夠引發與激勵對生命的柔情。無論以直接或間接方式，幫助他人健康與幸福的職業，是尊重生命的一大重要方式。就連在自

家幫助受困的昆蟲找到出路，也可能讓你產生悸動。在這個苦難無所不在的世界當中，有無數方式可以提供慰藉。

二、分享你的時間與資源

第二戒律的傳統意涵是不可取用不是自己的東西，正如同十誡的「不可偷盜」一樣，這條綱領的最基本層次，就是指不能拿走別人的物品。不過，我們也可以利用別的方式取走不屬於自己的東西。要是

> 我工作遇到非常艱困的狀況，某些事真的太荒腔走板。我每天坐在辦公桌前面，處理的都是我知道一定會傷害無辜民眾的事務，而我已經到了再也無法忍受下去的臨界點。我不知道自己接下來能做什麼——這裡的老闆沒有幾個——但我知道除非自己離開這地方，否則我沒辦法過著快樂的日子。
>
> ——某名課程學員

你插隊，不就等於是奪走別人的權利嗎？或者，要是你過度沉醉在自己的美好世界裡，沒發現你忙碌的朋友拚命想要奮鬥而出，這不也是奪走了不屬於你自己的東西嗎？此一綱領是鼓勵你要注意自己追求快樂的的同時，不能剝削別人。

不只是避免奪走他人的物件，你也可以靠著主動伸出援手展現慷慨、增加自己的快樂。正如同我們在第三步驟所看到的一樣，有時候，那表示我們要刻意讓自己助人的範圍，超越我們自以為的能力界線。我們通常比我們以為的更偉大，當我們超越自身極限的時候，可以發現追求喜悅的能力也變得更強。

這條戒律的另一個層次的重點，是我們與自己所居住這個無限慷慨的星球之間的關係。當我們毫無顧慮攫取她的資源時——耗盡化石燃料、傷害脆弱的生態體系、污染空氣與水——難道我們不是在地球上偷東西？現在著名的深層生態

學，已經超越了純粹只有回收或關燈的概念，它的主張是我們盡量努力恢復這個星球的平衡與健康，是一種強化我們與所有物種之間的連結，以及滋養自身靈魂的關愛舉動。

三、注意性能量，要尊重界線與提供安全

佛教的這五大戒律背後所蘊含的共同原則，就是從「那裡可以給我什麼？」到「我能夠為別人提供什麼？」的觀點轉換。就性的觀點來說，這種轉換很可能是扭轉一生的關鍵。我們不再把別人當成取悅自己的物件，反而會思考要如何製造更多的快樂。親密伴侶可以藉由開心給予生理愉悅表達愛意，至於其他的關係，我們可以在自己出現的時候，靠著維繫健康界線，提供安全感這種贈禮。傳統意涵為「不邪淫」的這一條綱領，鼓勵我們提供能讓雙方都能得到滋長的尊重與安全感、可以確保我們與他人產生深刻又真誠的連結。

我們城市發生一場大火，我丈夫、兒子，還有我，決定開放我們的家，招待某個剛失去住家的一家三口入住。這對我們來說很困難——到結束一共有好幾個禮拜的時間，我們都在舒適圈之外緊繃神經。不過，我事後的回憶幾乎都是在他們辛苦面對流離失所生活的時候，我們能與他們共享所產生的喜悅。

——某名課程學員

由於性的吸引力如此強烈，所以很可能會引發有損我們的正直、製造對自己與別人諸多痛苦的舉動。想想那所有前途似錦的公眾人物，深陷在不道德性行為風暴之中的時候，不只造成自己的前途岌岌可危，同時也傷害了他們深愛的人。你可能會想起自己在做出某些決定之後的懊悔時刻，也許為了自我愉悅而欺

瞞了某人，我們可能錯把性當成了愛，搞不好佔了某人便宜或是越界傷害了別人。有時候，我們對於自己伴侶的需求與想望不夠敏感，又或是我們找藉口合理化自己說一套做一套的行為。

性能量的爆發力可能會帶來嚴重的痛苦或是深厚的親暱感。身為性慾生物，你可以轉移重點，不再是自己能夠得到什麼，而是藉由尊重與無剝削的方式進行給予。如此一來，你就能夠為自己與別人營造健康與愉悅的各種條件。

四、謹慎發言，態度和善

第四戒律的重點是，以和善態度說出真實與有用的話語。它的傳統意涵是不講謊話與虛假言論，我們大家都非常熟悉當我們脫口而出傷人話語的時候，我們所感受到的罪惡感或是其報復力的痛苦。我們也知道說出或接受蘊含愛與支持的話語的那種甜美。因為言語佔了我們生活中的一大部分，所以培養以仁善智慧態度遣詞用句的習性，很可能會成為增進自身與他人快樂的最重要方式之一。

有時候，要兼顧誠實與仁善，似乎是一種困難的組合。不過，下次當你遇到可能會釀發衝突的對話時，努力練習智慧發言。注意自己的意念是什麼？佔得上風取得控制權嗎？如果你的意念是希望能產生

> 我最近差點與某個有婦之夫鬧緋聞，我雖然感受到強烈慾望，但也體會到心中有一股超可怕的情緒在翻攪，立刻告訴我不能這麼做。由於我對那股激動的情緒很有感，我再次想起了自己的許諾，不能對這個多事的世界造成更多傷害，所以我最後拒絕了對方。
>
> ——某名課程學員

我與我父親電話閒聊的時候，總是覺得很挫敗。他會把他一天生活的流水帳全講給我聽，我唯一能做的就是不要因為不耐而掛電話。在最近的某次通話中，我想起自己努力要讓生活增添慈悲與快樂，我對自己說道：「他很孤單，陪他就是了，這是為了他。」我覺得自己變得更加寬宏大量，變得放鬆多了，而且他的語氣聽起來也比較快樂輕鬆。我決定要拿這套方式向別人進行實驗，不要再對自己喃喃抱怨我沒有時間陪他們，也不要批評他們有太多要求。這種心態真的改變了我的人際關係與我的感受方式。

——某名課程學員

更深刻的了解與更健康的溝通，那麼對方通常也能夠領受到這一點。

我們說話的時候，溝通的工具不只是字詞而已。非口語溝通領域的研究先驅心理學家亞伯特·梅拉比安找出了著名的百分之七／百分之三十八／百分之五十五的公式，根據他的研究，我們只有百分之七的感覺與態度是靠字詞表達，而我們的語氣佔了溝通表達過程中的百分之三十八，而百分之五十五都是靠肢體語言。當我們存有仁善意念，我們的語調，還有運用肢體的方式也會與我們的話語完全一致，也就越可能得到仁善的回應。

不說謊也就表示在溝通過程中的態度坦白又準確。當我們心知肚明自己講話不老實的時候，我們很容易就會落入另外一種形式的欺瞞——誇張言詞。這是我生命中最悲慘的一天，我從來沒有聽過這麼無聊的一段談話，我差點死掉了，真的餓死了。雖然我們態度輕鬆，而且也知道自己要表達的並非是字面含義，但隨意使用這些字詞形成習慣之後，很可能在敘述事實的時候也變得隨便。

當我們誇大的時候，其實就是將自我與實情——事物的真

相——進行了切割。

　　智慧溝通的另一半是同情聆聽。雖然對方的溝通可能並不善巧，但要是你能夠以智慧聆聽，可以聽出他們字句底下所隱藏的煎熬、恐懼，或是困惑。利用這種聆聽方式，可以讓你避免生氣或抗拒，反而能夠以開放與仁善的態度予以回應。如此一來，你也比較可能保有自己的最善意念，因而能將自己的焦點從「佔得上風」轉移為更深刻的了解。

　　睿智言語不僅適用於你與他人的互動，也可套用在你與自己的對話關係。注意你是如何自言自語，思緒的語調又是什麼？如果很尖銳，那就轉換為比較和善與慈悲的語氣，看看會發生什麼樣的改變。利用你期盼別人對你說話的那種語氣，練習自言自語，然後將同樣仁善尊敬的精神，刻意延伸到自己與他人的溝通過程，注意它對於你快樂與自在程度所造成的效果。

五、培養清明心靈與健康身體

　　第五戒的傳統意涵是「戒除那些會擾亂心靈、引發粗率行為的酒飲與毒品」。由於毒品與酒精影響身心甚為明顯，所以有些人遵守此一綱領的方式是完全禁絕，還有人對它的詮釋是適量使用，所以不會跨越理智的界線，陷入判斷失當。除了濫用與成癮所造成的明顯痛苦之外，酒飲與毒品也會損害我們的覺知功能，以及評估情勢，做出睿智與善巧抉擇的能力。當這一條戒律岌岌可危的時候，其他戒律也會受到波及，讓我們更可能會傷害他人與自我。

　　身為六〇年代的小孩，我並不是老古板。我很清楚改變意

識的吸引力——能夠幫助我們忘卻痛苦、覺得「放鬆」或創意爆發的暫時性感受。我們的腦袋天生就是要追求愉悅體驗，但弔詭的是，我們誤以為可以讓自己快樂的事物，有時候卻會害我們的苦永存不滅。

　　我們的生活中都有受創與挫敗的經驗，能夠立刻帶來歡愉的一管毒品似乎是處理痛苦的良方。靠著藥物或酒精、暴飲、抽菸、購物得到亢奮感——這都可以麻痺痛苦，但卻無法處理問題。正如同我們在第四步驟中所看到的一樣，解除痛苦的方式是要與它正面對決。邁向健康之路需要我們誠實感受自身之苦，透過這個方式似乎是一條更為艱辛的路，不過，與那些暫時的愉悅相比，它絕對更能留住快樂。

　　在我某次負責教學的工作坊當中，其中一名學員大衛告訴我有關他必須與自我行為正面對決的經驗。他說他一直被毒品與酒精所控制，幾乎已經失去了他珍視的一切——他的妻子、小孩、工作、住家。某天晚上，他體悟到自己這樣下去會面臨什麼樣的結局，嚇得半死，他突然想到了改變他一生的字句，自此之後，那些話成為他追尋快樂的指導綱領。「在做出決定的當下，要以正直行事。」這些話的力量讓我好震撼，我拿出了自己的筆記本，抄寫下來。多年之後，我依然會靠這句話提點自己。當你在「在做出決定的當下」，知道自己會把什麼注入自己的身體與心靈，並且對身心保持尊重，就可以培養心靈的悟性，幫助你在人生的各個領域做出睿智抉擇。

　　對於冥想的修習者來說，心靈悟性可以增強專注力。當心靈專注又平和的時候，我們就可以得到一種不需要依賴外在狀況的內在快樂。不只是因為這些喜悅的狀態本身就令人感到愉

快，專注的心靈也能夠產生深層的淨化與智慧，阻斷並釋放會造成自我傷害與傷害別人的舊有模式。

　　請各位記得，這些態度的指導原則並不是為了要誘發罪惡感，而是要幫助我們喚醒自己，找到能夠為自身生活帶來更多快樂的方法。要是有什麼「不太對勁」，無論是你的工作或是你與他人的關係，要謹記在心，你可以有所選擇。誠實檢視自己可以採取哪些不一樣的行動。有時候，做出正直決定可能很艱難，但要是明瞭你所做出的決定是為了自己的幸福著想，應該可以給予你走出艱困那一步的勇氣。無論你距離正直之路有多麼遙遠，永遠可以回頭重新開始。讓自己的生活符合自我的價值，是一種需要耐心、善心、永不間斷承諾的過程，但得到的回饋將是無瑕疵之樂，夫復何求？

一趟有益身心的複雜冒險

　　抱持正直態度生存在這個世界之中，可以說是一場複雜的冒險，有時候找不到簡單的答案。為了要解決這種狀況，也讓課程學員辛蒂得到了某些智慧反思：

　　就我的經驗而言，考量有諸多變因的選擇，真的很可能會腦袋打結。我應該要買有機但非本地的食物嗎？這樣可以支持有機農場，但該產品需要以卡車長途載運，因此對環境造成重大衝擊。或者，我應該要買本地但非有機的食物？這樣一來可能會支持殺蟲劑產業而且損害自身健康。在某些時刻，被困在太多考量因素之中，會讓道德成為一

種智力測試，而不是體內的意感，這樣一來，完全沒有任何幫助。我們沒有辦法想出一個完美的解答！這並不容易，所謂的「正確」會隨著時時刻刻而產生新的變化。

無瑕疵之樂的關鍵是要能夠仔細聆聽內心的真實之聲。雖然所有狀況下的抉擇並非是黑與白，但要是你夠專注，你體內的緊繃或從容感，將可以順利導引你邁向最符合你正直生活意念的行動。當你進行雕琢自己聆聽智慧之聲的能力，你就漸漸能夠選擇健康的行為模式，讓自己感受到真正的生氣勃勃、活力四射，以及寬厚大度。

培養追求快樂的習性

從這五大戒律中挑選一個你想要好好培養，當作讓生活得到更多喜悅與幸福的方式，而且專心努力一個禮拜。腦力激盪一下，自己有哪些作為可以符合此一綱領，把它們寫下來，放在明顯的地方，讓你很容易可以天天都看得到。

你的舊習慣可能胡亂造反，拚命想要奪回主導地位。每當你遇到抉擇時刻，深呼吸，選擇正直的那一個，注意自己的感覺，是不是有釋然或輕鬆的感覺？要是這決定與別人有關，你收到的是什麼樣的回應？事後回想當初所做的決定，有什麼感覺？這些反省將有助你在培養新習性的時候定心。

等到那個禮拜結束之後，注意自己做出正向抉擇是不是變得比較容易？幸福與快樂感是否有所提升？

第二次機會

　　對我來說，我生命中的某個重大轉變，來自於一九九九年八月某個炎熱之日的電話。來電的女子詢問我是否認識邦妮，

堅持真相

　　在一九七一年，我們步入婚姻的第一年，我幫助我的先生丹尼爾·艾爾斯伯格，向媒體發布了最高機密資料，也就是著名的「五角大廈文件」，證實了國會與美國大眾因為被誤導而到越南參戰。雖然丹尼爾可能得要面臨坐牢一輩子的下場，但他覺得一定得披露真相。

　　甘地的教誨讓我們兩人深受啟發，他非常尊重所有生靈，而且也立志不傷害他人與堅持非暴力，就連面對那些他稱之為敵人的對象也一樣。他將這種行為的背後原則稱之為「satyagraha」，意思就是「堅持真相」，而這種行動所產生的力量就是大家所熟知的「真實之力」或是「靈魂之力」。

　　我還記得丹尼爾與我站在一大群相機與大吼大叫記者面前的那一天，他扛下發布文件的所有責任。我們手牽著手，站在那一團混亂場面的正中央，我們宛若身處在強力電流之中，我相信這就是「真實之力」的體驗。

　　認知到我們與所有生靈的統一與相通性，就會產生某種正直的特質。只要我們以那種正直行事，每個人都能夠感受到「真實之力」的動能。類似仁慈、慈悲、奉獻之類的健康狀態，讓我們能夠敞開心胸，迎接那種力量。

——派翠西亞·艾爾斯伯格
二〇〇八年，柏克萊的激發喜悅課程

我可能和她生了小孩？我沉默了一會兒，悄聲講出答案：對。
這女子是誰？這是什麼意思？我憋住呼吸，覺得血液直衝腦
門。「對，」我又講了一次，「的確有可能。」我的心盈滿各
種念頭與劇本，我兒子找到我了！他現在是什麼模樣？他身陷
麻煩之中，找我求助。也許他是毒販，想要叫我付出代價。正
當我充滿恐懼與焦慮的時候，我幾乎感覺到電話另一頭的女子
露出微笑。「哦，如果是這樣的話，你非常幸運，」我聽到她
繼續說道，「我是他的朋友，我幫他打這通電話，東尼是我認
識的最棒的人之一。」

　　五味雜陳的各種情緒湧入我心——感激、釋懷、恐懼、罪
惡感，以及興奮，我聽到自己說出了這些話：「跟他說只要他
準備好了，就立刻打電話給我。」我掛了電話之後，沉浸在那
個八月午後的寂靜之中，我知道自己的生命馬上要發生戲劇化
的轉折，震驚之外，也夾纏了無限的可能性，我得到了第二次
的機會。

　　不消幾個小時，東尼打電話來了。在一開始的彆扭對話之
中，我們都顯得猶豫不定，不過到了最後，我們已經安排好他
下週末飛過來找我。在接下來的那幾天當中，惶恐與興奮的
情緒讓我不知所措。這樣可行嗎？亞當突然有了哥哥，會有什
麼感覺？我的生命會發生什麼改變？東尼與我會對彼此說些什
麼？這個「最棒的人」是什麼模樣？他會怎麼看待我？他可能
會原諒我嗎？無論這個機會所呈現的結果為何，我都已經準備
好面對這場完全冒險。修習了這麼多年，我已經學習到只有直
接面對生命顯露的所有真相，才會得到療癒。

　　在那個週末之中，東尼與我都很清楚，他找到了我，對我

們兩個來說都幸運至極。他處處讓我想起自己的爸爸——我學習到如何愛，幾乎都是從我父親身上學習而來，這一點讓我好吃驚。他眼中的光芒，有酒窩的臉頰，還有散發同樣美善、充滿感染力的微笑，我一直十分熟悉那種表情，而且自從我父親十五年前過世之後，我就一直十分想念。東尼的純善之心讓我讚嘆不已，而且，凝望這名我覺得不可思議、但我很清楚就是自己骨肉的年輕人，宛若時光倒流到二十九年前，我與他共處的那一刻，只不過，這一次我並沒有逃避。

　　當東尼的未婚妻麗莎花了許多時間查網路，終於找到我下落的時候，東尼也很擔憂，但他眼前的這個人與他的疑慮截然不同。他見到這個當初背叛他的父親並非冷漠無感，他覺得，雖然出了那樣的事，但他找到了一個他敬愛，而且能夠產生從容與自然連結感的人。

永不嫌遲

　　第一次重逢之後的第四個月，東尼來上我柏克萊的每週冥想課。他窩在教室後頭，旁邊擠滿了學生，他靜靜坐在那裡，非常低調。我講述了我們的故事，還有最近的重逢，大家聽得瞠目結舌。這個故事描繪出我對於第二次機會的困惑、恐懼、羞慚，還有感激之情。我提到了我第一次認識自己這個兒子時所感受到的愛意，也分享了自己對於生命奧妙的敬畏與讚嘆，以及我對自己、對兒子的喜悅之情，因為我們能夠找到生命中失落的那一塊。最後，我誠懇說出希望東尼能夠有天真正原諒我的困惑，讓我可以完全進入他的心房。

　　接下來，大家都嚇了一大跳，我邀請東尼站上講台，鄭重介紹他。當我們一起站在我那群沉默驚訝的學生面前的時候，東尼靠過來，悄悄對我說道：「爸爸，我原諒你……」然後，他突然哭了出來。他的聲音正好對到了麥克風，大家見證了我們父子之間的美妙轉捩點，充滿了激動情緒與感動。我的心接受了他的愛，對我來說，那一刻的力量真的是筆墨難以形容。

　　東尼再次進入我的生命，帶給我諸多啟示。他講出了因為父親缺席所感受到的痛苦與傷害，還有自己被拋棄的憤怒。這些深重的傷口當然在他身上留下了痕跡。雖然我原諒了自己，但還是有某些部分會跟著我一輩子。有時候，我覺得這一切也許是我們無法參透的某個更偉大格局的其中一部分，由於我與東尼有了這些經歷，我就能夠幫助那些面對困難決定的人，做出睿智抉擇。

　　這段故事延續下去，帶來了令人想像不到的恩賜。亞當開心極了，不只是因為有了一個讓他覺得親近的大哥，而且還是位音樂家。珍與東尼關係親暱，對於他能夠進入我們的生活之中，她很開心。在東尼婚禮的時候，我與我母親一起走過紅毯，她超愛東尼，是他的頭號粉絲。他們就像是失聯許久，最後終於找到彼此的老友。我與東尼的母親邦妮見面，向她表達歉意，在他們需要我的時候，我不在他們身邊，我也對她給予

北極星

　　要是你面臨了很可能會有損正氣的決定，想像一下，在五個月或是五年之後回顧這種抉擇，會產生什麼樣的感受。

東尼的愛與關切表達誠摯的感謝。邦妮現在把我母親當成了她的朋友，而偶爾當我與她正好都去東尼家的時候，我們也會小聚。東尼接受了我的姓氏，而且還賜給我三個漂亮的孫女，嬌丹、西德妮，還有泰勒。當他需要找一個能理解他的人聊一聊的時候，他會找我，由於東尼接納了我，我也讓他進入我的心房，我們錯失的這些年所造成的大洞已經被甜蜜、笑聲，以及愛所填滿。我們就與其他家庭一樣，也有我們自己的挑戰，但我們是在盈滿這些恩賜的環境之中，面對一切。

我深刻體會到自身舉動所造成的後果，也提醒了我現在的生活方式。我的重點不是抉擇可能會產生的立即效益，而是想像當我在六個月或是五年之後，回望這樣的抉擇會作何感想。以遠望的觀點看待幸福，是睿智抉擇的一大助益。佛陀對於正氣生活自然產生喜悅的說法不只是理論而已，我是靠直接體驗得到了此一教誨之真理，而且我把它當成了我的北極星。

可以選擇在任何時刻進入正直的生活。保持沉睡，繼續迴避那些我們習慣的輕微抑或是嚴重的踰矩，可能很吸引人。不過，這正如

念完研究所之後，我接受了一個符合所學的職位，但後來發現我根本不想做這工作。由於我仔細思索自己對於這種狀況的強烈情緒回應，所以我很清楚要是離開這份我不想做的工作，就是一種對自己表現正直的舉動。我做出了對自我的正確選擇，即便它與我花了三年的工作成果背道而馳也無妨。現在，我想要知道自己接下來要做什麼，對於隨之而來的挑戰、困惑，以及哀傷，我努力對自己、對我的朋友抱持更誠實的態度，我正在找尋能夠符合真我、我想成為的自我，還有正確感覺的睿智生活。

——某名課程學員

同我的次子亞當某學期在印度修習東方哲學時所寫的某篇文章一樣：

> 當我搞砸的時候，我又陷入那種再熟悉不過的糟糕感受，我心中的那股聲音在責罵我：「少裝了，你明明很清楚狀況！」當我覺得這些時刻十分痛苦的時候，我自怨自艾，幻想自己要是不知道狀況就好了。「要是能夠回到無知的幸福一定很棒！」不過，我內心深處卻很清楚真相，幸福只有一種。在生活中，有短暫的歡愉——也就是「無知的幸福」以及長期的滿足——也就是「無瑕疵之樂」這兩種選擇的時候——我衷心盼望自己選擇的是後者。

對自我真誠

有時候，維持正直最艱難的部分就是對自己誠實。當我們斥責或看不起自己的時候，我們對自己說出了真心話嗎？當我們說出「我沒有能力處理這個」的時候是真的嗎？當我們欺瞞自己，不肯培養自身天賦與才能，這樣算是正直行事嗎？

正直並非只是遵守道德綱領。就更深刻的層次而言，它與真懇對待自我息息相關。如果你與自己的心、最深層的動力相通，就會做出不傷害自己或他人的抉擇。每次都聽從那「平靜又微弱的內心之聲」並不容易，但光是仔細聆聽就很值得了。

也許你可以藉著堅定的誠實態度面對自己，當作修習正直的其中一部分課題。不是要嚴厲式的誠實，而是一種為了更遠大的快樂，真正支持自身意念的仁慈關愛的態度。你可以嘗試

問自己：「我現在到底應該要怎麼做才能為自己帶來更大的幸福？」然後，專注聆聽自己最深層的智慧——在體內感受，聆聽心中那一股清透響亮的鼓勵之聲。

你想要努力當好人，不需要成為好人，反而是要想辦法找出已經在你內心的美好，讓它浮現而出。

——艾克哈特‧托勒

當你正直行事，仔細關注從身心升起的那股振奮之感，可以藉此練習「無瑕疵之樂」。注意那種來自內心深處的愉悅悸動，就是在訓練自己為快樂做出抉擇。

你的重點不是躲避痛苦，那種「與健康連結的歡喜」才是

道德的馨香

我們在佛教中提到了道德的香氣，也就是說，當你練習培養正氣的時候，宛若周邊會散發一種特別神聖的氣味，而且你會像磁石一樣，吸引自己所追求的一切——所有的善、道德、喜悅、自由，甚至如果你想要追求正覺亦是如此，正直是通往體現這種人性存在最高目標的第一步。

當我們修習保持正直，並且透過我們的言行以及對待他人的方式予以展現的時候，我們就成了鼓舞他人的獨特典範。這就像是一根蠟燭可以點燃數百根蠟燭，而這數百根蠟燭又能點燃數千根的蠟燭。各位可以想像這種正覺的社會嗎？但我們必須先從自己做起。當你開始修習正直，就會立刻看到回報。你會發現自己很快樂，親友亦然，就連你的狗兒也一樣開心，這都是因為道德的馨香。

——阿南渡登仁波切
二〇〇八年，柏克萊的激發喜悅課程

你的動機。

　　當我們走向通往無瑕疵之樂的道路，我們就會充滿了美善。你所追求的喜悅，必須要與自身價值相符為起點。當你行為正直，你就成了一個承納美善的透明容器，它可以透過你碰觸到其他的人。這不只能讓你產生當下的快樂，而且散發出去的美善也會不斷回報到你的身上。

第六步驟

放手的喜悅

將自己與喜悅纏綁在一起

這種加翼人生終將毀滅

但要是在喜悅飛翔時親吻它

將會生活在永恆陽光之下

——威廉·布萊克（一七五七～一八二七）

　　我們假設你滿腔熱情遵循「激發喜悅」課程的每一個步驟，某些阻礙你的舊模式已經逐漸喪失了它們的力道，而新的修習成果也證明了它的價值，可以讓通往喜悅的渠道保持暢通。「太好了！我終於懂得要如何開心，」你大聲嚷嚷，「生活就是該如此。」然後，某天早上你醒來，覺得心情很糟，或者是發生了什麼不如意的事，你拚命想要找回「自己的快樂」。它消失得越來越多，你就更加拚命想要留住它，而這個動作反而榨乾了喜悅。

　　我們沒辦法留住喜悅，就像是我們無法留住任何人事物一樣。正如同我們在先前的步驟中所看到的一樣，想在無常的世界裡執意留下什麼，終究是徒勞無功，而且會造成我們抽離當下。然而我們卻一直如此。一開始的時候，我們放不下的是有形的物品。也許我們當中有少數的幸運兒，過著沒有太多東西的簡單生活，不過，要是你正好待在家中的話，環顧一下四周吧，對於放眼所及的大多數物品，很可能都有放不下的好理由。

　　那還只是外在世界罷了，我們的內心世界塞滿了更多我們的執念——覺得生活理應是什麼樣態、誰的想法正確（通常是我們自己）、一切應該如何如何。

　　當這些重要事物恐將生變的時候，我們就會覺得自己的世界可能會坍塌。我的新車有一道刮痕！或者，怎麼跟我們當初認識的時候不一樣了？或者，你為什麼要做那種事？

　　在乎人事物是人之常情，也是健康的態度，那是人生之本質。給予與接受愛、欣賞美麗與愉悅，都是我們人生中最令人滿足、最喜悅的某些面向。不過，要是太過在意，很可能會產

生某種幽微，或者沒那麼幽微的執念。關係會變化，最喜歡的東西會破損，寵物會死。想要執著我們想望的生活方式，只會讓我們心生挫敗與失望。

當佛陀體悟到那一點之後，他決心要教導眾生，雖然所有人都想要快樂，但他們卻一直抱持會造成更多痛苦的思維與行為。他將這種痛苦的基本成因定義為我們對於事物狀態的想望執念。我們想要追求愉悅生活，遇到不如人意的時候，我們會以為是哪裡出了問題，拚命想要矯正過來。

我第一次參加冥想靜修的時候，在我的導師喬瑟夫‧高登斯坦的幫助之下，學到了難忘的一刻。某個下午，我進入了最敏銳的心理狀態。某種平靜又從容的狀態，一種圓滿的感覺將我整個淹沒，彷彿我與自己下半輩子之間沒有任何隔閡。我吸氣的時候，宇宙吐氣；而宇宙吐氣的時候，我在吸氣。我好快樂，不希望這種美好的心理狀態劃下句點，當然，它有結束的那一刻。在接下來那幾天當中，我想盡辦法要重新營造那種體驗。也許是因為我坐在冥想墊的方式吧，可能是與我午餐吃下肚的東西有關，搞不好我應該要更認真關注自己的吐納。不過，也不知道是怎麼回事，我越努力，那種狀態就更是難以捉摸。原本是平靜融於當下，如今卻成了失望、激動，以及困惑。

我滿心氣餒，走到喬瑟夫面前，講出自己覺得好挫敗，因為我覺得本來「擁有了它」，但後來卻「失去了它」。他展露知情微笑，對我說了個故事。他在印度進行長期冥想修習的那段期間，曾經體驗到一段持續不斷的極樂時光。在那兩三個禮拜之中，每當他坐下來冥想的時候，心靈清明，身體盈滿燦

光。等到喬瑟夫必須返回美國探視家人、處理某些事的時候，他就把這種強烈的愉悅體驗放諸腦後，他覺得等他回到印度之後，他可以重拾那段極樂狀態。

不過，過了兩三個月之後，回到了印度的那塊墊子上面，他告訴我：「我感受不到極樂，我的心反而宛若爛泥，身體像是歪七扭八的鋼片，」他講話慢條斯理，讓我好好沉澱，然後，他繼續說道：「我花了近兩年的時間，想要再找回那種極樂狀態。雖然我的導師告訴我，一切隨遇而安，但我還是拚命想要讓自己的體驗變得與眾不同。」然後，喬瑟夫身體前傾，一語中的，「我以前是大笨蛋，但你現在不需要重蹈覆轍。你所需要的就是放下過往，適應現在的狀況就是了。」

環境在變，我們在變，一切都在變化，放下執念很可能會讓我們鬆一大口氣，這也是通往快樂之路。佛陀教導五門，受苦之終結——極樂——來自於培養出「無牽無掛的心態」。這是一種艱難任務，但就算只是稍微放手，也可以帶來許多喜樂。無論是哪一種程度的放手都非易事，我也不想要輕率以對。有時候，生活要求我們放手的部分，超過了我們自認的限度——我們的家、我們的工作，還有我們的摯愛。我們固然無法否認苦楚，但要是對於已逝去的部分執著不放手，只會增添我們的痛苦而已。

我曾聽過偉大的泰國冥想大師阿姜查，對於放手發表了一番簡單又深刻的教誨。某天，有位村民，與大家一起聚集在這位大師的面前，詢問他是否能夠以方便大家天天都記得的方式詮釋這樣的教義。阿姜查的回應是拿起自己的瓷杯，將它舉高。「你看到這杯子了嗎？這是別人送給我的禮物，」他繼續

說道，「賞心悅目，我很喜歡。要是我哪天發現杯子破了，我不會因為這樣的事而哭泣，如此一來，我就能夠趁此時好好欣賞它。以這樣的心情放手，正是我可以在無常世界保持真正快樂的方法。」

放手的重點，是要讓我們脫離那些造成心境變得複雜困惑的事物，範圍很廣泛。

當我詢問「激發喜悅」課程學員們，在學程這一階段放下了什麼？答案如下：

> 對於控制狂的我來說，真正放手並不容易。不過，提到放手，我心中想起的是某段兒時回憶，坐雪橇滑入我發現的某個僻靜之地。那是一段有許多樹木、又長又陡的山坡，我可以感受到全然放手，直接衝下長坡的那種驚嘆與狂喜，在樹林間繞轉，最後平安落在坡底，那是一種純然平和的感覺。
>
> ——某名課程學員

- 必須有完美言行的根深蒂固概念。
- 大學男友寫給我的情書。
- 迎接老化過程時的青春。
- 小時候結緣、到了大學就消失，而且對方也不想與我多聯繫的某種友誼。
- 由於某種身體傷害所造成的依賴。
- 明明是很穩定的伴侶關係，卻擔心自己被拋棄的心態。
- 永遠要恰如其分的要求。

我們的真正執念是什麼？追根究柢，就是我們以為自己在充滿變動的世界當中，握有掌握權的幻想。這種企圖控制的念頭讓我們被綑綁在恐懼之中，我們只有在無常的環境中願意放

手、隨之改變,才能終結受苦。

學習區辨我們的想望與我們的真正需要,是過得快樂的秘密之一。當我們體悟到不需對多餘包袱——無論是在我們的車庫或是我們內心密室都一樣——抱有執念的時候,這種睿智的放手舉動就會產生喜悅。我們放下了多餘的重擔——那些都是我們自以為能讓我們快樂而無法鬆手的牽繫。

當你不再緊抓不放——無論是想法、信仰、你珍愛的物品與人,以及形塑你的重要理念——你就能夠開始過著放任自己隨生活一起流動的日子。你可以遇到生活帶你所至的一切,以創意、信任,以及真誠慷慨的方式予以回應。你會發現放手是某種為了自己的舉動,而不是對自己做了什麼。快樂的根源並非你擁有了什麼或是你有何種執念。弔詭的是,學習放手的藝術,反而能讓我們得到自己的真心所願,將會讓你進入滿足從容的放鬆心態。

> 要是你放手一點點,就能擁有一點平靜;要是大幅放手,就能擁有充裕的平靜;如果你完全放手,就能擁有百分百的平和與自由,你與世界的爭鬥終將劃下句點。
>
> ——阿姜查,出於傑克·康菲爾德與保羅·布雷特爾所編之《沉靜密林》

有關東西的兩三事

朋友們告訴我,達賴喇嘛在他的某次談話中,回憶自己待在洛杉磯的某個禮拜的時候,哈哈大笑。他一直很喜歡科技產品,每天在前往宣達教義的途中,他會在附近的某間電子商品店駐足瀏覽展示品。他說,當那禮拜結束的時候,他想要的是

自己根本不知道該怎麼使用的玩意兒，他之所以想要，純粹就是因為看到了而已。

這正是心靈運作的其中一個方式——通常看到什麼就會想擁有，這是美國廣告產業的豐厚基底。安妮·李奧納德在她的精采短片《有關東西的兩三事》當中，具體描繪出美國根本已經陷溺在物質世界之中的景況。

在令人憂心忡忡的諸多數據當中，本片提出了幾項重點：

- 「美國人的平均消費量是五十年前的兩倍。」
- 「我們現在一年所看到的廣告量，比五十年前的人一輩子所看的還要多。」
- 「在美國，我們所花的購物時間是歐洲人的三到四倍。」

在這部影片中，引用了經濟學家維克多·李伯爾的話，解釋這種消費供應過剩的緣由，他是在二次大戰剛結束之後寫下這段話，而他所說的話如今看來宛若預言：

我們的巨大生產經濟，需要我們在生活中拚命消費，將購買與運用物品轉化為儀式，我們靠著消費尋找靈性滿足、我們的自我滿足⋯⋯我們需要以從所未見的加速度進行購買、銷毀、取代，以及丟棄。

當然，厲害的廣告會催化我們欲望的反應。「打賭你絕對不會只吃一片」，這個挑戰我們的著名洋芋片廣告，完全說出

了讓我們想要更多的那種策略。最後，我們相信下一個東西會
讓我們的人生有所不同，可以讓我們變得快樂健康或可愛。我
們聽到這樣的承諾會得到小驚喜，購買時亦然。我們擔心自己
擁有的不夠，我們對於自己不需要的東西抱有執念，萬一遇到
狀況的話……而這把我們帶往什麼樣的地方？環保專家比爾‧
麥奇本，在他的著作《在地的幸福經濟》一書中寫道：「在一
九四六年，美國是全球四大經濟體中最快樂的國家，三十年之
後，它在全球十一大經濟體中列名第八，到了十年之後，在二
十三個國家當中是排名第十，而這些國家當中有不少是第三世
界國家。」

　　約翰‧戴維森‧洛克斐勒被問到他還需要多少錢才算充
足的時候，他的答案是：「只要再多一點就好了。」什麼時候
「充足」的定義成了要讓人心滿意足？著名的佛教經濟學家、
比丘，也是作家的泰國帕巴悠都法師，提到了節制的佛教原
則——了解什麼是「剛剛好」的量。

　　　幸福的真正提升與滿足的體驗的最佳疊合點，是一種覺
　　　知。消費……的量度必須平衡配合的幸福感，而不是欲望
　　　的滿足感。我們不認為極度消費會產生更多的滿足感，反
　　　而主張節制或睿智的消費才能產生幸福。

　　　　　　　　　　　　　——史蒂芬妮‧卡薩所編之《上鉤》

　　得到並擁有更多的東西並不會提高我們快樂的層次，其
實，恰恰相反。這些文件、物品、玩具、衣服，還有塞滿我們
衣櫃、車庫、儲存室以及住家的其他東西，很可能會讓我們覺

得受不了。當我們改變目標，從征服欲望轉為提升幸福之後，我們就會有一個能夠幫助我們的綱領，選擇我們的所需而不是想望。

當學員辛西亞發現她的購物習慣「有點太依賴直覺」的時候，她決定要來個實驗。

我下定決心，在某段時間內除了日常雜貨與必需品之外，什麼都不買。但突然出現買額外東西的衝動時，不管是星巴克咖啡還是心靈類書籍，我只會把它們寫在某個小本子裡面，觀察自己的感覺與反應，然後繼續過我的日子。我

永續的滿足感

當你過著知足的生活，自然就會減少碳足跡，不會使用那麼多資源。你不需要為自己的生活一直添加東西。其實，只對自己擁有的部分有需求、好好珍惜，知道自己所使用的一切都代表了某種資源，這種感受真的很棒。你越來越覺得自己是某個家庭的一分子，不想要在餐桌前暴飲暴食，吃下十倍的分量。知足會讓你心如止水，不再拚命渴求累積，而這是我們的文化對你所形塑的心態。要是你說「我現在很滿足，添加這些東西只會讓我的生活複雜化」，那麼，你就已經自然成為環保解決方案的一部分，你的生活就是一種表態。

——凱瑟琳‧英葛蘭姆
二〇〇八年，柏克萊的激發喜悅課程

發現我總是可以活得下去，而且沒買那東西也依然過得很
開心，感覺真是舒暢。我發覺放手就是與現況與所擁有的
一切和平相處——這個道理與「得到的越多就過得越好」
正好相反。

快樂來自於投入生活，而不是購買更多的物品。當你深入
研究足夠的革命性概念，可能會更有興趣進行不需要任何購買
的各種活動。花時間與某位摯愛的親友聊天，或是坐下來聆聽
自己收藏的某張CD，出去騎單車或是學習新事物。得到更多
幸福感的重要關鍵是花時間，而不是花錢去投注自己的所愛。

對時間放手

巴拉克·歐巴馬當選總統不久之後，作家愛麗絲·華克寫
了一封公開信給他，其中一點深獲我心。

你的主要責任之一⋯⋯就是要在你自己的心田之中耕耘快
樂。你的行事曆必須容納足夠的休息時間，以及與美麗妻
子和可愛女兒們的玩耍時間⋯⋯從你的快樂又放鬆的狀態
出發，你就能夠塑造真正的成功，這是全世界許多人的真
正期盼。

「容納足夠的休息與玩樂⋯⋯」的行事曆，我們當中有多
少人做得到？不過，在聖經當中，甚至連上帝也會在工作後休
息，而且命令我們「當紀念安息日，守為聖日」。我的意思並

非當你在從事一堆活動的時候，沒辦法過得開心。我喜歡全心積極投入，通常同時會參與多項計畫。不過，當我在這種漩流中迷失的時候，我也會暈頭轉向失去平衡。

　　我們生活在二十四小時／一週七天的文化中，要是你覺得自己的負擔比以前沉重，沒錯。大衛‧羅伊與琳達‧顧德修博士在他們的文章〈消費時間〉當中，提到了在西元二○○○年的時候，「美國普通家庭的丈夫與妻子的每年工時比一九八○年代多了五百個小時以上。」再加上電子郵件、電話、生活基本事項、下一次的刺激冒險、最近的電影、與某個朋友共進午餐，你充滿了壓力，根本談不上喜悅。

　　我的同事派翠西亞‧艾爾斯伯格曾經在柏克萊的「激發喜悅」課程中帶過引導式冥想。她喜歡以逗趣的語氣向學員們講述我們社會的某種普遍狀況──FOMS（Fear of Missing Something），對於錯失的恐懼。除了那些電影、演唱會、演講、聚會、朋友等等之外，我們家裡的電視有六十幾個頻道，而且網路上還有數不盡的重要又吸睛的訊息。難怪我們會對於錯失感到恐懼──我們的選擇太多了，所以幾乎錯失了日常生活中唾手可得的一切！「披頭四」一九六○年代末期的電影作品《黃色潛水艇》是先知，裡面有個老是把「時間這麼少！要知道的這麼多！」掛在嘴邊的角色，大家稱他為「一事無成之人」。想要過著快樂生活，就表示必須要脫離FOMS，恢復正常，以均衡的方式融入我們生活中的當下，剩下的就放手，不要有任何悔恨。

　　盤中有太多的食物，會造成我們消化不良。不過，有時候我們面對自己過於擁擠的行事曆的方式，就像是要靠吃下更多

食物治療消化不良一樣。課程學員貝佛莉發現她的忙碌狀態讓她忙上加忙,「要是我失去平衡——睡覺時間不夠,沒有休息時間——就會變成惡性循環,我會越來越忙,想要彌補損失的時間。」中文字的「忙」是由「心」加上「死亡」組合而成。大家都知道壓力會造成生理疾病,包括了——中風、心臟病、糖尿病、潰瘍,以及其他問題——除此之外,它也會封閉我們的心,無論是靈性面或情感面都一樣。

我們很可能會在行事曆裡面塞了一大堆事項,不過,這就像是吃垃圾食物一樣,我們依然覺得飢餓,因為我們缺乏真正的營養。當另外一名課程學員諾瑪開始注意自己如何分配時間的時候,她才驚覺自己從事許多貌似重要的活動,但其實卻讓她無法滿足,而且害她無法進行那些有益健康的活動。

> 我發覺,我並未從事那些我享受的活動的慣用藉口就是「我沒有時間」。放下那樣的念頭,對我來說真的發揮莫大影響力。現在,只要又出現這種狀況,我就會檢視到底什麼才是重要事項,然後我會在心裡更換台詞,改成「我要花時間享受人生」。

我們對事物貪婪,我們對於各種體驗與活動可能也同樣貪婪。對於生活保有興趣,是一種激發喜悅的方式,但你也可以在不需為了快樂而被迫做些什麼,或者必須同時完成多項體驗的前提之下,達成這樣的目標。放手,表示你可以隨著生活不斷開展而融入當下,而不是一直想要更多的東西。這是一種傾向簡純的轉化過程,不會讓你的生活或心靈因為一堆事而變得

複雜。皮斯‧皮爾格林在她的同名著作之中，分享了她二十八年行走全美，傳達她的和平訊息所累積的智慧，她寫下了這些話：

要是你的生活與你在「生命模式」中的角色完美，要是你遵循統理宇宙的法則，那麼你的生活很圓滿，但不至於過於擁擠。如果太擁擠，那就是你所做的事超過了你的適度範圍，超過了你在全局中所擔綱的角色。

我曾經聽過某名斷捨離專家提供了這樣的建議，要小心「只要」這個字詞，就像是「我只要在下一個會議開始之前做完這件小事就好」或是「我只要在出發前再檢查一次電郵就好」。只要是一種以為做事不用花時間的不切實際幻想，接下來，我們就會發現自己匆匆忙忙，慌張追趕進度，你永遠不會把「應辦事項」做完。正如同《獅子王》裡那首令人開心的歌曲〈生生不息〉一樣，在我們的一生當中，「可看的一切永無止境／可做的一切永無止境」。你必須要將一切排序，研究什麼才是真正需要你關注的重點，對你的幸福來說，最重要的又是什麼。對於那些還沒有處理、等待我著手的電郵與工作，我自己有句格言，「落後只是一種心理狀態。」要是你太忙碌，無法享受生活，那麼也許你真的就是太忙了。你的時間可以拿來做什麼才能滋養自己，讓人生更健康？在大自然散步，玩音樂，花更多時間與你的小孩或摯愛好好相處。

為自己找一些獨處時間，也是為自己生活帶來更多喜悅的好方法之一。就算是只有幾分鐘，也能夠幫助你貼近詩人瑪

莉・奧立佛所稱的「你狂野又寶貴的一生」。一開始的時候，減少行事曆上的事項可能會讓你覺得很不便，但到了最後，你的生活重點將會是品質，而不是數量。

忙碌的習慣以及「更多」的心理狀態很難被打破，需要有強烈決心才能產生改變。只要你能夠「給自己時間」，要記得停下腳步，注意自己身心的感覺有多麼美好，這將成為你進入更快樂生活的助力。

放下忙碌模式

你可以在自己的行事曆之中放下哪些事項——或是加入哪些事項——讓你的生活變得更從容更圓滿？你相信自己的哪些部分？或者，你覺得生活中有哪些部分可以讓你更健康自在？

遇到我必須與小兒子一起做某些事的時候，我通常是一口氣匆匆搞定——挑選玩具、弄他上床什麼的。不過前幾天，我發現了令人開心的事。我真的停下腳步，盡情享受他眼中的快樂與臉龐的笑容，全身上下都有感。我甚至不記得我們到底做了什麼，但我可以回想起那一刻的喜悅感。

——某名課程學員

要是你習慣為自己塞滿過多的行程，試試看這個方法：要是行事曆裡多了一個事項，那就想辦法看看能否刪去別的事項。等到一個禮拜結束之後，檢視自己是否覺得更有餘裕或更加均衡，還有，你在行事曆中的多餘時段都「做了」什麼？

有時候，根本沒有辦法縮減行事曆的工作項目。要是遇到那種狀況，可以給自己來個「微型中場休息」。在送一個孩子去托兒所、送

另一個去練足球之間的那段時間，花一點時間，稍作暫停，閉上雙眼，深呼吸，體驗「脫離時間」的感覺。

　　甚至當你在辦公室走廊暴衝，從某個會議室趕到下一個會議室的時候，在打開下一道門之前，先暫停個幾秒鐘，閉眼，讓身體放鬆，深呼吸，再回到當下。經過了微型中場休息之後，很可能就不會覺得這麼忙碌了。

逃離陷阱

　　放手的能力與其他技巧一樣，也需要時間培養。當你一開始練習的時候，可能不會體驗到更自由的感覺，反而是與不肯退讓的積習陷入苦戰。某名課程學員寫過這麼一段話：「我越想放棄那些不適合我的習慣，就覺得遇到的阻力越來越強，得更努力拚下去。」

　　記得拚鬥的戰場在哪裡，將會是你修習的一大助力。正如同我們目前在「激發喜悅」課程的每一個步驟所看到的一樣，我們的心靈是生活進行的主要舞台，我們周邊的生活不斷出現變動，但是心靈可以堅持不懈。另一名學員寫道：「我發現我的心靈會牽繫某個特別的問題或狀況，一直把我拉過去。」釋放恐懼、憎惡、負面情緒，或是強迫性的行為，感覺似乎是不可能的事，尤其是在你練習這麼久之後更是如此。

　　在亞洲，有一種誘捕猴子的聰明方法，正好是幫助我們擺

> 我現在的工作態度比較有耐心，而且對於行事曆的空檔也抱持開放態度。我發現自己真的可以享受放空，只要讓自己願意接受那種愉悅就不成問題。
>
> ——某名課程學員

脫心靈窠臼的有利提示。挖空的椰子，某端開一個洞，然後在裡面裝滿甜食，並且把椰子綁在某根木樁上頭。猴子過來，聞到了甜食的氣味，把手伸進去而且抓了一大把。雖然那個洞大到可以讓一隻手穿過去，但對於抓滿甜食的手來說卻太小了，無法縮回。就算猴子聽到人類過來的聲響，陷入驚慌，卻依然緊抓自己的獎品不放。其實那隻猴子想要逃走的方法很簡單，放開那些甜食，收回自己的手就是了，但誠如喬瑟夫·高登斯坦所言：「能夠參透這一點的猴子非常少見。」

當你似乎無法擺脫某個困境的時候，負面念頭會在心中不斷盤旋，你的第一步就是要有所認知，它們不過就只是念頭罷了。它們之所以看起來如此具有說服力，都是因為我們誤以為它們是真的，而它們通常都與我們所認知的自我息息相關。比方說，要是你陷在怨恨之中，很可能是因為你被人誤解，也許狀況真是如此，但這如同某位課程學員所說的一樣：「那又怎樣？我知道我在自己的身心之中累積怨恨，當我放手之後，我覺得輕鬆自在又開心。」這就像是被誘困的那隻猴子，你想要獲得自由，放手就是了，就算放下所有的是非曲直非常困難也一樣。要是你得在不斷糾結或過快樂日子之間做抉擇，你會選擇哪一個？

對於選擇抱持開放態度

當你放下應該要依某個特定方式行事的念頭之後，你就打開了心房，迎接以往不曾考慮過，通常為數眾多的各種選擇。久而久之，我也學到要多關注心中的焦慮感真正想向我透露的

事：「醒醒，這裡狀況有變，趕快找出自己的定位。」當我慢慢沉澱下來之後，這通常都能夠幫助我想起真正的目標為何，還有可以靠什麼樣的方式完成。最近發生的這例子，是在某個星期五下午，我驅車前往機場，我很得意自己留了充裕的時間可以停車，然後登機。這是目的地為聖路易斯奧比斯波的短途航班，大約是南下四百公里之處，我準備要在那裡帶一場靜修。

出了家門兩個小時之後，我依然在原本是快速道路，如今已經成了停車場的車陣裡龜速前進。時間緊迫，但我依然很有信心趕得上飛機。我已經事先印好了登機證，沒有托運行李，只帶了一本好書準備閱讀，一切就緒。等到我終於到達那裡之後，心想總算在最後一刻達陣，但機場停車場全滿。服務人員導引我前往某個比較遠的停車場，我突然焦慮了起來。對於我緊張的雙眼來說，標示不夠清楚，所以我最後在機場繞了三圈，困在停車場的百慕達三角洲之中。就在

慢慢放輕鬆

就算每天只花個幾分鐘進行正念冥想，也能夠影響你的生活，教導你如何在其中泅泳，而不是去抵抗生命中的湍流。在冥想的過程中，只要你注意到自己在思考的時候，無論思緒內容貌似多麼有趣或多麼重要，練習放手。不要擔心同樣的念頭是否會回來，這很正常，反正每一次都放手就是了，你會慢慢感受到自己日常生活對思緒的牽繫，開始逐漸鬆綁。

這時候，我變得很激動，他們花了一年的時間籌畫這場靜修，我一定得趕到那裡，不然會有五十個人大失所望。

　　我的開心小旅行成為一場真正的災難——但當我突然發覺自己就是趕不上班機的那一刻，狀態就結束了。我坦然放下自己認為事情應該如何的執念，接受當下的現實，激動與壓力消失無蹤，讓出位置給新的念頭。等等，我拚命想要停入停車場的這輛車，其實可以把我帶到那裡啊。我駛離機場，上了快速道路，一路南行的時候，感到一陣陣的快樂席捲而來。接下來的那五個小時，我一路隨著我最喜愛的歌曲一路哼唱，享受獨行的樂趣，沒有電郵、雜事，或是工作得要處理，而且我到達靜修中心的時候，心情快樂，從容自在。

　　當你放下自己對於事情理應如何的執念，就能夠以充滿開放與彈性的態度面臨艱鉅狀況，激發出褊狹心靈不可能想到的

對期待放手

　　以計畫作為指導方針，很有幫助，但它會變成某種期待，反而為自己帶來了失望。選擇某項你固定會從事的活動，比方說工作的某一任務，或是煮菜、與某個朋友或子女講話。每當你要進行這項活動的時候，注意自己是否期待出現「理應」如何的結果，實驗期為一個禮拜，放手，然後對於各種可能性抱持開放態度。這並非是說你不完成工作任務、不煮餐，或是不能在聊天的時候提起特定話題，而是對於你的態度抱持開放，並非封閉。

　　當你開始進行那項活動的時候，注意自己放下期待之後的身心感受，放下，是不是對於你體驗的喜悅有任何影響？

各種選擇與替代方案。我們可能習慣把自己當成世界的中心，但生活卻總是想辦法提醒我們並非如此。體認到自己只是一整個互動體系裡的一部分，其他人也有自己的現實狀況，很可能會讓你鬆了一大口氣。

　　放手的能力在人際關係中至為重要，因為我們會發現自己在這種關卡不斷遇到事與願違的狀況，尤其是那些與我們最親近的人。當他們的行為不如我們的期盼時，很容易就會出現慣性反應。帕蜜拉在完美機會到來時，探索了放手的真義，作為修習「激發喜悅」課程的一部分。某個特別的早晨，她醒來的時候心平氣和，內心滿是感恩。不過，當她走進廚房，打開冰箱時，發現她準備煮湯的某碗雞肉高湯翻倒了，滴到了蔬菜箱，地板也遭殃。「我知道這是我先生找宵夜的時候幹的好事，」她寫道，「我知道當我拿紙巾收拾殘局時，心中的怒氣正在上升，還有我平常的碎碎唸。」不過，帕蜜拉卻在這時候想到了另一種可能的回應方式。

我知道自己可以放下一切，其實，這正是我想做的舉動。我收拾現場，並沒有對我丈夫講任何一句話。這並不痛苦，甚至不費吹灰之力——那些感覺就是這麼消失了。我感謝我丈夫，感謝冰箱裡有這麼豐足的食物，感謝我能夠早上起床，活得健健康康，體認到這一團

我的丈夫和我一直在練習在本來就無惡意的狀態下，放下觸怒對方的態度。舉例來說：「你為什麼把東西放在那裡？我沒有冒犯的意思，不是說你笨，怎麼會把東西放在那，我只是純粹好奇而已。」能夠放下一定要理直氣壯的需求，真的是一種暢快解放。

——某名課程學員

亂有多麼微不足道。經過了那一場小小的騷亂之後，我的心回到了自己剛醒來時的那種清明平和的狀態，只要跳脫平常習慣的反應就是了，真是美好！

帕蜜拉大可以選擇其他各種的反應方式，但她的重點是要放下某種會讓她心情沮喪與不悅、很可能也會造成她先生有相同反應的心境。如果你抱持的意念是想要真正快樂，可能會發現自己要轉換某些優先順序。當你發現自己抓滿東西的手卡在椰子裡的時候，你知道要如何脫離這種陷阱。

我現在相信的是什麼故事版本？

某天晚上，在「激發喜悅」課程休息的時候，我聽到某個開心的聲音在向我打招呼，立刻看到某個開心中年男子從走廊另一頭走來。「詹姆斯，我有事情要告訴你！」他逐漸靠近，我認出是丹尼爾，是我在某次心靈諮商時所認識的會計師，現在他也來上課。「真的有用！」他滿臉粲笑，「我只是想要跟你說謝謝。」

想必他一定是看到我的神情，知道我正在拚命尋找過往記憶，到底是哪一招「有用」。

他提醒我，在幾個月之前，他曾經詢問我的建議，該怎麼解決他面對太太反應時，自己所產生的負面抗拒。不論她說什麼，他都覺得那是在批評。「我知道她愛我，而且真的很愛，」他當時告訴我，「但我心中卻冒出這樣的話：『她又來了，想要控制我。』我會退縮，離她遠遠的，我看得出來自己

過度反應，但是卻無能為力。」

　　我當時問他：「你的內心需要做出什麼樣的改變？才不會出現這麼快的反應？」

　　「要是我沒有立刻做出那些負面的結論，我的狀況應該會好得多。但它們已經根深蒂固，我覺得不可能改變。」

　　我看得出來，丹尼爾堅信必須要以某種特殊方式看待自己與她的關係。這是他告訴自己的故事版本，一而再再而三。在我們的心中，某些故事版本就是會一直發生。它們源於我們的過往經驗，而且透過現在的經驗予以聯想，不斷強化，而且大部分都超過了我們的意識控制之外。廣播電台播出了你青少年時代的某首歌曲，你回想起自己的初戀。窗外的啁啾鳥鳴帶引你進入心中的某個仙境……或是提醒你自己已經被困在辦公桌前一整天，這些反應都是自然而然產生。

　　就算是只有一個字，也能夠引發一連串的聯想與情緒回應。當你準備要看下一個字的時候，先沉澱一會兒，麻煩。請注意是否因為那個字而想起了任何的特殊畫面或記憶？你的體內是否產生了任何特殊的感覺？也許是緊繃或是沉重？現在，做幾次深呼吸，去除心中的「麻煩」，停頓一下，再注意下一個字詞：仁慈。有沒有任何的影像或是聯想？身體的感覺如何？輕盈還是開闊？

　　要是一個單詞就能對身心造成確切影響，那麼，不妨想像一下我們一直惦記在心的那些完整故事版本。我們的某些故事版本很健康，充滿勵志性，對我們的幸福有益。我理應享受自己的人生，因為我一直在世間行善，我對自己與他人都很仁慈，我在學習抱持開放態度迎接喜悅來臨的時刻。或者，你也

許會告訴自己：固定運動、注重飲食，幫助我可以過著發揮全部潛能的生活。正如同我們所看到的一樣，只要多多提供自己這種正面信念與結論，就越可能過著快樂生活。

而有問題的是負面故事版本。你發覺自己陷入恐懼，拚命想要解釋為什麼會這樣。這可能有許多原因，但通常是因為我們的心傾向源於恐懼或災難的那些故事版本。派翠西亞・艾爾斯伯格說道，自己有時半夜醒來，會出現莫名的焦慮或悲傷，她想要立刻弄清楚是為什麼。

> 「這些故事可能會在不同的時間有不同的樣貌，」她說道，「不過，當我一直在苦思為什麼會有這種感覺，抑或是我該怎麼擺脫這種感覺的時候，幾乎總是讓我的心情更加惡劣。而且，我越是抗拒或逃避，它們就更加緊纏不放。大多數的時候，這些惡劣情緒就是直接消失，尤其是當我懷抱仁慈之心坦然接受的時候。但我要是對那種情事抱有執念，很可能會一整天都被困在裡面。」

這種會限制你，或是讓你得到自由的故事版本，其實都存乎你心，而且你可以改變它們。我經常會給學生某種「配方」，幫助他們學習這種歷程。有時候我會寫在紙上，建議他們可以放在皮夾裡。「只要你們發現自己反應強烈、退縮，或是困惑的時候，」我告訴他們，「要記得自己的口袋裡有張能夠緩解痛苦的配方，」而我寫的配方呢？「我現在相信的是什麼念頭或故事版本？」這就是好幾個月之前，當他來找我做心靈諮商的時候，我給丹尼爾的配方。他服了藥，而且真的有

效。「我還是會卡關，」他說道，「但只要我想起要自問到底相信什麼故事版本，我和珍的關係真的就變得不一樣，我們相處得越來越融洽。」

放下那些限制我們的故事版本

我們某些令人心神耗弱至極的故事版本——會限制我們的能力，難以過著圓滿豐足生活的那一些——是在我們的童年時代開始生根。在我們的早期經驗當中，我們對於自我與人生有了定論，在我們還沒有察覺到這些定論之前，它們已經悄悄控制了我們。多年前當我在帶某個冥想靜修，瑪莉安來找我的時候，顯然就是落入這種情境之中。我認識瑪莉安有一段時間了，在我與她的互動過程當中，她似乎一直很開心，我也感受到一股真誠的暖意。所以當她在預定的會談時段告訴我心事的時候，我有點吃驚。

我每天都會自問這個問題好幾次：「我現在相信的是什麼故事版本？」尤其是當我元氣不足的時候。比方說，是不是有關我工作太多、老是覺得疲倦無法休息的故事版本？或者，是經過一整天的工作之後，應該要休息輕鬆一下的故事版本？還是我的身體不夠完美、妹妹比我瘦的故事版本？或者，這是我持續健身兩年之久，現在穿上我喜歡的牛仔褲真是可愛的故事版本？

——某名課程學員

「我現在知道我為什麼感受不到愛，」她開口說道，「我早已知道答案多年，而現在也該是我面對事實的時候了。」

我感受到她現在一定非常孤單寂寞，「妳覺得原因是什

麼？」

「因為我小時候從來沒有人愛我，我爸媽在情感面並沒有給我支援，我找不到任何典範可以學習愛，我長大了，沒有辦法給予或接受愛。我想生命走到了這種階段，要改變模式已經太晚了，所以我才會緊張不安。」

雖然我看得出來瑪莉安對自己的故事版本深信不疑，但我並不這麼覺得。顯然她並沒有看到，但別人看得見的某些自身特質，我確定一定有人愛她。

我問她：「在妳的成長過程中，從來沒有人向妳現示過愛嗎？」

她黯然回道：「沒有。」

我自小成長的文化環境就是認定女人該結婚生子。每天早上醒來的時候，我的腦海中都會出現一股聲音對我說，我是大家不要的女人，我媽媽與我姊姊也會講出類似的迂迴刻薄話語。今天早上，我醒來的時候，我回嗆過去：「我不需要相信這種說法。」我領悟到我媽媽與我姊姊一直在重複說出別人告訴她們的說法。我擁有把它說出來的自由，我很珍惜。

——某名課程學員

「瑪莉安，也許妳從來沒有被愛過這件事是真的，如果真是如此，我覺得很難過，看來妳對童年的想法在妳身上產生了巨大影響，已經有一些時日。」她點點頭，臉上寫滿了哀傷。「不過，在我們假定這是事實之前，」我繼續說道，「我要妳回想一下，在妳小時候是否有任何人愛過妳。閉上眼睛，慢慢回想過往所有的老師、親戚，以及朋友。有沒有人曾經讓妳感受到仁善？」

瑪莉安僵直不動約一分鐘之久，然後，她的臉色開始放鬆，綻

放微笑。「哎呀，有啊，」她羞怯說道，「我哥哥。我一直漏了他，但他真的總是陪伴在我身邊。」

「妳覺得他愛妳嗎？」

她停頓了一會兒，然後，緩緩說道：「現在，我回想起來，他一直很挺我，希望我過得開心，我想他真的愛我。」

我柔聲回她：「既然是這樣的話，我想妳得要改變自己從來沒有人愛的那個說法。」

聽到那句話之後，瑪莉安開始啜泣，她領悟到自己可以放下那個限制她，讓她不相信自己能夠愛的執念。十五年過去了，對於當初看到自己真的是可愛之人的那一刻，她依然津津樂道，那也是她通往某種真正生命幸福與喜悅之深層蛻變的起點。

明瞭自己到底陷在哪些故事版本之中，是讓你得以從中解放的第一步，也是重要的一步。靠著那樣的洞察力，瑪莉安做出了生命中的真正改變。你不能只是隨便說什麼「阿布拉卡達布卡」之類的咒語，就能改變那種持續許久的沉重故事版本。治療、靜修，以及其他形式的自我探索，都能夠幫助我們改變那些有損我們快樂的信念與行為態度。

嘗試新的故事版本

瑪莉安沒有得到足夠她理應得到或是她喜歡的愛，的確是事實，但這未必能夠定義她這個人，而且也不該成為她從來沒有得過愛這種念頭的刺激因素。我們關注這些誤導性念頭的時候，要特別注意要小心總是以及從來沒有這類的語彙。

這些永久性字詞會讓我們侷限在單一觀點之中。就像是成語瞎子摸象裡的那些人一樣，每個人都是根據自己所觸摸到的那一小部分盡力描述，我們汲取了自身經驗的一部分，卻宣稱那是全部的事實。

雖然以更寬廣的角度看待過去，並不會造成任何改變，但有了它之後，某個再也不適合你的故事版本對你的控制力道就不會那麼強了。我是在我二十出頭，深陷低潮的時期發現了這一點。某個二月凌晨時分，我躺在床上，思索我的悲慘人生狀態。似乎一切從來都不對勁，大家不喜歡我——嗯，某些特定的人……也就是說，美眉（我們那時候都稱呼女人為美眉）。

放下你的故事版本

我們告訴自己的故事版本是自身苦楚的一大來源。花一些時間反省，寫下這些問題的答案：

- 你認定自我，或是其他讓你無法體驗幸福與健康的故事版本有哪些？
- 當你覺得這種狀況確實為真，你的身心有什麼體驗？
- 想像一下如果你只是把它當成某種說法，你並不相信，而且完全放下。當你這麼做的時候，你的身心會產生什麼樣的感覺？

每當你發現自己卡在某個內心掙扎關卡的時候，自問這個問題：「我現在相信的是什麼故事版本？」你甚至可以把這問題寫在小紙片上面，塞在錢包裡帶著它。每當你放下這個故事版本執念的時候，注意自己有什麼感覺。

我專心聆聽自己喜愛的另類音樂調頻廣播電台，DJ約翰‧札克利的舒心聲音開始舒緩我的紛亂心緒。他對我以及其他凌晨兩點的聽眾說道：就算生活有時候很艱困，但我們能活著都很幸運，所以何不趁我們在世間的時候好好利用呢？然後，他彷彿想要強調自己的重點一樣，說完之後就切到了「交通」樂團的歌曲〈大家一起來〉，裡面的歌詞宛若上天賜給我的療癒靈訊一樣：

> 如果你願意的話，就可以讓自己的人生元氣飽滿，
> 只要是你想得到的，任何一段舊時光也不成問題。

　　我真可以讓我想得到的「任何一段舊時光」變得元氣飽滿？那會是什麼模樣？我又該怎麼逃離自己身陷的生活泥沼？我思量自己的困境，拿起一疊紙，開始隨便塗鴉。我發現自己在畫圓，一圈又一圈，突然驚覺這幅圖像正是我陷入困局的寫照。我又加了其他的字句：我是魯蛇，我不可愛，沒有人會想要把時間浪費在我身上。那樣的思維會讓我期盼一個什麼樣的過往？高中舞會國王嗎？

　　要是我能夠有一個不同的人生呢？某個我認為一切順遂、美眉會喜歡我、大家覺得我可愛，還有，就像是「交通」樂團所唱的一樣，光是做我自己，就可以在他人的生活中創造不同？我望著自己的手，從那無止境的圓畫出了一條切線，橫跨紙頁，畫出一個完整又全新的圓圈。我開始想像那樣的感覺，覺得我明白自己可愛，而且大家真的喜歡待在我的身邊。在我心中，是一幅正向能量向外散發的圖像，我可以感受到那股體

驗完全盈滿我身，那是劃下里程碑的一刻。

我下定決心，要進行某項新的實驗。接下來的這個禮拜，我要把我剛認識的那個自信可愛年輕人的圖像，投射在我的內心。我決定要放下那個一切都行不通的故事版本，讓自己嘗試新的說法，我也沒什麼好損失的啊？

在那個禮拜當中，我發現靠著滿溢的自信，以及認定最好

放下肥皂劇故事版本

我們經常會放不下自己的故事版本，它會不斷講述你是誰，還有你是什麼樣的人。我們不斷播放，而且習以為常，因為我們知道自己是裡面的主角。我們早上醒來，故事就出現了，宛若一齣長青肥皂劇。以下是放下它的其中一個簡便方法，當你關注這樣的故事版本、執著想望與欲念、角色的愛與恨的時候，注意它會令你元氣大傷，只要觀察那故事有多麼偏狹、老套，而且令人厭煩就是了。

放手的其中一個方法，就是不要那麼關注在你心中冒出與流逝的一切。然後，你就會開始對於專注當下越來越感興趣，全新的現在。而且你就會越來越感受到自己是一齣神秘劇，你不再給自己某個固定的故事版本，開始覺得自己處處驚奇。你體驗到自己充滿活力，是某種流動的意識，有時候是散發出愛，或是好奇、讚嘆。這令人十分愉悅，當然很容易可以就此抽離那些神經質的故事素材或是無關的念頭。

——凱瑟琳·英葛蘭姆
二〇〇八年，柏克萊的激發喜悅課程

的事將會發生，就不會那麼拚命想要取得別人的肯定，而且，更重要的是，我能夠真正關注他們的本質，這一點當然會讓他們與我相處的時候更自在，我在場的時候也會讓他們感到愉悅。雖然得花好一番努力，才能完全以這種新方式理解自己的生活，但我已經打開了自我囚禁的心牢。

只要我們放下自己創生、侷限自我的那些故事版本，我們就能擁有一個各種可能的全新世界。昔日的過往故事版本可能還是會偶爾出現——畢竟那一堆想法與信念帶有多年累積而成的動能。雖然它們已經無法發揮作用，但畢竟令人熟悉自在，我們很容易會執著不放。不過，靠著正念的專注力，久而久之，就會融入更健康的觀點，帶引我們進入新的方向。

慷慨的喜悅

慷慨是一種放手的積極形式，而且也是保證能夠通往快樂的康莊大道。你不只是拋卻了某些東西，而且還透過了分享的行為與別人有了親愛的互動。佛陀真心建議當你做出某種慷慨舉動的時候，要對自己說道：「我很慷慨。」當你在省思伴隨某項善舉而來的美好感受的時候，不只是要建立自我，更為了要「讓心喜樂」。

慷慨不只能夠放下想望之心，也能讓我們認知到我們的共通性。你所分享的自我與自己的資源，深化了你與其他人的關聯。無論會有什麼樣的時空阻隔，慷慨的善性連結都會永久持續下去。要是你張望一下自己的屋內，很可能會發現慷慨的證據無所不在。每當我使用珍與我收到的婚禮禮物瓷杯的時候，

就會想起我們的朋友羅傑與法蘭西絲。而且，絕對有許多家庭都是靠別人的賜予才能存在。

　　培養慷慨心腸的最佳方式之一，就是開始漸次施展。「激發喜悅」課程的某名學員雪莉，她說她覺得自己大半輩子都很小氣，每當她覺得哪裡需要什麼或是有人開口求援的狀況，她的反應都是退縮。不過，當她察覺到這種心態讓她變得如此卑劣又封閉的時候，她決定要聽從課堂裡的建議，遇到這種狀況時的反應是伸出援手，看看會是什麼情景。

　　在她某一次的按摩療程當中，發生了她實驗過程的重大突破。她的按摩治療師康斯薇拉，是獨力撫養兩個小孩的單親媽媽，她剛從哥倫比亞回來，探視罹癌病危的母親。她與雪莉就像往常一樣閒聊，她說希望接下來這幾個月還能回去再探視一次，雪莉問她機票貴不貴。

　　康斯薇拉說就算得用信用卡預借現金，她還是會想要回去一趟。我想到了我累積的那些飛行常客哩程，當下就決定利用它們送機票給她。能夠做這件事讓我好興奮。當我把自己的想法告訴她的時候，她立刻感激大哭。這舉動讓我好開心，那一天是我一生中最美好的時刻之一，當我想起自己做那件事的時候，心中依然有滿足感，我了解給予的感覺真棒，真的好愛！

　　不管是美麗還是實用的物品、我們的時間，或是鼓勵話語——我們得到的回報，至少會等同於我們的付出。耶穌說：「你們要給人，就必有給你們的，並且用十足的升斗，連搖帶

按，上尖下流的倒在你們懷裡：因為你們用什麼量器量給人，也必用什麼量器量給你們（路德福音六章三十八節）。」想像一下祂所說的那種穀物滿溢的畫面，將是一幅豐足的美麗景象。當我們給予別人的時候，我們得到的回報不是相同的量，而是滿足感。對於回報的類型，你可能得要放下一些期盼——你可能給了某人漂亮的物品，而他們給你的回報是其他形式的愛意。要是你找尋的是賜予舉動在自己內心所產生的喜悅，那麼你已經得到了充足的回報。

奉獻之價值是藏傳文化的基礎之一，在他們的眼中，慷慨與快樂是一體之兩面。每年冬天，成千上萬的西藏人從家鄉出亡，到達印度的菩提迦耶，也就是佛陀悟道之處。他們有機會能夠聽到他們的靈性導師達賴喇嘛的親自與談。由於大家都知道這些流亡者的本性有多麼慷慨，所以這裡也會看到來自印度最貧困地區的乞丐。我甚至看過那裡最窮苦的西藏人也樂意分享他們自己所擁有的部分，遠比大部分造訪的有錢西方人更樂

感受慷慨

給自己一個禮拜的時間，一出現慷慨念頭的時候，就立刻展開行動。當你採行善舉的時候，注意體內的不同感覺，還有心中的思緒。遛狗的時候，感受自己給予了什麼，為某人開門的時候，感受這股動力所帶來的圓滿感受。要是出現任何阻礙的念頭，以正念態度注意觀察，但不要做出任何評價。屏息入心，然後釋放，讓它奔向慷慨精神。注意造福他人時所伴隨而生的美好感覺，感受慷慨的喜悅。

善好施。要是你能夠明白給予的價值，那麼就算是只有一小口的食物，你也會分享一些出去，這是佛教的基本教義。這些流亡者深刻了解這個道理，他們並不會把自己的慷慨行為當成一種犧牲，而是某種快樂的泉源。

我們能夠以自覺方式培養這種慷慨的特質。佛教經典提到了三種給予的形式，它們以循序漸近的步驟，點出了以開闊心胸增進快樂的方式。第一種就是著名的「貧窮贈與」，也許你的衣櫃裡有些東西已經積累了多年灰塵，幾經思量之後，你終於決定要送出去。雖然這個舉動清出了一些空間，能夠容納新衣服，但是你依然覺得揪心，擔心哪天可能會需要它。第二種是「友善贈與」，要是你的珍品已經夠多了，或是送出一些自己愛用的物品也覺得無礙，於是決定送人。這種贈與比較有趣輕鬆，而且完全沒有犧牲感。最高貴的慷慨行為是「國王或皇后的贈與」。你把自己相當珍愛的東西送給他人，即便是自我犧牲也一樣，我在旅行時曾在某些文化中見過這樣的慷慨行為。我馬上就學到了千萬不要讚美什麼東西或衣物，因為無論擁有者多麼窮困，我很可能立刻就成了受贈者。

教義建議我們，無論我們身處在光譜的哪個地方，都可以立刻開始修習慷慨行為。如果你在清理自己的衣櫃，將東西贈送給二手商店，你會責怪自己是個「貧窮贈與人」，但你可以轉念，關注的焦點是將東西分享給有需要者所產生的正面感覺。要是你被迫擔任孩子學校的義工，即便是負擔，也許可能可以找到你因為自己的付出而感到愉悅的時刻。慢慢地，當你關注的是付出的感覺有多麼美好的時候，就能強化並厚實慷慨的力量。

對生命付出

　　佛陀有一些竭誠追求靈性的富有施主。其中一位名叫須達多，佛陀教誨他的比丘，講述放下對世俗之物牽繫的善德，須達多聽得專注，這樣的概念讓他深受感動，但依然很疑惑，所以這名富豪去找佛陀，詢問是否該放棄所有的財富，就此絕世成為僧侶。佛陀這麼回答他：「擁有財富，並以睿智方式運用錢財的人，是人類之福。」他鼓勵須達多實踐自己的天命，你不需要為了要展示慷慨，送出自己的所有物質財富，你可以妥善運用它，讓自己成為善之渠道。

　　蓋茲基金會做了許多善事，主要是提升全球的健康與教育。要是比爾‧蓋茲與梅琳達決定要出家的話，很可能並不會發生這一切的美善。

　　無論我們是擁有大量抑或是一丁點的物質財富，我們都有超越物質資產的個人財富。心理學家馬汀‧賽利格曼強調真正的快樂來自於了解我們的力量，並且分享給這個世界。他把類

接受慷慨的贈與

　　在修習慷慨的時候，要記得把自己也納入受贈的範圍之中。要是你覺得對別人慷慨，卻覺得自己過度耗損的時候，只要是任何人對你展現慷慨或是體貼舉動，那就大大方方、完全接納他們的善意。當你知道展現慷慨的感受感覺有多麼美好，自然也能夠想到這一點，接受別人的慷慨，等於是讓別人體會贈與的喜悅。

似熱情、勤奮、勇氣，或是領導力之類的特質稱之為「個人正字標記的力量」。

　　無論我們擁有什麼天賦或技能，予以分享是一種展現慷慨的重要形式——而且這種能力也需要我們放下那些恐將阻礙我們的虛假故事版本。誠如瑪莉安‧威廉森在她的作品《愛的奇蹟課程：透過寬恕，療癒對自己的批判》所說的一樣：

　　　我們自問：我聰明、漂亮、才華洋溢、厲害，是要擔任什麼樣的角色？其實，如果你**不是**這樣的話，又要擔任什麼樣的角色？你是上帝之子，要是把自己作小了，就沒有辦法服務這個世界。

　　分享我們的各種天賦，是一種效果可達數倍，很可能超過我們想像範圍的慷慨行為。威廉森作出了總結：「當我們從自己的恐懼中得到解放，我們的存在也就自然而然解放了其他的人。」

　　當你全部放下阻礙你完成自身使命的那些「如果」、「而且」、「但是」之後，你就進入了隨心所欲提供自身獨特資源的付出喜悅之中。就像佛教大師寂天菩薩所說的一樣，靠著這種方式，你就可以「跳脫貧窮，進入對生命付出的富有狀態」。

　　誠如我們所見，通往喜悅之心的放手，有諸多的面向。放手是一種通往簡純、讓我們的心靈與實際環境擺脫複雜的轉化過程——釋放我們其實不需要的東西，比方說物質、塞了太多事項的行程表、期待、不適合自己的故事版本。體驗這種放

手、滌清、產生巨大幸福感的過程。不只是放下額外負擔，而且還能夠將自己擁有的分享出去，我們可以看出這感覺有多麼美好。放下就像是割野草，當你清除了野草之後，就創造了更多讓我們得以看見與享受美麗的空間。同樣地，當我們放下自己的多餘物品——無論是物質還是心靈的紛亂狀態——就會提供我們容納創意的空間，還有花朵綻放的完全可能。

放手吧

對計畫或夢想或是期待的執念——全都放下吧。
保留氣力，隨著潮浪游泳。
選擇與當下奮戰，
只會產生掙扎、恐懼，以及拚命想躲開明明是自己渴望的那股能量，放下吧。

全部放下吧，隨著沖刷你每日生活的恩典而行。
無論是你可以溫柔收納，抑或必須舉起全部翮羽抵抗入侵的都一樣。
相信這件事：心靈可能永遠找不到它尋索的各種解釋，但你會逐漸朝它趨近。
放下吧，浪尖將會帶你到達未知的海岸，
遠遠超過你最狂野的夢境或目的地。
全部放下吧，找到休養與平和，還有某種轉變的地方。

——達娜・佛德斯，《深入再深入》

愛自己之樂

以心細審一切，無人比己更親

—— 佛陀

《雜阿含經》

　　在我小時候，某種詭誕的幻想經常讓我心煩意亂。我想像自己在出生之前，與數不盡的一排排櫃架靈魂在一起，等待被挑選投胎。有一隻巨大的手——來自上帝或祂的重要助手——伸了過來，本來要挑的是我隔壁的靈魂，但卻搞錯把我揪出去。所以我根本就是個徹頭徹尾的騙子，根本不該出現在此，純粹只是意外罷了。每當這畫面浮現腦中的時候，憂心的感覺就會一直縈繞不去，我怕自己會被找了出來，然後送回去。

　　雖然我在一個可愛的家庭中長大，但內心經常感到寂寞又害怕。身為外向家族裡的唯一安靜成員，這種環境無法平撫我的恐懼。我的姊姊長得很漂亮，還擁有能夠讓滿室生光的個性與機智。我卻是相反的對比，胖嘟嘟，戴眼鏡，害羞又沒有安全感。看著我爸爸、媽媽，還有我姊姊全都浸淫在妙語連珠的歡樂氣氛之中，是我很熟悉的童年記憶。我多次經常默默低聲講話參與討論，但似乎沒有人注意我，我會躲進浴室掉淚，心想為什麼沒有人願意與我講話。

　　當我十幾歲的時候，我覺得自己長相慘不忍睹，看到鏡中自己的時候，真的會面容抽搐。大人都說我「可愛」，這是我最不想聽到的話。我姊姊好心向我保證我很好，大家都喜歡我，但我不相信，無論我從別人那裡得到了多少的正面反饋，我就是擔心自己在大家面前「顯得」不夠好，它成了一路伴隨我剛進入成人階段時的熟悉同伴。我覺得自己是魯蛇，沒機會成為我夢想的嬉皮男。一句話，我不喜歡我自己，要是有人告訴我的確有可能真正愛自己，我才不信。

　　在我面對數千名學生與客戶的經驗當中，我很少遇到可以輕鬆愛自己的人，我聽到的話主要都是：「要是我……」接下

來接的話就是「更瘦一點、更強壯一點、更仁善、更聰明、更冷靜、更成功就好了」的各種變體。我們評量自己，通常是基於與別人比較的結果，或是我們自己採納的某些典範或標準。要是我們天生捲髮，我們就想要直髮；要是藍眼珠，我們就想要褐色的眼珠。如果我們天生安靜，就會盼望自己是跑趴常客；如果我們脾氣不好，就會以為要是自己個性平和有耐心，人緣就會變好。除了看自己百般不是之外，我們還添加了另一層的苦，我們封閉心靈，看不到自我。這是我們經常陷入的困境：我們抗拒自己的本質，但狀況就是如此。就算我們再怎麼努力，也無法變成別人。

在我一開始帶冥想課的那幾年當中，與某些最睿智、最有天賦的導師們同台發表談話，總是讓我因為殘忍的比較而崩潰。喬瑟夫・高登斯坦會以充滿深度與智慧的清晰話語鼓勵學生；傑克・康菲爾德的特色是將迷人又感人的魔咒，與警世故事和激勵話語交織在一起。雪倫・薩爾茲堡則是以她的引導式慈心冥想，讓學生們淚流滿面。接下來，輪到我的時候呢，我非常清楚，如果我還是學生的話，我會盼望這臭小子下台，如此一來就能讓資深導師繼續講話。

我絕望至極，找到了我先前的導師拉姆・達斯，想知道他能否提供我任何建議，的確有。「別想當下一個喬瑟夫・高登斯坦，」他說道，「已經有一個了，你只要盡量當最好的詹姆斯・巴拉茲就是了。這世界只有一個獨一無二的你，如果你就只是當自己，看看你能夠給學生什麼，結果會是如何？誰知道？搞不好你會很喜歡呢。」

這世界只有一個獨一無二的你，要是你願意成就最好的自

己，搞不好你會很喜歡呢，最後也許會愛自己。

對於許多人來說，愛自己的概念似乎是遙不可及。不過，你要是知道如何愛別人，那你一定知道要怎麼愛自己。試想一下愛某人的感覺，比方說，當我想到我們的兒子亞當的時候，我的心就會自然變得開闊。我很清楚他各種特質綜合而成的獨一無二個性——對於心靈運作的無止境好奇心、淘氣精神，與他的溫柔恰成平衡；他所自稱的「毛躁」迷人性格；從心底散發而出的真正良善。雖然這些古怪的特點有時候會讓我發瘋，但要是我把它們放在他的良善與潛力的更寬廣情境之中，似乎也變得很可愛。要是我只關注負面的事，那麼我就會失去接觸一切令人驚嘆的美好事物的機會。無論如何，我對他的愛就是存在。

愛自己的秘訣就是要以這同一種的愛對待自己——愛與接納整個自我。

接納自我與愛自己的能力，未必能夠迅速或是輕易培養而成。從兄弟姊妹、老師、六年級的惡霸、澆冷水愛人的那些負面聲音，依然會在我們的心中迴響。無論我們有多麼豐富

你是唯一

想像你遇到一個聽到你笑話會哈哈大笑、與你品味類似、真正懂得你對世事會作何反應的人。這個人也知道你的缺點，明白你的恐懼。簡而言之，這就是一個十分了解你的人。你會有什麼感覺？很可能超興奮！全世界只有一個人能夠完全符合以上的描述，而此人就在你的身體裡。

的正面思維，但我們的腦袋就像是瑞克・韓森博士所說的一樣：「宛若吸黏負面經驗的魔鬼氈。」就算是貌似微不足道的事件，也可能會留下深刻烙印，影響了我們的自我概念以及擁抱自己的能力。

　　學習愛自己，是一種必須要靠時間慢慢演化的過程。一開始的時候要放棄自我批評，寬恕自我。在第五步驟當中，我們曾經檢視原諒自我的過往行為及其背後的困惑。而我們這裡要自我原諒的是讓我們持續受困、無法盡善盡美的那些習慣與行為態度。我們要因為原諒身體，因為它們的外觀或是功能未如人意；我們要原諒我們的心，因為它的散漫或是不夠聰明；我們要原諒自己的人格特質，因為不夠靈巧或不夠有趣。

　　當你不再關注自己不欣賞的部分，開始把自己當成獨特、神奇、不斷變化的個體，就能讓你最好的部分發亮閃耀，而它的光芒將會照耀全世界。

感染愛

　　印度靈性大師美赫・巴巴是這麼說的：「愛基本上就是一種自我溝通，無愛之人從有愛之人那裡感染到了愛。」我們內存之愛的能力，透過接受他人的愛而被喚醒。就算我們堅信自己從來沒有體驗過愛，比方說前一章的瑪莉安就是一個例子，但若這種狀況為真，也只會出現在少數人身上而已。我們當中的絕大多數──就連那些為了要在童年恐怖環境下生存，必須建立個人防衛的人來說──這一路上總是會接受到來自某處的愛，不論是父親母親、關懷的老師、和善的親戚、忠心耿耿的

寵物都一樣。不過,要是我們不願認知與接受那種愛,就會阻礙我們給予自己愛的能力。

對我來說,我「感染愛」的某個轉捩點,而且是真正將它擁納入懷,出現在六〇年代的某次共通「體驗」之中。我當時待在紐約法拉盛的自家公寓裡,時值一九六九年,迷幻藥革命的高峰期。我就和那世代的許多人一樣,我尋覓改變,從現在的自我痛苦中完全解脫。我渴望歸屬於某種更偉大的事物,某種盈滿愛與喜悅的事物,而反文化的社會精神革命給了我希望。在那個年代,冥想與其他更基本的探索心靈的方法還沒有進入到我們的文化裡,化學藥品似乎主掌了我在尋索事物的關鍵。某個夜晚,在沒有深思與多做準備的狀況下,我使用了LSD(一種強烈的致幻劑與興奮劑),迫不及待想要發覺它會帶引我到什麼地方。很不幸的是,居然是地獄邊緣。雖然那次經驗是我人生的轉捩點,但我要說這真是轉化的某種冒險策略。與我認識的其他人相比,我相當幸運,還是想盡辦法從地獄歸來——但這不是靠我一己之力,這也打開了我的心房,讓我得到了重大頓悟。

我無法以文字描述那晚的私密惡夢,但回想起來,我還記得一切——內在與外在都一樣——拚命在旋轉,速度之快讓我根本沒有任何著力點。我身處在一片未知領域,沒有任何的指引或智慧可以依靠。我覺得我在太虛世界的邊線搖搖晃晃,馬上就要被某種無以名狀的可怕狀況吞噬。我知道自己快瘋了,當大家提到「慘絕人寰」的時候,我可以老實說我懂那是什麼感覺。

我不知道有沒有人聽得見,但我開始大叫求救,在隔壁房

間的室友與他的女友，立刻過來成了我的救命恩人。他們抓住我的手，一人各據一邊，那段時間宛若有一輩子之久。

我不時大吼：「不要離開我！不要離開我！」

他們不斷告訴我：「別擔心，我們哪裡都不去。」

他們頻頻向我保證他們都在，一定會留下來，我內心出現了某種不太熟悉的感覺：開始慢慢讓自己打開心房，接受他們的關愛與照顧。我並沒有覺得彆扭或是自己不值得，反而讓自己接受他們給我的暖意與支持。在某個時候，我突然想到，這兩位是我認識也尊敬的人，他們花時間陪我在一起。這個念頭讓我內心的某一塊區域發生轉變，抗拒沒了，愛與連結變得好自然。更重要的是，我不再覺得自己配不上——這對我來說是徹底翻轉。

第二天，藥物的影響力已經消散，我面對的是冷靜但卻令人雀躍的領悟——這是我有生以來第一次直接質疑自己的信念——我哪裡一定有問題，不值得別人愛我。如果這是真的，那麼這些朋友怎麼會這麼關懷我？

接納朋友的愛，真的喚起了我心中對自己的一點點愛。後來，那一天我經過玄關鏡的時候，我停下腳步，望著鏡像中的那個人。看到眼前的畫面，我依然不是很開心，但我對於自己所見到的一切卻有了不同的反應。一抹淺笑似乎帶有某種幽微的暗示，也許我沒有那麼糟，也許內心至少算是有一點點喜歡的感覺吧，而這就是起點。

改變焦點

我們大家都可以在自己身上找到至少是喜歡的特質，不過，從喜歡到熱愛可能是漫長的一大步。這兩者其間的差異是什麼？我們要如何採行那個步驟？在多年以來的課程當中，我曾經看著某位名叫艾莉西亞的女子，慢慢達到了那樣的移轉。我第一次遇見她，是在某場冥想靜修的預定會談時段。她的活力與光芒立刻就讓我眼睛一亮。當艾莉西亞說出她在劇場界工作的時候，她在鎂光燈下如魚得水的模樣，當然不難想像。當時我並不知道她站在舞台那股喜悅而伴生的痛苦。當艾莉西亞繼續找我擔任她的冥想導師與心靈諮商，我才了解到強烈的自我評斷已經滲透到她的生命之中。

在接下來的這幾年當中，艾莉西亞持續寫日記，當作是療癒過程的一部分，她最後寫出了一篇以追蹤她日記為主題的碩士論文，提出了以下的省思：

> 我發覺我的人生一直在拿自己與別人做比較。速度要快一點、要更美、要更聰明、更有創意、不能太衝動，這項清單越來越長。我太痛恨自己，所以只能緊抓不放虛假人設、成癮藥物與行為態度，只要能夠避開自我憎惡的深層結構，什麼都不成問題……

艾莉西亞告訴我，其實她並非一直都如此，七歲之前，她的童年一直是「無聊又嚴肅」。不過，當她父母離婚之後，他們留下了「某種我無可名狀的空虛」。我跟我們社會中多數人

的做法一樣，開始尋找填補那種空虛的各種方式。其中之一是尋求食物的慰藉，這一招根本行不通。

「我開始把自己的身體視為敵人，」艾莉西亞在她的日誌裡寫道，「久而久之，一直累積到了中學，自我憎惡的狀況更是雪上加霜。」要是她沒瘦到四十五公斤、看起來像是凱文・克萊的女模特兒，她就會痛恨自己的身體；除非在班上拚到名列前茅，否則她就會認定自己不夠聰明；要是某齣戲劇擔綱的角色不夠搶眼，那就表示她天分不足。

在她高一快要結束的時候，她壓力過大，覺得自己真是個廢人，開始暴飲暴食，然後又不吃東西。她的心中老是有一長串的自我評斷誦經文：我討厭我的肚子、我太具侵略性、我一直很沮喪、我對自己深惡痛絕。

也許你自貶的程度不像艾莉西亞這麼嚴重，但也許你也有自以為的缺點誦經文。也許你覺得自己對待伴侶或子女耐心不足而羞愧，或者是因為臉上長滿了青春痘，不然就是與哪個朋友或同事的精采表現相比，讓你覺得自己很沒用。因此，你可以隨隨便便就編出討厭自己的理由，最後，就像是艾莉西亞一樣，只關注哪裡出了問題。

還是有好消息：我們不需要為了愛自己而喜歡自己的一切。在泰國出家的美國高僧阿姜・蘇美多是這麼說的：既然你在學習愛自己，那麼就不需要「佯裝贊同自己的缺陷」。你不需要「繼續對其抱持反感態度」就是了。不要繼續陷在評價與自我憎惡之中，這只會滋長你的負面心靈狀態，你可以把有關自我的焦點轉移到更正面的方向。對於艾莉西亞來說，那種轉變就是開啟心房，迎愛入懷的起點。

　　艾莉西亞下一次面會的時候，神情沮喪無望。「我知道我應該要練習對自己仁善，」她開口，「但我沒辦法假裝愛自己的身體，我就是不愛。我希望自己變得不一樣，而且我跨不過那一關，覺得自己好愚蠢。」

　　我自己很清楚那種感覺，也明白她所感受到的那種心牢。

　　「艾莉西亞，」我柔聲說道，「妳完全不需要偽裝，但要是妳只關注自己不喜歡的東西，那麼就切斷了看到妳自身其他美好良善部分的機會。」

　　我把我同事傑克・康菲爾德愛掛在嘴邊的某個故事說給她聽。非洲南部的巴本巴人有一種可以面對部族成員個人缺點的方法。萬一某人行事莽撞，他們就會把此人帶到所有村民的面前，大家放下手邊工作，聚在一起舉行某項持續數天的儀式，傑克在他的作品《原諒的禪修》當中娓娓說出了這個故事：

> 然後，部落裡的每一個人都會對被控訴的人講話，一次只有一個人開口，大家會回憶站在圓圈中央的這個人曾經做過的善事。每一個事件、每一種體驗都可以講得鉅細靡遺，大家會仔細講述此人所有的正面特質、善良行為、強項、仁慈表現，滔滔不絕。

　　當儀式結束之後，每個人都在歡慶，擁抱那個人，歡迎他再次成為部落的一員。我講完這故事之後，艾莉西亞依然保持靜默，陷入了沉思。過了一會兒之後，我說道：「要是妳得為自己做出相同版本的舉動，而且要把焦點放在有關妳值得讚揚的所有良善面，妳會說些什麼？」

　　我請她閉上雙眼，讓她沉澱自己的真我入心。

　　「現在，讓妳自己成為其中一名村民，將艾莉西亞在她短短一生當中做過的好事全說出來，還有妳在她身上看到的美好特質。」過了幾分鐘之後，我看到艾莉西亞臉龐出現一股溫柔之情，淚水潸然落下臉頰，她開口了。

　　「她好貼心，只是想要看到每個人都開開心心。她很善良，而且充滿創意。」

　　「現在讓妳自己沉浸在那些美好的感覺之中，當那些仇恨自己身體的思緒出現的時候，試試看能否稍微轉移一下焦點。當你在練習這種觀點之際，可能就會開始把這個人視為值得妳愛的人。」

　　就連這種微敞心房，看見我們內心美好的舉動，都能夠打破自我批評一輩子的模式，將心靈導向存於己心的美善，我們就不會繼續灌注負面思維，開始將我們的正面特質導引到我們的生活之中。當我們開始採取這種行動之後，就會孕育出一種看到自己的全新方式，所以，久而久之，我們內心以往那種貶低自己的聲浪，就會被其他仁善支持的聲音所取代。

給予真誠又有用的讚賞

　　對自己說「你很厲害」、「你很棒」恐怕算不上是愛自己的最有效方法。會有個微弱的聲音說道：「未必每次都如此。」然後你心底會有一種擔心自己遲早會被發現真相的痛苦感。有效讚美自己，必須要認識自己為什麼這麼棒的特點。你能夠越詳細描述自己所欣賞的特質，就越能夠運用自身天賦貢獻給其他人，利用自己的資源去面對挑戰。

　　史丹佛大學的心理學家卡蘿‧杜維克在她的《心態致勝：全新成功心理學》一書中，曾經提到了她所稱之為的「成長型心態」，以及與其對比的「固定型心態」。當我們說出「我真棒真厲害」的時候，是在激發某種固定型心態，也就是說，我們自以為已經無所不知。所以當我們遇到挑戰的時候就會輕易放棄，我們會躲避可能會產生助益的負面批評，我們會以負面角度拿自己與他人比較，當我們聽到厲害的人有厲害表現的時候，我們的心情變得更惡劣。最後我們看到的是自己哪裡有問題，而不是我們欣賞的特點。

　　抱持成長型心態面對挑戰的時候，你會對自己說：「我還在學習，我可能沒辦法做得完美，但我在努力學習如何達標。」當我們聽到批評的時候，我們會這麼說：「謝謝你讓我知道這一點，我會根據你的建言作為下次改進的基礎。」別人表現優異，會讓我們大受鼓舞。「因為他們給了我前進的動力，我也想要見賢思齊。」最後，擁有成長型心態的人更可能發揮更多潛能。

　　如果你想要讚賞自己，或是鼓勵別人讚賞他們自己，你就該這樣做，讚美努力、選擇、策略，而且要講出具體事項。當你做出這種舉動的時後，就是在告訴自己的大腦：「要經常如此，這一點很重要，未來要謹記在心。」你在「激發喜悅」課程中學到了許多策略，只要運用其中任何一招，都要給予自己讚美，提醒你的大腦，所以將來可以繼續選擇合適的策略。

──Ｍ‧Ｊ‧萊恩
《感激的態度》作者
二〇〇八年，柏克萊的激發喜悅課程

為我們自己播下愛的種子

「激發喜悅」線上課程的某名學員寫道：「我真正想要的是感受某名聖人的愛，就像是蒂帕嬤，一種寬廣到可以原諒與擁抱世界各地風暴的愛。」蒂帕嬤是住在加爾各答、性格單純的著名冥想者與靈性導師，只要她在現場，就會散發強大慈悲力場，讓人感受到無邊無際的愛。不過，這位偉大導師自己卻說大家都有能力展現這樣的愛。要是我們能夠成為把這種愛給自己的人，而不是等待別人過來給愛，那麼我們該怎麼做才好？

如同蒂帕嬤的教誨一樣，愛的能力內建在我們每個人的心中，而且我們可以透過慈心的練習喚醒它、培養它，慈心或是metta所指的意思就是散發仁慈、祈願祝好而不求任何回報的

細看自己的模樣

花一點時間待在鏡前，仔細凝視你在另一頭所看到的鏡像，注意可能會出現的評斷或是慣性反應。你不要相信這些說法，或是繼續加油添醋，只要有所體認，任其消失就是了。以誠心誠意的態度，大聲對自己說出你自知的良好特點，至少要有三項。比方說，你可能會這麼講：「你真的很在乎別人」或是「你是很棒的舞者」。不需要太勉強，光是一點點的自我讚賞就是很好的開端。當你認知到自己的正向態度之後，注意身心之內有什麼感受，要確定自己必須暫緩下來，好好沉澱。

慈心……的定義是盼望別人健康快樂的強烈祝願。這並不是佛教徒的獨特概念，在基督教之中，這種無條件之愛的說法令人驚嘆，而猶太教的慈悲（rachamim）則是鼓勵我們給予他人的愛，也包括了同理心與關照。伊斯蘭教也表達了同樣的愛之典範，mahabba 此一字詞的意思表示給別人與聖神的靈性之愛。

——瑪西・許莫芙與卡蘿・克萊，《快樂，不用理由：練習・七個由內而生的快樂法則》

心理狀態。要是你沒有感受到愛的話，它可以幫助你把愛喚醒，如果你已經有感的話，它可以深化與放大。一開始的時候，我們從自身開始，然後繼續開展我們的心胸，納入所有的生靈。我們習慣的修習方式是透過冥想，以默唸某些字句的方式，將愛的思緒直接導向我們自己或是別人。向自己傳達慈愛的一般字句包括了：願我過得開心、願我心境平和、願我活得從容自在。每一次當我們說出這些話的時候，就埋下了終將綻放為愛的種子。

當我一開始學習慈心的時候，所得到的教誨是除了重複這些字句之外，以相關方式發揮想像也會有幫助。當你說出願我過得開心這句話的時候，也許會出現一個自己帶有發光之心的具體畫面。當你說出願我心境平和的時候，可能是想想自己在大自然健行，或是在陽光燦爛的午後全然放鬆。當每一幅畫面出現的時候，我都會發揮想像，與那句話相關的思緒與感覺，灑遍在那幅自我圖像。只要真正幸福的強烈情緒一湧現，就讓自己沉浸其中，接納送給自己的愛。

我們越能全心接納這些簡單美好祝願的意義，它們的效果就會越強大。當我們敞開心胸，接受送給自己的祝願，很可能會成為某種深刻的轉化。在「激發喜悅」課程中，我把慈心介

紹給學員，練習方式就是溫柔說出不同的話語，鼓勵他們自言自語重複這些字句，感受與接納它的意涵。某堂課結束之後，珊蒂寄了一封信給我，提到在那堂簡單的冥想課之中所發生的狀況。

> 當那些話語說出口之後，我讓自己沉浸在每一句之中。沒有分析，沒有思索，純粹就是送給自己的簡單滋養訊息。對自己的一股強烈慈悲油然而生，然後是對別人的慈悲感。自此之後，只要我對自己說出那些話，我經常如此，都會感到相同的滋養、慈悲，以及快樂的感受，宛若一股流經全身的暖意，某一晚的體驗改變了我的一生。

當自己就是了

慈心練習通常會先從自我寬恕開始，我們給自己的暖心感受的所有障礙，它能夠幫忙清除。當我詢問某堂課的學員最需要自我寬恕的是什麼的時候，我得到了許多回應。大家似乎很容易就知道自己的缺點，能夠在學習愛自己的脈絡之中，詢問這樣的問題真是太好了！以下是某些答案：

- 當我最需要仁慈的時刻，對自己很嚴厲。
- 對某些事怯懦，還沒有開始就放棄。
- 非常堅持己見。
- 對別人發飆。
- 靠食物壓抑情緒。

- 做出糟糕的抉擇。
- 不夠完美甚至不夠好。

　　在調查當中，最後一項出現的頻率之高，令人心驚。追求完美主義的傾向很殘忍，而寬恕需要我們放下自我評量的所有理想化標準，而這就是如果你想要寬恕與愛自己的起點。在我帶的那一堂「真正可怕行為」的靜修課當中，我領悟到大家都竭盡全力，讓我看到這種朝完美邁進的驅力是多麼嚴重的誤解。要是我們當中有任何人能以不一樣的方式長大成人，那麼我們早就有「更多完美」之人了。

　　話說在七世紀的中國，三祖僧璨大師曾說，過著「何慮不畢」的生活是真正快樂的關鍵。我們不需要拋卻自己的缺點之後才能夠愛自己，把不完美當成我們共通的人性特徵之一，不需要把它視為個人的問題，我們可以一起把它當成可以從中學習的恩賜。雖然寬恕自己就像是修習慈心一樣，需要耐心，但我們撒下的種子一定會根據其所需的時間，開出茂盛花朵。

寬恕自己

　　這是你能夠成為完整自己的唯一機會，讓自己在真我之光下生活的獨一無二的時刻。完美主義不會是任何事物的必備前提，只會帶來痛苦而已。拜託，哦千萬拜託，千萬不要繼續相信你懷疑的信念，今天就是你的覺醒之日。

——達娜・佛德斯
摘錄自《深入再深入》之「立刻覺醒」

接納整體的自我，也就是對於我們自己難以令人接受的部分要抱持慈悲。我們現在的做法，就是在第四步驟時所提到的抽掉第二支箭：當我們生氣的時候，不要對我們的怒氣發火；當我們害怕的時候，不要對我們的恐懼感到害怕；當我們覺得嫉妒或心胸狹窄的時候，也不要陷在譴責自己的情緒之中。你當然會犯錯，但不需要把寶寶與浴缸裡的水一起倒掉。抱持諒解與慈悲，當自己就是了，原諒自己，就像是你會原諒竭盡一切努力的別人一樣。

透過愛之雙眼

多年前我敞開心房，接受朋友們的愛，劃下了一大里程碑，它固然很重要，但那只是開端而已，它最主要的影響力其實是消減了我的自我評斷。不要貶低自己是一回事，但真正為自己的本質感到開心卻又是另外一回事，而我還得要好好努力。通往愛自己的那道門開了一道小縫，我要找出讓它能夠完全開敞的方式。

在某次以慈心練習為主的禁語靜修當中，這種重大改變又出現了。我跟隨指示，認真坐在自己的房內長達好幾個小時之久，一開始的時候，我對自己發出關懷的祈願：願我平安無恙、願我過著快樂生活、願我健康、願我得到內心平靜。我知道過了幾天之後，我們將會進展到對別人表達慈心的階段。

經過了三天持續不斷的慈心階段，我必須承認自己的確體驗到某種仁善的自我悅納，以及對自我的友好讚美……但除此之外，什麼都沒有。「好吧，」我當時心想，「這就像是『至

上女聲』的那首歌一樣，〈愛不能急〉。」雖然我覺得過程無聊，讓我有點受挫，但我相信我在每一個階段都為自己埋下了慈心的種子，最後一定會開花的。而我不知道的是那些呆板重複的日子卻帶引我到達了我尋索多時的大門——而它就在我身邊。

當我坐在那裡，秋日陽光穿過葉縫進入了我的房間，我發現自己正在思考的是，通常別人覺得我們可愛，會比我們覺得自己可愛容易多了。要是我們能夠以他人的眼光看待自我，我心想，愛自己就變得容易多了。我決定要來做一個實驗，如果我努力以別人的目光來看待自己的話，又會怎麼樣呢？

我開始自問：誰真心愛我？突然之間，我看到了某個朋友的畫面，他對我的愛堅強不移，當他在我背後的時候，我可以看到他開心的笑容，而且也能感受到他開闊心胸所散發的熱情感染力。我接受那樣的愛，開始在心中感受到某種輕鬆又振奮的力量。

我繼續實驗下去，問我自己：他為什麼會對我有那種感覺？他到底看到了什麼？我開始想像把自己當成了他，以他的視角看待我自己。我不費吹灰之力，感知到那股積極擁抱他人的仁善、熱愛歌唱與喜歡找樂子的淘氣個性、喜歡看到別人綻放光亮的好心腸、勤勤懇懇進行靈性修習的多年歲月。我不需要扭捏或假裝，只需要花一些時間沉澱自我，就真正「了解」到我朋友之所見。

就理智面而言，我很清楚自己的這些事，這些特點我並不意外。不過，當我透過我朋友的角度看到自我的時候，就再也不會出現那種我老愛對自己使用的「是沒錯……不過……」

句型。突然之間，我懂得真我的本質。「詹姆斯式」的獨特樣貌，以一種我從所未見的方式變得清晰可見，我並非只是一些正向特質與「是沒錯……不過……」的綜合體，這個整體比各部分的總和更偉大。我開始有了體悟，現在看待我自己，也就是我朋友眼中的這個詹姆斯，已經夠清楚了──其實，我所認清的部分不只是自我而已，這是真誠與深刻的自我之愛的一刻，二十七年前的那個重大之夜，我終於打開心房容納了朋友的愛，就此啟動了某一動力循環迴路，而那一刻到來，終於讓這個迴路變得完整。

我還領悟到另一點，以這種方式的愛自己並不是一種自負之旅。雖然我做了某些決定，得以讓我自己培養出某些我珍惜的生活方式，但我不能將其歸功於自己的本質。基本上，「當詹姆斯」是某種水到渠成的生命自然體現，我打破了自我評斷，懂得自我真正特質的美好與驚奇，而這是每個人都具有的相同真誠本質。九世紀的黃檗禪師曾說有可能「在倏忽一瞬之間」領悟到自己的本質與自我，而且它的重要性很可能遠遠超過你的想像。

透過朋友角度所看到的自我特質，我一直記掛心中，讓自己的覺知慢慢回到了自己身內。現在，花了一些時間播撒愛之種子之後，已經開花結果，當我說出那些字句的時候，裡面充滿了甜美的愛之能量。我誠懇發善祝福自己幸福，而且終於覺得自己無愧於心。

奧立佛‧溫德爾霍姆斯曾經寫下這麼一段話：「被嶄新思維所延展的心靈，絕對不會皺縮為原來的尺寸。」自那天之後，某些改變就此永存。我在自我之外尋索愛與圓滿多年──

> 願你能夠利用上帝每一刻看待你的那種歡喜、驕傲，以及期盼，看待自己。
>
> ——約翰・歐唐納休神父

愛別人、在別人身上尋索愛。現在我終於明白，除非我真正愛自己，不然的話，就算我從「外在」得到了再多的愛，也無法吸納進來。

在「激發喜悅」課程當中，我邀請學員進行與我當年在靜修時的相同練習。對於某些人來說，光是承認自己的優秀特點就已經是一大挑戰，不過，真正緊繃的時刻是當我要求他們面向某位附近的同修，大聲說出自己看到的自我優點的那一刻。一開始的時候，大家都很不自在。許多人一想到要對別人說出自己有哪裡好就開始扭捏不安。不過，過了幾分鐘之後，課堂內的氣氛就因為熱情而變得輕鬆多了。

以愛看待自我

想出一位真正愛你的人，把自己想像成那個人，然後透過對方的角度看待自己。從那樣的觀點，你看到了自己的哪些特質？停下腳步，好好沉澱自己所看到的一切。

現在，將你的視角拉回來，感受一下你自己擁有這些特質是什麼感覺。要珍惜，要開心，把它們寫在你的喜悅日誌裡面，分享給你的「喜悅之友」或是某個你信賴的朋友。花一個禮拜的時間，在每天早上的時候，都要提醒自己回想那些透過愛之雙眼所看到的自身特質。

我們的人生織錦

　　歷經了轉化體驗之後，我必須對於自我認識重新定位。我的念頭不再是「我全身上下都是缺點，但也有一些優點」，我知道應該是「我很好，只是有些缺點」。久而久之，這種溫暖柔軟的愛終將駐留我們的心中，面對比較難接受的自我部分，就像是在擁抱某個飽受折磨的孩子一樣。

　　這所有的「我們是哪裡不對勁」小光點，很可能會被放大為貌似刺眼的重大錯誤。它們會吸光我們心理狀態空間內的所有氧氣，我們就會誤以為自己就是這樣。靠著愛之雙眼所看到的自我，這一切的「但是」將會變成流過廣大天空的小雲朵而已。

　　擁抱整體的自我，不是只愛自己的美善、忽略其他部分，而且也不是只喜歡我們永遠甜美和善的那一個部分。真正的愛來自整體，而且沒有任何的條件限制，愛整體就表示沒有任何的保留。你可能會想：「我喜歡百分之八十五的自我，希望能夠把那另外的百分之十五拿掉就好了。」那樣的念頭會限制你的喜悅。接納整體的愛，涵蓋了對於困惑部分的慈悲，以及對於良善部分的愛。

　　公共電視的精采《行星地球》自然影集裡的某段影像一直烙印我心，因為它是我們所有自我面向的自然與完美性的巧妙隱喻。畫面的重點是廣袤非洲平原的某個水洞。在不同的時段，我們可以看到長頸鹿、羚羊、斑馬、大象、獅子會過來──某些是被追獵的動物，某些是掠食者──然而牠們卻因為某項單純的現實而聚在一起，牠們需要水。每一個物種裡

有母親與父親、小寶寶，也有老者。看了這樣的影像，我領悟到要是說出以下這些話有多麼荒謬：「太可惜了，那隻羚羊怎麼不是斑馬呢？」或是「如果那隻長頸鹿長得高一點就帥多了」，再不就是「那頭大象太老了，如果年輕一點會比較漂亮」。每一隻前往水洞的動物都有其獨特性格與生命。

無窮無盡的變化是生命展現自我方式的一部分。我們所有人類，都是某個廣闊無常、比我們更偉大的動盪體系裡的一部分。就像是疾患與死亡、火山爆發與地震，都是可能被我們稱之為生活總體完整面的一部分，而我們的困惑與無知也是生活真義之整體的一部分。因為你不是大象，不是長頸鹿而感覺不對勁、心情糟糕，抑或是覺得自己不配被愛，就是以偏狹的觀點看待真實。就連在水洞那裡攻擊與咬食瞪羚的老虎也不是惡劣或失當，這純粹就是整個過程裡的一環，世事運作的一部分。

在道教東方哲理之中，一切都是生命織錦的一部分，也包括了你與成就你自己的獨特特質。我們容易認定自己就跟「大象與長頸鹿」一樣，鐵定有哪裡不對勁，而且不夠好──借用愛因斯坦所說過的話──這是「某種意識的視覺幻象」。

保重

與我們摯愛的某人道別的時候，我們通常會說這句話：「保重。」這句話隱含了伏筆，就是要培養對自己的愛。愛就是要珍重──包括你的身體與心靈，以健康的食物、仁善又有效的療癒方式、充足的運動、足夠的休息以及安靜的時光、創

意表達自我與玩樂，予以滋養身心。不過，激發喜悅的關鍵是我們要如何完成目標。

　　以珍重自我的方式愛自己，並不表示我們在從事自己應盡本分的時候，一定會感受到大量的愛。認真的父母長時間工作，還得購物、煮菜、清掃、開車，以無盡的必要方式提供支持與援助，就是為了養家，他們並不會因此欣喜若狂。但要是懷抱恨意做出這些事，那麼可能會讓每一個人覺得困惑，封閉自我，而且變得疏離。要記得自己所做的一切都是因為你愛孩子，即便只有那麼短短一瞬，也會為你開啟通往喜悅之路。

　　同樣的道理，也可以應用在照顧自己身上。你的舉動是為了愛，而不是出於強迫，會為你帶來立即的益處。在我開始去健身房運動以前，我的內心有時候（或是經常！）會出現某個微弱的聲音：你真的想要這麼做嗎？何不輕輕鬆鬆就好？在那個當下，我可以逼自己去健身房、找台重訓機，因為「這對我很好」，或者，我可以提醒自己要運動，是因為我深愛與重視自己的身體。前一個方法會讓我覺得有些憤恨，至少，在腦內啡出現之前會是如此。但另外一個方法可以打開我的心房，甚至為一點喜悅微光製造空間，當你基於愛而照顧自己的身體，你對於自己的愛也會與日俱增。

　　我詢問「激發喜悅」課程的學員，對自己仁善會有什麼感覺？他們的答案如下：

- 放鬆與滿足。
- 開闊與輕盈。
- 踏實。

- 胸臆中有喜悅泉湧，有時候甚至會有喜悅之淚。
- 宛若身處在最沉穩的基調之中。
- 宛若我手中抱著某個小嬰兒——就是我自己！

你可以把這種溫柔與和諧帶入自己的生活之中，只要注意真正滋養自己的所需為何，然後，讓自己擁有——即便必須越過那抗拒的小山丘進入健身房運動也一樣。當你達標的時候，要關注自己的感覺有多麼美好，認知到這是在仔細呵護自己。

以和善態度與自己對話

艾莉西亞從脫離自我憎惡到愛自己的掙扎過程歷經了數年之久。有一天，她來找我，她詢問我，如果看自己哪裡都不對勁，是否還可能善待自己？要怎麼開始？

「我想把我自己歷經的某項修習與妳分享，將近兩年前的某項修習。」我希望能讓她安心，有那種感覺的人不是只有她而已。我請她閉上雙眼，然後想一個她最近煩心的身體問題。

「這一點都不難啊。」她回答我的時候，露出了諷刺微笑。

「現在，把妳的手放在臉頰上面，輕輕撫揉，宛若那是最慈愛祖母的手，或是某個慈悲智者的手，然後，盡可能用最溫柔的聲音對自己悄聲說道：『親愛的，沒關係，那只是一個主觀判斷的念頭罷了。』」

雖然艾莉西亞起初很懷疑，而且心生抗拒，但是她還是願

意一試，讓自己感受自己之手的仁慈，它融化了她的挫折，慈悲油然而生，因而也讓她雙眸淚濕。

我們都在找尋仁善與關愛，而能夠隨時將其給予我們的人，正是我們自己。某名課程學員凱瑟琳表示，她正在學習要以自己關注別人的那種方式，同樣關注自己，她寫信告訴我：「那就表示我會關心自己的幽微心緒與感覺，我可能有某些需要，我會認真對待，而不是置之不理。」誠如凱瑟琳所認知的一樣，對自己仁善，也包括了不要責怪自己的各種感受。「我不該有這種感受。」這種話根本不合理，我們之所以會產生各種感應，是對於各種條件的綜合體所產生的反應。

我發現自己自然而然放慢了腳步，而且當下感覺也變得從容自在，因為我已經不再處於「高度警戒」狀態。我前往上班地點的步伐變得徐緩多了，開車的節奏也比較輕鬆，也就是說，隨著車流前進，與鄰近車輛保有充足距離，沒有想要衝撞前車的莽氣。我甚至能夠以完全不同於跑步時的步調／速度的從容態度完成心肺運動。現在我仔細回想，對自己仁慈，其實就等於減輕了內在暴力。壓力與緊繃是某種形式的自我傷害。

——某名課程學員

你不會這麼說：「我現在可以體驗一下恐懼」或是「稍微自我憎惡一分鐘吧」，我們不可能決定現在心中會突然出現什麼念頭。不過，當恐懼或自我憎惡浮現的時候，你的確可以選擇要如何應對。而你正好可以在這裡選擇要以自我評斷加深痛苦，抑或是以仁善面對煎熬。

正如我們在第五步驟時所討論的智慧話語綱領一樣，以仁慈態度對自己說話，是為生活帶來更多喜悅的最重要方式之

一。我有個好友經常會在她犯錯時大叫：「天，我好蠢！」每一次被我聽到的時候，我都會為之一驚，想必這對她來說非常痛苦。我們要學習察覺腦中的嚴厲評斷聲浪，並且在同樣的位置培養慈悲與支持的溫柔聲音，這個方式能夠幫助你與自己的需求保持緊密相繫，讓你得以珍愛自己。

傾聽己心

吉兒說她開始以仁慈態度關注自己，把自己當成了心愛的小孩，她的生活也就此發生改變。某個星期六她醒來，準備處理生活例常事務：「塞滿購物、清掃，以及工作等行程的一天。」當她拖拖拉拉以最後一杯茶結束早餐的時候，心中的某股聲音叫她停下腳步，再多花一點時間與自己共處。當她正開始放鬆，聆聽己心的時候，她嚇了一大跳，有個明確又清楚的訊息大聲響起，她不想要做那一堆雜事，她想要前往動物收容所。吉兒七年來一直想要領養狗兒，那一天她體悟到要對自己夠仁善，就是該停下腳步，仔細聆聽，而這也為她開啟了更加喜悅人生的全新面向。

> 我需要那樣的許可與「自由自在」的時間，才能領悟到我想要盡快擁有些什麼。
> 我可以選擇與狗兒一起生活的快樂，而不是陷入比較，熟悉的窠臼思維，得到快樂需要花許久的時間，也許我還沒有準備好，或是自己還不夠格擁有。做出那樣的選擇，是一種帶給我巨大驚奇喜悅的珍愛自我方式。

　　培養自己的獨特天賦與才能，是一種珍愛自己，但卻很可能遭到忽視的重要方式。就像是園丁悉心照料美麗花園一樣，靠著重視我們的天賦，並且發揮潛能讓它開花結果，就能讓我們感到歡喜。無論你的天生才能是音樂、藝術、邏輯、幽默感、仁善、與人群互動、和動物在一起工作，找到這些天賦並且與世界共享，就能從中找到許多喜悅。這並不是膨脹自我或是落入浮誇的陷阱，而是誠實認知自己的特殊天賦與能力，努力表現，這是實踐圓滿人生的重點。

　　對於自身能力抱持懷疑態度，並不表示我們沒有天賦或技能，而且努力想要克服自我懷疑，也並不表示這是在欺瞞自己。每一個人都有某些特殊能力，而且讓它們開花結果是愛自己的真正表現。編舞家與舞蹈家阿涅絲‧迪‧米耶在她的作品《瑪莎‧葛蘭姆的生活與工作》當中，提到了她與著名當代舞蹈前衛藝術家葛蘭姆的某次對話內容。迪‧米耶當時還是個孩子，雖然最近因為編了某場舞蹈表演而大獲成功，但別人卻說她長得不夠漂亮，當不了明星，而且體型也不適合當舞者，而葛蘭姆回給她這樣一段的智慧忠告：

　　有一股活力、生命韌性、能量、胎動，透過了妳而被轉譯為行動，正因為妳獨一無二，所以這樣的表現形式也很獨特。要是妳封鎖了它，它絕對不可能透過任何媒介而存在，終將斷失，這個世界永遠不會擁有它。它有多好、具有多少價值、與其他表現形式該怎麼比較，決定權都不在妳身上，妳該做的事是以清楚又直接的方式留住它，讓呈

現的管道保持暢通。

關心自己有諸多層次，而我們可以利用自己對待摯愛的方式關照自己。而這種態度的起點就是要轉移焦點，不要再去注意自以為哪裡不對勁，而是要真正欣賞自我的存在。艾莉西亞就是靠這樣的轉變，終於走到了某個重大轉捩點。某一天，在她竭盡一切努力放下自我評斷之後，內心的某個部分起了變化，艾莉西亞終於看到了自我。

> 我只是坐在那裡，靜靜哭泣。我為自己所背負的哀愁哭泣，羞恥、卑微，我也因為痛苦的喜悅與真心感激而哭泣……我感謝我的身體、我的肌肉、我的肺部，還有我跳動的心臟……我愛我自己愛得發狂……

是誰在傳愛？

我們這種破碎又受到制約的自我，是怎麼能夠強大到提供毫無條件的愛？其實，不可能。愛因斯坦曾經說過這一段智慧話語，我們不可能在某個問題生成的同一層次將它解決。想要完全擁抱自我，必須要體認到我們比自己想像的更強大。

霍威・寇恩是我某位教導正念冥想的同事，他講過一個有關他如何發現到底是誰在傳愛的溫情故事。在他成為教師之前，他參加過許多次的靜修，某一次，他發覺自己出現異常不安。他知道那股強烈的不滿表示有某種深沉的不自在正在上升，浮現在意識表層，他必須要好好面對。日子一天天過去，

一股強烈的孤絕感籠罩而來，這種感覺越來越強烈，他也更加不安，他很想要做點什麼，而非只是坐在那裡與痛苦共處。

某天下午，霍威待在自己的房間進行禁語冥想，就在快要結束的時候，他睜開雙眼，張望四下，某塊區域是他整齊摺放的一大疊時髦毛衣，他的第一個念頭是很欣賞那些衣服，而且對自己的好品味感到驕傲。不過，他繼之一想，覺得好奇怪，我為什麼要有這些毛衣？然後他開始注意自己為了這場靜修所攜帶的一切——掛在開放式衣櫃的那些漂亮襯衫與長褲，排在水槽上方櫃架的好幾瓶高檔衛浴用品，以及他特地帶過來，覺得得要蓋滿床邊桌的重要小玩意兒。

他想到自己花了數小時在尋找適切「物品」的過程，有了頓悟。他拚命想要逃離某種永存在某個隱蔽處的虛空感——而它現在卻盈滿了時時刻刻，周邊的一切，正是他企圖逃避失敗的鐵證。這一次，他無法靠著外出血拚逃避這種巨大的空虛。除此之外，他還有自我評斷的痛苦：為什麼舒適感對我如此重要？我為什麼需要這麼多東西？現在，他待在某個靜修中心的封閉與無聲空間之中，他知道只有一種方式面對那種空虛，就是直接切入而非逃避。

當霍威面對當下的孤單，他可以感受到心內、腹底深不可測的洞之中的深層之痛。當痛苦流竄全身，孤單轉為恐懼的時候，霍威發現自己蜷在地上低泣。「我覺得自己像是個絕望的孩子，」他回憶過往，「我緊緊抱住自己，開始搖晃。」這種呵護動作的關愛能量，居然產生了出奇的撫慰效果，霍威開始注意到內心出現了某種異常的轉變。現在他不再是那個需要被擁抱的懼怕小孩，而是慈悲睿智的擁抱者。他知道他感受的

並不是「霍威之愛」，而是無條件之愛的本質，能夠在那個當下，以慈悲態度接受與承載他的每一個部分。

正如同我們在這套課程之前的部分所看到的一樣，逃離艱困處境，並不會讓它們離我們而去。當霍威讓自己與痛苦孤絕感共處的時候，他發現可以透過它得到全新的視角。雖然霍威擁有靜修中心的支援氛圍，但他所歷經的無條件愛自己的轉化過程，其實也可以透過其他方式發生。心理治療師琳達・葛拉漢指出，要是你從來沒有感受過被愛的感覺，那麼，某個「充滿同理心之他者」的角色，也可以喚起你心中的愛。

無論你是以何種方式開始這樣的歷程，你要知道以智慧與支持面對自己所體會的「負面情緒」，將會揭露一個更寬廣深入的本我。你並非只是會壓垮自我的孤單、憤怒、恐懼或是嫉妒，你的內心也有能夠溫柔支撐自我困惑，儼然母親抱著孩子一樣的善良部分。

我認為這種特質是我們的本性，就像是良善一樣。當我們在心生感激或展現慷慨，或是我們聽到或看到某種義舉時而感受喜悅，抑或是凝望某個美麗物品之際，我們都會看到它短暫現身。當我們的心足夠定靜，能夠專注聆聽的時候，就會發現它一直都在，躲在我們心靈困惑與凝滯地帶的下方。就我看來，這種純然的力量就是我們心中期盼自己快樂的動能，是我們幸福的根基。學習愛自己的過程就表示能夠接觸到這種力量，然後予以強化，所以它就能夠導引我們的選擇與生活。

愛在尋愛

當你開始進化，你愛自己的能力也會隨之進化，不過，等到你終於愛你自己之後，你就通過了靈性修習的某個分水嶺。你再也不需被困在靠著別人目光，以證明自己的那個牢籠之中。當你擺脫了那種需求，就可以直接敞開心房，迎向別人給你的愛，不需要覺得自己不值或是予以曲解，你可以讓那樣的愛加入自己心中的愛。

作家與靈性導師約翰‧馬克朗斯基在他的《透過愛覺醒》一書中，他提出某種修習方式，讓你可以每天具體感受所收到的所有仁善舉動。當你的伴侶給你一個充滿愛意的擁抱，真正吸納這樣的愛意；當某位同事表達讚賞的時候，對方是真的傳達正面能量給你，大方接受；當某位好友真誠開心歡迎你的時候，對方在向你表達愛，千萬不要錯過。當陌生人為你扶門，或是錯身而過的行人對你微笑的時候，都是充滿暖意與友善的溝通，就讓自己盡情感受吧。正如同馬克朗斯基所言，要是你真的能夠融入這所有的善意，那麼你就能夠一直被周邊的善意所滋養。你越能敞開心胸接受那所有的愛，就越能吸引更多的愛，然後，你會發現自己同時成了愛的燈塔與磁石。

密切關注善行

注意善行透過你而彰顯的那些時刻——打電話給某個沮喪好友的自發性衝動，捐錢給慈善團體的熱血。要記得停下腳步，讓那些心緒、感受，還有悸動烙印在你的覺知之中。

　　獨行己路，讓我花了許久的時間才脫離那個看到鏡中自己會面色抽搐的慘綠少年。久而久之，愛自己的短暫一瞥才比較成為某種恆常的凝視，要是觸動了那個正確的按鍵，我會發現自己依然回到那個充滿不安全感的三年級生。但是那些思緒再也不會持續許久不退，也不會主導我的生活，而且我也不會那麼依賴他人的反饋來支撐自我之愛。就算充滿壓力與惶惑，我也可以在不久之後就找回我們人類的慈悲感。

　　愛自己不只是記得我們是誰，而且也是要珍惜我們獨特的生存方式，因為它是生命無限表達方式的其中之一。那就表示要領悟這一切的困惑、痛苦、缺失都是覺醒過程的一部分而已。艾莉西亞曾經深深陷落在自認無法逃脫的自我憎惡情緒之中，她以美麗的文字述說出這種體悟：

　　某些時候，我的心中盈滿了對自己以及周邊萬物的愛，我只能停下來，不然我的心會因為喜悅而爆炸。我尊敬自己的痛苦，我向自己屢屢突破困境、早已自顯的變化與成長的能力致敬。我因為生命中的天賦與恩賜，而感到一股純然喜悅。當我在對自己的愛當中揚升而起的時候，我也敞開心胸，迎接宇宙和地球的各種恩賜。

第八步驟

愛別人的喜悅

了解自己的快樂與他人快樂緊緊相繫，

這一點至為重要，

沒有任何人的快樂能完全獨立於他人之外。

——達賴喇嘛

　　我二十五歲的時候，第一次談戀愛。瑪格莉塔是我不幸入院時的護士。不斷做復健牽引很可能會令人沮喪，但我卻覺得自己宛若死後進了天堂。瑪格莉塔是我的夢想女神，我從來不曾感覺如此自在，或是對另一個人如此開敞心胸與緊緊相繫。更棒的是，她對我也有相同感覺。多年來我一直好奇愛情的樣貌，不知道自己到底會不會有機會體驗，最後終於發生了。很不幸的是，這段關係並沒有持續下去，分手的痛苦對我十分煎熬，但我終於嚐到了永難忘懷的滋味——愛的喜悅。

　　我們最珍貴的資產也比不上愛人與被愛的價值。不論是我對瑪格莉塔深深傾心的那種豐富浪漫之愛，還是親子之間那種無庸置疑的天生之愛、好友之間深厚的緊繫感，抑或是當我們覺得與周邊一切心靈相通時的那種無條件之愛，這種體驗的本質都是一樣的：被某種強烈神秘的力量所支撐，某種生氣勃勃的存在，讓我們覺得自己成為比自我更偉大事物的其中一部分。我們人類渴望愛，祈禱得到它，為它而死，為它而活，因為它而感受到深刻的快樂或是深沉的痛苦。我們生命的重點是這種了解他人的精神能力，感受到自己被了解與接受，能夠放鬆與緊緊相繫，被別人在乎也在乎別人，因為別人歡喜也能為別人帶來歡喜。

　　當我們的心充滿愛的時候，我們快樂嗎？不會有任何人懷疑吧。當我們有愛的時候，感覺儼然就是「這就是生命的真諦！」。然而，當我們渴望與他人相繫的時候，人際關係經常成為受傷與失望的來源。朋友可能會讓我們失望，我們摯愛的子女會表現出令我們痛苦的行為態度，婚姻一開始的時候都有重大許諾，但幾乎半數都是在家事法庭收場。從經典電影小說

到鄉村與西方音樂，浪漫愛情的痛苦幾乎是老生常談。怎麼會這樣呢？如愛一般美好的事物怎麼會變成如此深重苦痛的來源？面對這等挑戰，深愛彼此要怎麼成為一條通往喜悅的可靠之路？

　　人際關係會為我們帶來許多喜悅，然而也很容易引發憤怒、失望、哀愁以及不悅。不過，正如同我們透過這套課程先前所見到的一樣，我們內心的變化遠比「外在」的變化重要多了。我們沒有辦法掌控環境或其他人，但我們可以訓練自己的心靈看得透徹，讓我們即便在面臨苦痛的時候，也能保持開放心胸。「激發喜悅」課程中先前所提到的那些工具，在第八步驟中都會派上用場。要過得開心的意念可以成為我們與他人關係的指引與試金石，而正念是幫助我們真正融入當下，以及與他人相處的一大工具；感恩可以讓我們珍惜觸動己心的他人可愛特質；我們學習遇到逆境或別人令我們失望的時候，要與自己的痛苦與哀傷共處；正直是信任與尊重的準則，對於任何關係來說都是重要的奠基關鍵。放下各種說法與我們加諸在別人身上的期待，就能讓我們看到他們的真我。而愛自己是愛別人，以及記得他們也想要過得快樂的先決條件。

　　各式各樣的關係都可能充滿挑戰，不過婚姻與親密伴侶關係似乎常常像是終極試煉。當珍與我打算成婚的時候，我的朋友希薇雅‧布爾斯坦（最近剛慶祝她五十年的結婚紀念日）給了我一些睿智的建議。我向她坦承，我第

> 橫跨三十七個國家的大型調查發現，兩性尋愛過程中最重要的相似點，就是仁善。
>
> ──達契爾‧克特納
> 《生而向善：有意義的
> 人生智慧與科學》

一次（也是唯一的一次）的大喜之日馬上就要到來，興奮之中也伴隨了一些緊張。我知道我已經尋覓到適合我的伴侶，但我不知道自己在婚姻機制之中的表現如何。她凝望著我，眼裡有光，語氣充滿慈悲：「親愛的，別擔心，你不會有任何問題。一開始的那十五年最辛苦，之後就輕鬆多了。」我們兩人都哈哈大笑。

　　珍與我結婚將近三十年。她是我最好的朋友，終生的伴侶，也是我生命中最重要的人。我可以跟她一起大笑、玩耍、創造與愛與分享，沒有人的地位能夠與她相提並論。她告訴我，她對我的感覺亦是如此。但也沒有任何一個人像她一樣，經常讓我失去耐心，覺得心累、生氣，或是失望，以及受到了傷害。當你對某人產生如此強烈連接感的時候，對方的言行就變得非常重要。

　　打從一開始，珍與我就達成了協議，我們在一起是為了要幫助彼此覺醒，明瞭自身的全部潛能。我們的婚禮誓詞講得很明白，我們會運用我們的關係當成某種載體，藉以深化我們的信任、尊重、了解以及愛。遇到棘手狀況或是一團混亂的時候，我們也有共識，要以婚姻當成加深我們的愛與連結的某種催化劑。當然，當我們身陷危機之中的時候，想起這一點未必容易。但是幫助彼此成長的承諾，是有助承受這些艱困的容器，而這些障礙最後就像是刺激牡蠣孕育美麗珍珠的砂粒。

　　著名心理學家亞伯拉罕‧馬斯洛提出了「需求層次」理論，他認為滿足了生存與安全需求之後，「歸屬的需求」就是第一優先。不論你是想要感受「與萬物合一」的靈性追求者，還是幾乎不惜一切只為尋求兄弟認同的市區小混混都一樣，這

種與他人的連結感，是喜悅的最重要來源之一，佛陀也承認這一點。他的侍者阿難在思忖，結交良善朋友將會成就一半的聖道，佛陀的回應是：「並非如此，阿難，結交良善朋友將會成就全部的聖道。」

對於我們大多數人而言，那表示的就是與他人的關係。不過，有些人覺得與動物相伴比較開心，還有的人覺得最深刻的關係來自與某個聖神。然而，在我們的社會當中，孤絕卻十分常見，其實，這世界充滿了各式各樣的可能關係，要是你把所有的雞蛋都放在同一種愛的籃子裡，覺得只有在戀愛中才能找到愛，這樣一來，就破壞了自己的快樂。許多人都知道，結了婚之後的孤絕感，也可能就與單身的時候一樣。如果你覺得自己孤單無援，這一章也許可以鼓勵你培養出與其他人連結以及激發愛的全新方式。

凱拉十年前離婚，再也沒有找到新的伴侶，然而她卻透過朋友、社福機構，以及工作，在生活中充滿了各種連結。她經歷了一段孤絕時光，最後終於體悟到自己可以主動建立連接關係，結果她發現了一種非常豐足的生活。現在，她說道：「要是出現了某種特殊的關係，我不會拒絕，但無論有沒有都無法定義我是否快樂。」愛就是愛，無論有沒有找到都一樣存在，而且只要我們融化阻撓關係的障礙，它就會在我們每一個人的心中現身。不要期待靠著關係讓自己快樂，要是你專注的是保持我們內在的喜悅，那麼你就能夠創造更快樂更健康的關係。

正如同我們在感情中所看到的一樣，我們不需要等待真愛來敲門，可以靠著修習愛，培養喚醒內心之愛的能力。在這樣的環境中，所有出現的困難都可以當成增進我們愛之能力的機

會。在第六步驟當中，阿姜查的某段話也可套用於此：「要是你放手一點點，就能擁有一點自由；要是大幅放手，就能擁有充裕的自由。」我們為了這一章，也許可以將那段話改述為：「要是你愛一點點，就能擁有一點喜悅；要是你投注大量的愛，就會有大量的喜悅。」第八步驟會探討許多愛的滋味，還有我們是如何阻礙了它們的表顯，而且還提供了各式各樣的練習幫助培養愛之心的喜悅。當我們提到與別人連結的喜悅時，我想披頭四的歌說得很對：你需要的只是愛。

愛的失去與尋找

與瑪格莉塔結束交往之後的那個夏天，我前往波德，在納洛巴學院就讀。我在那裡找到了我的英雄與導師，拉姆・達斯，尋求他的建議。我坐在他的辦公室，周邊都是各個靈性大師展露他們良善微笑的照片。我向他傾訴我的悲傷故事，也不知道為什麼，我失去了明明注定屬於我的愛，我的世界已然崩塌。我們還聊了一下瑪格莉塔與我本來可以在對方的生活中，實現自己的部分，我們已經準備好要繼續走下去。也許是這樣吧，但這卻無法遏止我的傷悲。瑪格莉塔激發了我以前一直不知道的內心之愛的感受，現在全沒了。

我依然心煩意亂，「我該怎麼辦？」

拉姆・達斯答道：「她給你的禮物，也許就是讓你看到自己具有愛的能力。」

「對，愛過了，也失去了它。」

拉姆・達斯以充滿慈悲的目光看著我，「你真的失去了它

嗎？只要我們誤以為思念某人，就是我們感受到愛的主因，那麼當他們離開的時候，我們自然就會誤以為我們失去了那種愛。不過，我認為事情不是如此。」

「這是什麼意思？」

「雖然某人能夠喚起那種愛，的確是事實，」我還記得他這麼說，「但既然它一直在我們的心中，等待被激發，那麼你永遠不會失去它。」他繼續解釋，我們的摯愛只是讓我們的愛復甦的催化劑，愛的體驗如此美妙，當我們誤以為主因是來自另外一個人的時候，我們會想要緊抓不放，我們擔心會失去他們，要是他們在當下做出「讓我們無法繼續愛他們」的事情，我們就會憎惡他們，或者，一想到他們可能會喚醒別人的愛，我們就會出現佔有欲，變得嫉妒。我們所稱的愛之痛苦，其實是因為我們錯把不健康的牽繫當成了愛。那看起來像是愛，但其實截然不同。愛是開敞與發光的心的某種流動，而牽繫是那顆心因恐懼而封閉時的緊縮。「愛不是痛苦，」拉姆・達斯露出睿智微笑，「現在你明白了那種體驗，知道你的心之嚮往，這就是瑪格莉塔給你的贈禮。」

雖然傷口癒合是過了很久之後的事，但也不知道為什麼，拉姆・達斯的話語打開了我心中的結，敞開了我的心胸，讓我了解到更深層次的愛是怎麼一回事。這種兩人之間的情愛，其實是存於每一個人心中普世之愛的滋味，而且它會在毫無任何條件的狀況下，照耀萬物，我曾經在聖人身上見識過這樣的愛，對於那樣的愛，我依然在努力渴求，但我知道那種純粹的愛就是純然的喜悅。

放下既定標準

　　我們多數的「愛」都帶有某種令人痛苦的牽繫，我們盼望自己所愛的人，能夠以我們認定的最佳方式進行思考與行動，我們希望他們的言行符合己願。當我兒亞當步入青少年階段的時候，我看得出我們的關係正在改變。我覺得我是為他好，但他未必同意我的觀點，而且他也不會不好意思說出自己的想法。我當然對他的行為態度有一套既定標準——及時完成回家作業、幫忙做家事、週末玩樂的時候要在十二點之前回家。我找到了一本很棒的書，心理學家麥克‧里拉所寫的《老爸老媽沒 sense：找出與青少年對話的敏感帶》。他建議為人父母者在小孩邁入成年的時候，應該要跳脫管理者的角色轉為顧問——而他也承認說比做容易多了。

　　等到我確定亞當沒有自毀問題之後，我開始努力放下他理應如何如何的思維，稍微退讓，成了顧問的角色。這就表示我

感受愛

　　想一個你深愛的人（寵物也可以）。當你想到那個人或是想像對方在你身邊的時候，注意自己的體內出現了什麼狀況。也許你的胸腔有一股暖意，或者臉上有了微笑。讓注意力停留在那種愛之能量的感覺。它是從哪裡來的？屬於那個人所有嗎？某位摯愛可能會喚起那種愛的體驗，但那種愛其實在你的心中。你可以透過正念力強化那種感覺，進而培養有愛的心。

挑選了自己的戰場。而且，更重要的是，我關注的重點是讓他知道我尊重他的選擇。我發現他越能感受到我的尊重，他越有自信，那麼他就會越想要知道我的意見。當他跌倒的時候，不要以他應該如何或是不符合我期待的方式去評價他，我必須要記得最重要的前提，我愛他也尊重他，這一點讓我放下了我自己對於他的快樂的既定標準。

　　當我們愛某人的時候，我們希望對方快樂。這需要大幅度

牽繫的不同之處？

　　在西方哲學中，「牽繫」具有正向的意涵，它所指的是我們在孩童時期與主要照護者的關係是健康社交與情感發展之基礎。要是我們在早期體驗到足夠的愛與滋養，我們很可能會有更佳的恢復力、擁有健康人際關係，覺得自己值得被愛。要是沒有的話，我們可能會焦慮或是退縮，人際關係出現困難，覺得活在人世心神不安。安穩的牽繫，是建立快樂生活的基石。

　　然而，「牽繫」在佛教中卻恰恰相反，它的定義是受苦之根源，它是在這無常世界中，人類之心想要留住或緊抓任何人事物的徒勞嘗試。當我們盼望某些事物，或是某些人、某些想法依照特定方式而行，我們就對它們有了牽繫，而當其不符合我們所願的時候，我們就會感到痛苦，這就是因為執念而導致的「愛之痛苦」。牽繫的某種面向會讓我們尤為受苦——認定我們必須要保護與捍衛自認的自我。

　　我們可以為這兩種類型的牽繫做一個有趣的總結：一般來說，小寶寶應該要與母親有所牽繫，但成人就不是了。

的退讓，才能相信他們能夠找到一條與我們設想的最佳途徑截然不同、專屬於他們自己的路。在所有的關係之中，都需要這種形式的放下，但對待我們子女的時候，更是如此。我們害怕哪裡會出錯，而且，在這樣的過程當中，我們有時候會忘記我們如此焦慮的原因是因為我們愛他們。這並非表示我們不該注意他們的安全，但對於我們認定什麼對他們最好的過度執著，很可能會讓我們的愛變成焦慮，而不是喜悅。

艾蒂絲很擔心她現年六歲的大女兒。她發現自己總是在注意女兒是否開心，盯著她是否一切安好。有時候她覺得很無助，不確定該做些什麼才能保護女兒免於受苦。雖然艾蒂絲明白自己擔心沒有用，但也不知道該怎麼停止這樣的念頭，也不知道該怎麼做才好。上了「激發喜悅」課程之後得到鼓舞，努力嘗試另一種途徑。她決定開始關注自己在女兒身上可以看到的喜悅，而不是哪裡可能會出問題，她也發了一封電郵詳述了變化：「自此之後，當我與她在一起共享她的喜悅與活力的時候，我們就擁有了某些美妙時刻。我讓它在我心中不斷迴響，我覺得開心，我發覺自己的快樂原來是與她在一起時的共同激盪，我覺得這一點也讓她得到了力量與滋長，這遠比擔心模式好得太多了。」

我們自以為是的愛，有時候到頭來會成為逼迫我們的摯愛以我們認定「正確」方式行事，或是供給我們自認所需的某種策略。這麼一來，我們只會透過自己的濾鏡看到他們的模樣，很可能會切斷某種自然而然的愛之連結。

我多年前認識菲利絲，當時她是一名冥想課學生，我看得出來，她立志要克服造成己心封閉的那些障礙。我在某個靜修

中心帶課的時候，她在會談時段來找我，她的心態已經到達了充分的開放與信任程度，向我分享了她剛剛發現的自我觀察。

「我發現到一件事，對於我生活中真正在乎的那些人，比方說我的小孩、我的老公，還有我的閨蜜，我會努力預想他們的需求，然後努力幫助他們，讓他們看到我很在乎他們。我發覺我在努力要他們愛我，而且我現在也看出這種方式令人精疲力竭，就是行不通。」

我問道：「妳怎麼知道行不通？」

「因為他們常常告訴我說我努力過頭，而且他們說得沒錯。但我也不知道我還能怎麼辦，我真心希望他們愛我。」

我請她想像易地而處的感覺，「如果有人拚命想要逼妳愛他，妳會有什麼感覺？」

「好可怕，」她說道，「我想要一點空間。」

「那麼妳希望那個人與妳的關係是什麼？」

菲利絲思索了好一會兒，「我只希望他們讓我做我自己就好。我希望我可以感受到他們的愛與支持，而且他們不會想要有任何的回報。」

「妳已經找出答案了。就讓他們當自己，繼續保持妳愛他們的那些部分，這些才是專注的重點，而不是妳期盼從他們身上得到的想望。」

與他人分享愛之連結的一大關鍵，就是應該要轉移焦點，不要繼續以自己為主。要是我們太專注在自己身上，就沒有辦法真正融入與他人的共處。我們忙著思索自己好不好或是我們可以從互動中得到什麼。他們喜歡我嗎？我這個人是不是很無聊？他們是不是發現到我有多麼（聰明、漂亮、焦慮、沮喪等

等）？當你把自己當成世界的中心，你評估周遭一切人事物的標準都是自己的好惡、想望以及需求。

好，舉例來說，我的妻子珍走入客廳，我並沒有特別停下手邊的事，注意她如何或是在想些什麼，我繼續埋首計畫自己的清單——我們的週末計畫、亞當或東尼是否會來電、某位好友的最新動態……我可能要花好一會兒的時間才會恍然大悟，她過來找我一定有她的理由，或者她只是想要進來向我打招呼，但我卻沒注意到。當然，我們生活中與他人溝通的事項約有萬件之多，不過，要是我們偶爾能夠稍微停下腳步，純粹領悟我們摯愛的朋友或親人並不是我們世界的某個衛星，而是我們深愛的人，我們就能夠以全新的方式感受到與他們的連結。

要是沒有以自我為中心的既定標準，我們將會充滿好奇，想要了解別人的真實面貌。以這種方式與他人建立關係——讓他們做自己，而且當我們現身的時候，讓他們能夠保持從容自在——就能帶來真正的親暱感，這是愛與互相連通的基礎。我們不要去估算別人能夠滿足我們的多少需求，反而應該在我們互相激盪的時候，珍惜他們獨特的生命呈現方式。

打開封閉之心

在靜修課中，菲利絲領悟到自己想要被愛、拚命想要從家人中得到愛，其實是起始於她兒時經驗的模式。某天，她問我：「那真的會結束嗎？」

我對於她的痛苦起了慈悲心，我溫柔問道：「妳希望結束嗎？」她點點頭。我們當時在心靈堅石冥想中心，它位於一個

有四千公頃連綿山丘、橡樹與月桂樹森林點綴其間的地方。我建議她可以在外面找個安全舒適的位置，舉行一個主動放下那種模式的小型儀式。

她的語氣有一絲希望，「是有這麼一棵特別的樹，我坐在底下的時候感覺很舒暢。」

「很好，去吧，讓那棵樹當妳的見證人，放下害妳執著於人生錯失部分的那些思緒，將妳的注意力轉向身邊的愛。妳即將進入人生的下一個篇章。放下過去，讓自己發現愛的喜悅——包括了愛自己與愛別人。還有，要敞開心胸接受他們的愛。」

在靜修的最後一日，菲利絲來找我，當她講出自己果然在樹下進行儀式之後所發生的變化時，整個人神采飛揚。「我坐在那裡，想到我們大家都是好意，而且竭盡一切努力。就在那一刻，我終能放下自己背負的所有責難還有『要是怎樣怎樣』的期待。我覺得我自己已經準備好要與家人嘗試建立不一樣的關係。我很期待當我向他們示愛，卻不去想會得到什麼回報的時候，會是什麼樣的情景。」

我與菲利絲的互動也對我造成了深遠影響。那天下午，我發覺自己在省思她的故事，檢視自己的人生，還有我在某些親密關係中的那些幽微期待。我決定要好好修習自己提出的教誨，專注的是我感受的愛，而不是我從對方得到什麼回報或是他們滿足了我的期望。自此之後，只要我努力練習，當那股想望的痛苦轉為愛之喜悅的時候，我就會發現有一種釋然感立即油然而生。

從喜悅之心流出的寬恕

誠如俗諺所說的一樣:「寬恕就是放棄對某個更好過往的一切想望。」過去已經過去,就算我們可能明明知道被辜負的是我們,當我們的心因為怒火而封閉的時候,最後受苦的卻是自己。佛陀將這種懷恨懷苦的心態比喻為拿了火燙的炭企圖丟向某人,最後卻燙傷了自己。當我們懷恨在心的時候,我們覺得封閉又孤絕。我們可能是對的那一方,但我們快樂嗎?正如在第七步驟裡所討論的一樣,想要回到從容自在與開放的態度,也就是我們所追求的真正境地,起點就是寬恕別人。根據達賴喇嘛的說法,慈悲與寬恕的重要元素就是要領悟他人的言

從既定標準到愛

想出一個你深愛的對象——某個朋友、孩子,或是某隻寵物。現在專注的是自己有多麼在乎對方的幸福與快樂,還有純粹愛對方的感覺有多麼美好。

現在,把注意力轉向你希望從對方身上得到什麼——關注、保證、情感、某種特定的行為態度。注意你體內的感覺與內心狀態是否從開放轉為緊縮,從圓滿與暢通的感覺變成了抽回與封閉。在你結束此一練習之間,將思緒轉回到你對這個對象的愛與正面感受。

當你發現自己正在關閉自己對某人的愛,先暫停一會兒,自問是否執著於對此人的某一特別既定標準。你當然可以對其他人有合理的期待,要是他們無法達標的時候,你可能會生氣,但即便有失望的感受,也要繼續維持你的愛。

行與你無關，而是與他們的內在真實面有關，而與你產生交錯的正是這一個部分。

凱倫的婚姻之路一開始就崎嶇不平。鮑伯當初在追求她的時候，成功隱瞞了自己對止痛藥的藥癮，但後來馬上就現形了。不過，鮑伯一直等到兩三年之後才願意面對問題，參與某項戒癮計畫。雖然她全程給予支持，但是凱倫的震驚與失望卻讓她對於這場婚姻感到非常矛盾，而且充滿怨恨。「我做了許多治療、冥想、也參加了研討會，不過，老實說，當我回首過往，我看得出來我緊抓自己的傷口與怒氣，我不想要放手。」婚姻關係變得疏離，她說：「那讓我想到了乾涸空荒的沙漠。」

凱倫加入「激發喜悅」課程之後，發生了真正的改變。上過了前幾堂課之後，她寫信給我：「我想我過去這幾年來的努力，的確營造了某些讓我接納自己的喜悅環境，但要是沒有這堂課的話，我還真的不知道會出現什麼狀況。這一個月我遵守綱領，體驗到一種從來沒想到會發生在自己身上的喜悅與自由。那是第一次真正敞開『喜悅渠道』的歌聲。不過，其他的修習也讓它們繼續保持暢通。」

凱倫藉由讓自己體驗喜悅，進入了寬闊的新人生，當她的心變得柔軟，她對於鮑伯的感覺也起了變化。「我開始感受到自己對他產生一種以前壓根沒想過的愛。」不過，這樣的領悟差點就來不及了，鮑伯依然處於「婚姻裡的沙漠」的那股動能

> 寬恕不會改變過去，但它能夠改變當下。寬恕意味著就算你受了傷，但你也可以選擇減輕傷害與痛苦。寬恕是為了你自己，不是為了任何人。
>
> ——佛列德·魯斯金醫生，《永恆的寬恕》作者

之中，某個夜晚，他宣布自己已經找了某名調解人，討論分居的可能性。「課程上到這個階段，已經讓我的心變得夠柔軟，我哭了一整晚，」凱倫回憶過往，「鮑伯對於我的脆弱感到有點困惑，我以前很少讓他看到這一面，他躺在我旁邊，盡可能緊緊擁住我。」凱倫把那一晚稱之為「靈魂黑夜」，讓她產生了「千瘡百孔的深刻體驗，知道自己真心想要這場婚姻，希望我們一起生活下去」。現在，回首過往，她是這麼說的：

　　自此之後就變得大不相同了！有時候我得掐自己一把，很懷疑這是不是一場夢。當然，鮑伯有時候對於我開放態度與愛的深層轉變感到困惑，我並沒有那麼天真，以為艱難時刻永遠不會到來，它們一定會出現的。不過，我的暴怒與憎惡已經融為慈悲與愛，而且我對我先生與自己的愛無庸置疑。當然，它

寬恕的好處

　　學習寬恕對於你的身心幸福與你的人際關係都有好處。佛列德・魯斯金醫生在他的著作《永恆的寬恕》中提到了以下的研究結果：

- 更樂意寬恕的人比較沒有健康問題。
- 寬恕可以減壓。
- 對於心臟病來說，無法寬恕可能是比懷抱敵意更重要的危險因子。
- 習慣責難他人問題的人，更容易罹患像是心血管疾病與癌症之類的病。

也改變了我們的家庭生活，我們的兩個可愛孩子雖然沒說出口，但也感受到了不一樣，家中的氣氛變化非常明顯。

不過，就算你的心已然封閉或受傷，它還是期盼開敞。當你寬恕的時候，不只是為了他人，而且也是為了自己的療癒。誠如擔任南非「真相與和解」委員會主席的總主教戴斯蒙・屠圖所言：「寬恕是自我利益的最高形式。我需要寬恕，才不會讓怒怨與復仇的渴望侵蝕自我。」

明瞭當初可能是什麼原因，讓某人以那些方式傷害了我們，是真正寬恕的根基。

當我丈夫生氣，心情不好的時候，明瞭他處於困惑與受苦狀態，並不明白這樣的方式無法得到快樂，對我真的有莫大幫助。它真的徹底翻轉了我的心態，不再是責難與批評（也不會與他一樣生氣），反而變成了慈悲與接納。我還發現我可以就讓他發脾氣，但自己依然心情愉快。

——某名課程學員

尋求寬恕

想出一個你曾在某方面傷害過的人。想像此人就站在你面前，無論有哪一種懊悔情緒，都讓它湧現吧。反省當初可能造成你做出那種舉動的困惑或無知的各種因素，這不是要為自己的行為找藉口，而是要喚起慈悲與諒解。你也許會默默說出這種話：「對於我可能對你造成的任何傷害，我深感抱歉，我希望你能夠原諒我。」想像對方聽到了你的真懇，接納了你的話，原諒你，注意自己的身心之中有什麼感覺。

　　無論對方是與我們親近的人還是報紙上看到的政客，我們都是超越我們控制之外的力量的產物——天生氣質、教養、我們周邊那些人所造成的影響，以及生活環境。雖然就我們的觀點來看，某人的舉動可能莫名其妙，但對那人來說卻很合理。我們在上一章所提到的寬恕自我，以及這一步驟所提到的寬恕他人，都能夠帶引我們通往快樂。當你參透了耶穌在十字架上那番話的真意：「赦免他們，因為他們不知道自己在做什麼。」你就能夠原諒導致某人做出傷害舉動的那種困惑。你可能會這麼想：「他們明明很清楚自己在做什麼。」不過，耶穌就像佛陀一樣，他所傳達的是蘊含在那種行為之下，以為那種行為會帶來快樂的無知與誤解。領悟了這一點之後，我們就能

主動寬恕

　　想出一個曾經在某方面傷害過你的人，想像對方站在你面前。思索對方當初會傷害你可能是基於什麼樣的困惑或無知——同樣地，不要仔細審視那些行為，而是要打開心胸，迎接慈悲。默默說出這些話，表達寬恕之意：「對於你曾經對我造成的傷害，無論是蓄意或無意，我原諒你，我原諒你的困惑。」想像對方接納了你的話，感受到你的寬恕，注意自己有什麼感覺。

　　當你發現自己對某人懷抱怨恨或憤怒，你想要為自己找回原有的連結，那麼就把對方想像成一個恐懼又困惑的小小孩，這一招有幫助。讓你的心變得柔軟，而且要感受放下緊繃情緒時的那種輕鬆感。

將怒氣轉化為慈悲。誠如達賴喇嘛所言：「要是你希望快樂，練習慈悲；要是你希望別人快樂，練習慈悲。」

如果你還沒有準備好原諒某人，那麼，就先寬恕自己現在的狀態，尤其是如果你覺得自己受委屈的話。這種過程急不得，有時候，傷口需要好一陣子才能復原。不過，你要知道寬恕他人的最大受益者就是你自己，所以，對於將來在某個時候原諒某人的可能性，要抱持開放態度。

培養愛之心

要是我們真心想要過得快樂，那麼培養善良關愛的心，應該是我們生活中最重要的事。達賴喇嘛是我知道最棒的快樂人典範之一，他是這麼說的：「我的宗教信仰就是仁慈。」而耶穌指導信徒的主要教義之一就是「你們要彼此相愛」。不過，我們要怎麼做到那一點？該如何讓仁慈成為我們的宗教信仰？有些人可能以為愛別人就像是一種特殊天賦——本來就有，不然就是根本沒有。有時候，我們觀察某人，會說出這樣的心得：「她——或是他——是很有愛心的人。」我們可能會誤以為自己沒辦法成為相同的人。但愛的能力是天生的，大家都有，而且還可以培養。上一章介紹的慈心修習，也是一種培養愛別人能力的方式，你的潛能很可能遠遠超過自己的想像。你可以靠著喚醒內心的愛之特質，予以強化，成為一個更有愛心的人。

我們用來送給自己的那些慈心詞語，也可以在這裡成為送給他人的祝願：願你平安無恙，願你喜樂，願你生活自在如

意。你也可以運用其他感覺自然真誠的話語。你祝發善念的對象有好幾種範疇，可以先從最容易讓你心生喜愛的那些人開始，然後是具有挑戰性的對象，最後是那些你完全不認識的人。最後，你的練習是將自己的愛送給世間的所有生靈。以這種方式擴展善願的感覺，將會增實你的愛的能力。

由於我們通常是在靜坐冥想的狀態中進行慈心修習，所以你可能會想要知道，難道真的有什麼神秘能量能夠跨越時空，進入你想念之人的心中？有些人說是，但也有人說不是。我傾向認為我們的心緒的確能夠產生效應。你是否有過這樣的經驗：想到某個自己在乎的人，突然之間，「出乎你意料之外」，他們就打電話或是寫電郵給你？也許我們互相連通的方式並非只有看得見的那一種而已。

我確定的是，將仁善與愛的念頭送給他人，對於你自己絕對有好處。而當你的愛開始成長，你周邊的人也會成為受益者。

這種練習並非只限於禁語冥想的那段時間。在你的日常生活中，只要想到就可以靠著默默祈祝他人的方式修習慈心。你會發現當你將祝福送給他人的時候，自己的幸福感也隨之增長。

愛你所愛之人

一開始維持這種愛的能力的時候，先從最容易讓你心生喜愛的那些人開始。你散發慈心的第一群人包括了你滿懷感激、在某方面豐富你人生的那些人。他們可能是父母、親戚、老

師、神職人員、朋友，或是人生導師——他們一直對你很好、與你分享知識、幫助你度過難關，或是以某種方式深信你與支持你能夠變得更好的那一群人，而這也未必是你認識的人。甘地是我小時候的英雄，當我閱讀他傳記的時候，他的某種精神感動了我，讓我想要擁有像他一樣的好心腸、智慧，以及勇氣，而且一想到他就讓我敞開自己的心胸。對於某些人來說，其他的聖者或聖人可能也有相同的效果。或者，你也可以敞開感激之心，將慈心送給曾經鼓勵眾人培養技能與天賦、造福他人的公眾人物，過去與現在的都可以。

　　你的好友與其他容易讓你心生喜愛的人，是你下一輪的慈心練習對象，這幾乎保證能夠喚醒你的心中之愛。光是想到某些人，就足以讓你的臉上泛起微笑。這些人應該也都很愛你，就像是我們愛他們一樣。當你感受到他們的愛意時，也把你的愛意傳過去，讓這個圓圈變得完整。

　　當你一開始進行這種練習的時候，最重要的是要挑選那些能夠激發你愛意的人，這樣一來，就能夠明瞭那種體驗在身心之中的感覺，藉由將慈心能量傳給他人的方式並強化它。只要你保持開闊心胸，就能夠深化愛的能力。

　　為了你周邊最親近的人，花時間融入當下，這是將慈心化為行動的練習之一。嘗試以全新的角度看待他們，也許就把他們當成剛認識的新朋友。詢問他們最

> 我靠著注意陌生人正向細節的方式練習慈心，比方說，我會自言自語：「他姿勢不錯」、「她穿那個顏色很好看」、「他正在打方向燈」。我的這種注意力微調產生了巨大影響，我整個人變得更快樂！
>
> ——某名課程學員

近到底過得如何，然後，專注聆聽。讓他們知道你喜歡他們的哪些地方，表達你的讚美，你們每一個人都會因為你所創造的愛之場域而獲益。

散播愛

想想看，在你每天的生活當中，有多少你幾乎無感或完全無感的人與你擦身而過，也許大部分的對象都是如此。接下來這一輪擴展而開的慈心對象，也就是「中性」範疇，都是那些我們不認識，也許永遠不會認識的人。當你在做這種練習的時候，顯然你已經具有了幾乎可與任何人培養溫暖真誠連結的能力。

多年前，在我的第一次慈心靜修活動中，我決定要選擇我的新鄰居理查德，作為我傳愛的中性對象。珍與我剛搬入這個社區，雖然街坊鄰居看起來很友善，但我除了揮手與說嗨之外，幾乎很少有互動。我開始練習，想像理查德從家裡出來，

散發愛意

想一個你深愛或是非常感激對方的人，注意這些感覺是在身體的哪個部位出現，許多人會覺得胸中有一股膨脹的暖意，當臉上出現微笑的時候，你也可以注意有什麼變化。當你關注自己對那個人的愛的時候，心境如何？當你散發感激以及愛之能量的時候，讓這些感覺跟著一起放大：願你喜樂、願你健康、願你感受到我對你的愛。

準備要開車去上班的時候對我微笑，親切打招呼，然後，我又開始想像他對待妻女的溫柔時刻。接下來我在自己的心中看到他在跟自己的狗兒玩耍。我又開始細想，他就和我一樣，也有自己的哀愁與喜悅、失望與成功。而且，他就和我一樣，也想要過著快樂平安的生活，迎納生命中所有的愛。對我來說，他基本上就是一個好人，我覺得要是他能夠開心，那麼他周邊的所有人也能跟著受益。當那些畫面盤據我心的時候，我開始對他祝願：*願你平安無恙，願你的生活充滿自在喜悅。*接下來的那兩天，我繼續做同樣的修習，我不知道當我再遇到他的時候，這會對我產生什麼樣的效果。

我很努力對日常遇到的所有「服務業」人員刻意進行互動：收銀員、公車司機、我辦公室那棟大樓的大廳警衛。我確定他們多少都能感受到我的意念，感謝他們的付出（而且是出於真心），當我離開的時候，誠懇祝福他們有個美好的一天。效果出乎我意料之外，而且我覺得我與自己所接觸到的社群有了更強烈的連結感。

——某名課程學員

靜修結束之後，我第一次遇到理查德的時候，突然變得好開心。我祝願的目標就出現在我面前！我立刻走過去，對他溫暖打招呼，開始閒聊。自此之後，我們就一直維持暖心的互動。一直到多年之後的某天，我們聊到這段友誼多麼珍貴，我才向他提到那場慈心靜修。令我大吃一驚的是，他自己也早就發現我們溫暖關係的起點，其實就是在我開始默默對他祝願的兩天之後。

你有無盡的機會可以對於周邊的諸多「陌生人」敞開心房，以下是一些建議。無論你在練習哪一項，確定要在你向別

人發善願的時候,注意自己身心之內的感覺,這樣一來就可以讓慈心的感受在你心中扎下更深的根。

- 選擇「本週之人物」,某個你經常見到但卻不算認識的人,讓對方感受到你以意念與行動所傳達的慈心。
- 當你在雜貨店排隊或是陷在車陣裡的時候,向周圍的人散發善念。
- 當你走在市區的時候,對經過身旁的人微笑或打招呼。
- 當你在公眾場所為某人扶門的時候,默默祝福對方快樂幸福。
- 停下腳步,與街上的流浪漢聊聊天,你這種善舉的意義遠超過了幾枚銅板。

看見良善

我們生活中認識的人,幾乎在一開始的時候都是陌生人。這也給了我們一大片寬廣肥沃的田可以散播愛。無論我們進入了什麼樣的狀況,都能夠以仁善有愛的方式與其他人互動,產生正向效應。做這件事的時候要抱持增進他人幸福的真誠決心,並非只是要「贏得朋友與影響別人」,這就表示我們運用自己的良善,與他人的良善相會在一起。被關了二十七年之久的曼德拉,就深獲那些獄警的愛戴,因為他的確很注重這樣的實踐。

我也曾在自己的生活中努力嘗試這一點。四十年前,當我第一次研究影響許多西方人的印度大師尼姆‧卡洛利‧巴巴的

時候，我對他所說過的一段話感到很震儡：「每一種形式都是崇敬上帝的最佳形式。」對我來說，教書就是一種看到每一個人內心良善的工具。我發覺每當我更仔細找尋別人良善美麗的部分，我就能夠看到越多。而且當我這麼做的時候，似乎也能夠挖掘出他們最美好的部分。

當你察覺到有人在對你評斷、找出你所有缺點的時候，你內心會有什麼感覺？

如果你不是一無是處的大壞蛋，反應很可能是尷尬。不過，當你與某個知道你缺點的人在一起，但對方卻能夠看出你內心美好的時候，你不覺得很美嗎？這就像是拿光照耀你的那些部分，為它們增添了更多的活力。

當初我是在紐約一二二號學校擔任年輕小學老師的時候，發現了這種觀點的轉化力。每年一開始，我都會給自己設下一項個人挑戰：我是不是能夠找到每一個小孩心中的秘密？讓他們能夠從自己的躲藏之地裡面走出來？如果他們願意跨出那一步——對於某些人來說，那是跨越巨大深淵的奮力一躍——那麼我知道我就很有機會打開他們的心靈。當你知道自己的老師愛你，而且相信你，尤其是在你十一、二歲的時候，你也許會開始愛自己、相信自己。

看到大多數小孩心中的良善，其實很容易。我的心被他們的喜悅與熱情，還有聰明可愛或貼心所融化。不過，每年幾乎總是有三、四個會成為我的特殊計畫，通常這些孩子都個性暴戾，也許是因為曾經受虐，或是因為不知還有其他獲得關注的方法而犯蠢，也早已習慣遭到大吼大叫。我會花時間在下課的時候與他們獨處，或者是讓他們擔負班級裡的某些責任，顯示

我尊重也信賴他們。在一對一的寧靜時刻，我會詢問他們喜歡做些什麼，然後真誠聆聽。大多數時候，我的方法都行得通，到了學年結束時，班級內的氣氛通常都很棒。

愛可以製造奇蹟，在最險峻的峽谷之間建立橋梁，我在一二二號學校還有另一次的體驗。這間學校位於阿斯托利亞，當時是紐約皇后區相當保守的區域。其實，電視影集《一家子》就是以這裡為主場景，而片中的主角亞契・邦克則是大家刻板印象中那種心胸狹隘、自以為是的暴怒美國人。我們現在進入一九六九年的場景，出現的是長髮蓄鬍的巴拉茲先生。當我第一次走進穿堂的時候，我後頭有一堆學生與教職員瞠目結舌，哈哈大笑。校長把我叫進去，他說這所學校不習慣有我這樣的人，客氣建議我去剪個頭髮，把鬍子刮乾淨。

尋找良善

在某人身上看到良善，就能從他們身上挖掘出某種真實、生氣勃勃，以及鼓舞人心的氣質，這可以讓幾乎不相識的人培養彼此之間的信任感。

花一個禮拜的時間，練習在每一個遇到的人身上找尋良善，要把大家都當成渴望安全感、被接納與被愛的人。就算你知道某一個人的所有缺點，還是要想辦法找到這項特質——有創意、有趣、體帖、聰明、忠心——只要是你喜歡的正面特質都可以。注意一下你對於他人的感受，還有與他們的互動，因而發生了哪些變化，以及它對於你自己的心靈狀態又產生了什麼效應。

　　CJ一直很憂鬱。她罹患紅斑性狼瘡長達十五年之久，飽受其苦，經常需要助行器或是輪椅。當她聽說有位藏傳佛教喇嘛要來自己的城市，她滿懷希望，期盼對方也許能夠伸出援手。她預約的那一天到來的時候，她利用助行器一拐一拐在人行道前進，然後她坐在喇嘛前面，傾訴自己所受的煎熬。她並沒有看到她期盼的慈悲目光，對方反而瞪著她，而且以相當粗魯的態度說道：「妳不要再自憐自艾了，要開始專心努力把快樂帶給別人。」

　　CJ完全嚇呆了。她情緒低落地回家，憂傷了好幾天之久。雖然她依然悲傷絕望，但還是開始仔細回想那位喇嘛的建議。不過，就她的狀態來看，她怎麼可能讓別人快樂呢？她想起某種特殊的冥想練習，她下定決心要修習一年，而這正是慈心練習。

　　她每天都對自己、心中想到的每一個人、自己遇到的人，發出快樂、慈悲以及平靜的祝願。等到一年結束的時候，CJ的快樂程度大幅揚升，她現在已經不需要輪椅，每週運動三次，而且完全沒有任何症狀。醫生把這稱之為醫療奇蹟，而CJ所做的唯一改變就是祝願自己與其他人快樂健康。

——瑪西·許莫芙

《快樂，不用理由：練習·七個由內而生的快樂法則》作者

二○○八年柏克萊的激發喜悅課程

CJ為了要感謝自己得到的神奇的療癒，發起了「仁善治療運動」，她在網路邀集大家一起加入她的行列，要在一年之中完成一百萬項善舉。

　　但我喜歡我的模樣,這讓我對當時的嬉皮反文化運動產生了歸屬感。而且,也許這對大家也有好處,可以讓他們停止自身的偏見。我把我的想法告訴了校長,他雖然身穿西裝搭配啾啾領結,打扮一絲不苟,但其實並不像我以為的那麼老古板。「給我兩個禮拜的時間,」我請求校長,「也許大家可以習慣不一樣的人,要是行不通的話,我會剃光鬍鬚剪頭髮。」

　　在那段時間當中,我刻意「用仁善殺死它們」。我為父母與學生開門,在走廊上遇到老師的時候溫暖打招呼,經常對大家露出充滿愛的粲笑。當我真心誠意的時候,這種方式真的奏效,我看出這裡的每一個人都很良善,希望能夠給這些孩子最好的部分。雖然一開始的時候我別有用心,但是在這樣的過程中,我真正打開了自己的心房擁抱他們。而且,看到了他們的良善,也讓我們之間建立了真正的連結。最後,我保住了自己的頭髮,而且在那裡繼續任教了九年,成為大受歡迎的老師之一。

愛那些你並不想愛的人

　　珍惜那些豐潤你生命的人、可愛的好友,再加上敞開心胸迎納你的郵差、同事,還有你每天早上走路時與你擦身而過的孩子們,你可能覺得自己的心已經盈滿到不行。不過,慈心練習直到我們的心沒有極限。接下來你要納入己心的這個範疇,都是你很難相處的人。通常我們會稱之為「仇敵」範疇,這個族群裡可能包含以前的情人、惡劣鄰居、行為令我們惱怒的政客,以及與我們並不對盤的可愛之人。耶穌給我們這樣的教

誨：「你們的仇敵，要愛他；恨你們的，要待他好。咒詛你們的，要為他祝福；凌辱你們的，要為他禱告。」現在你有機會在自己的心中好好試煉一下。

你為什麼會想要這麼做？將善願送給那些讓你不悅的人，又能得到什麼好處？為什麼要「連左臉也轉過來由他打」？因為寬恕修習最重要的就是為了你自己的幸福。只要你是手持熱燙煤塊的人，會被燒傷的將是你自己。

我們要擴大納入這些我們不是很愛的人，最起碼，不需要是立刻這麼做，還有另外一個理由，就是怒與苦無法成就大業。「非以怨心能息怨憎，」佛陀是這麼說的，「以愛對恨，恨自然消失，這是古老永恆之理。」比方說，雖然抗議不公不義，很可能是來自於正義的怒火，這是事實，但問題的最終解

就連他們（對，就連他們）也愛

　　想出一個你一直關係不睦的人，想出一些對方可能具有的正面特質。努力回想對方曾經做過哪些可能會軟化你的善舉，或者，想像對方是一個曾經有過煎熬歲月的小小孩。現在，悄聲說出當你想到此人時的這些話語：*願你找到自己生活中的喜樂，願你平心靜和*。現在，注意自己的身心之內有什麼感覺，如果你覺得舒展或暖心，吸納這些感受，讓它們繼續滋長。

　　千萬不要勉強擠出任何特定的感覺，這一點很重要。要是你無法對這個人感受到任何的仁善，那麼，就對自己和善，讓自己體會自我真實感受，但千萬不對它們有任何的牽繫或反感。

方卻是相當程度的慈悲與溝通。這並不是要否認痛苦的感覺，或是假裝他們並不存在於我們或別人的心中。但我們可以從自己開始，以諒解態度開啟己心的意念，體現我們的感受。當我們這麼做的時候，最後的受益者是我們，有了那樣的精神，我們的行動也會產生更強大的力量。

將慈心送給我們的仇敵，宛若某種鍊金術，可以將我們的惡劣感受轉為良善感覺。某一年，我在某個慈心靜修中心，的確體驗到了那種情景。我的修習已經進步到「難搞的人」範疇，而且我知道我要挑哪一個人。我當時住在某個大型社區多年，而席拉則是剛搬進來的暫時住戶。雖然她確確實實遵守社區規章，但她似乎總是一直抱怨個不停：其他住戶漫不經心、住戶大會開太久、昨天深夜有人玩音樂玩得太大聲之類的事。只要我們相遇，這機率很高，畢竟我們住在同一棟的屋簷下，我覺得她的內心對我的評斷一定是如瀑布不斷狂落而下（當然，我的心裡也會浮現對她的一兩個批評）。每當我想到她，我的身體就會變得緊繃，而且還會立刻感受到一股不快感。席拉是讓我送出慈心祝福的完美「難搞」之人，這一點無庸置疑。

進行到這種練習階段的時候，必須要聯想此人的各種正向特質——也許他對小孩很好，或者她對於慈善捐款很慷慨。這樣的思維可以幫助軟化你的心，讓你能夠敞開心胸為他們發善願。不過，每當席拉在我心頭浮現的時候，我想到的只有抱怨與攻擊。我直接對她發善願了一兩天——願妳平安無恙、願妳喜樂——負面意象是消退了一點，但我完全感受不到能夠稱之為暖意或是開放心胸的體驗。我拿著熱燙的煤炭，真的不知道

該怎麼把它放下來。然後到了第三天,出現重大突破。

當我努力將仁善念頭傳送給席拉的時候,達賴喇嘛進入了我的覺知。我覺得他在進行這種任務的時候毫無任何困難,不會像我一樣覺得相當艱鉅。他的愛與慈悲如此清晰,只要你在他的附近,一定會為之感動,最後自己也會感受到滿滿的善念。我曾經多次在足以近距離觀察他的小空間裡面,注意他與群眾的個人互動。他永遠以百分百的開放與愛歡迎每個人。我的心中浮現了一個畫面:群眾排隊請他賜福,他正在逐一向他們問好。就在這時候,我嚇了一跳,席拉出現了,準備迎接賜福。達賴喇嘛散發慈悲,面向席拉前面的那兩個人,然後,輪到席拉站在他面前。

我很好奇,要是我透過達賴喇嘛的眼光來看待席拉呢?那個場景以慢動作的方式開始播放。首先,我注意到她的開闊與脆弱。然後,我感知到她一生中所經歷、形塑她現在面貌的種種痛苦與哀愁。我看得出來她有好心腸,而且有多麼渴望被愛。突然之間,席拉成了一個燦爛的人,流露出值得凝視的美麗。

現在,要對我的「難搞之人」發送健康喜樂的祝願,就變得比較容易與真誠。我心中某個緊繃的部分變得放鬆,感覺先前向席拉封閉的所有能量都散發出來,成了關心與喜悅。在好幾個東方宗教的教義之中,孔雀是一種能將負面感受轉為正向能力的重要象徵。因為眾人相信這種華貴的鳥可以吃下毒物,將其轉為美麗的羽屏。我覺得自己內心的苦毒也已經轉化為某種美麗的感受。

化解敵意

　　席拉基本上從一開始就是個好人。但那些卑鄙或殘酷的惡人呢？也許有人會懷疑是否要對蓄意傷害他者的那些人練習傳達慈心？我們為什麼要希望他們快樂？

　　詩人朗費羅寫道：「如果我們能夠解讀自己敵人的祕密過往，我們就能夠找到每一個人的生命悲傷與痛苦，足以化解所有的敵意。」當我們仔細觀看那些犯下重罪者的背景，通常會發現他們的童年飽受折磨。會在別人的不幸中得到歡愉的那些人，本身就是不幸的人。他們被困在自己緊縮心靈的牢籠之中，幾乎沒有真正的愛會回流到他們身上。要是你對他們所發的善願成真，而且他們領悟到要在哪裡才能找到真正的快樂，那麼他們日後就不會再蓄意傷人。所以，我們向他們傳送慈心，並不是一種獎勵，而是祝禱。同樣地，當你能夠以祝願朋友的方式祝願你的仇敵，那麼你心中又有一塊緊繃之地會變得柔軟，化為慈悲。

　　當我在那次靜修結束之後再次遇到席拉，我覺得自己對待她溫柔多了。也不知道為什麼，我聽到她所說的話也變得不一樣，不再是抱怨，而是合情合理的觀察，而且，自此之後，我跟她的互動一直很暖心。

　　對我來說，我們看待別人的方式，顯然會影響對方與我們之間的關係。赫爾一直與他母親不睦，所以他在做慈心練習的時候，選擇直接對她發善念，他寫下了這一段話：

　　我發現她的回應態度出現了明顯差異。在那些無論發生什

麼事，她都一直緊追著我不放的日子當中，我練習向自己傳達慈心，對她的處境感到悲憫，我提醒自己，她內心也有良善，雖然我在當下看不到。熬過那些時光很痛苦，但這方式很有用，我希望可以繼續療癒這段關係，予以轉化，至少我自己是如此。

全然開放的心胸

要是你想要過得幸福，那就愛每一個人。這句話聽起來似乎很簡單，但我所認識的那些最快樂的人，都是那些將散發無條件的愛當成一生志業的靈性導師。這就是那種我們渴望達到的愛，慈心收受者的最後一個範疇──所有的生靈，人類、動物，以及其他。當我們為萬物培養慈心的時候，我們將「他者」的感受置換為關愛與連結，我們納入一切，毫無任何差別：包括了那些受苦者，以及那些處於無知狀態而引發別人受苦的人、快樂的人以及那些帶來快樂的人，各種年齡、族裔、國家、宗教背景的人，還有所有的萬物，以及看得見和看不見的各種力量，我們的愛沒有極限。

巴克敏斯特·富勒曾經對我們的真實處境說出了以下的著名註腳：「我們都是這艘地球太空船的乘客。」而我們大家搭乘同一艘太空船的這項事實，自最近也變得越來越鮮明。伊拉克的波折會影響到密爾瓦基所發生的事件，美國房市衰退對於全球經濟有莫大影響，於是接下來從事慈善工作的非營利團體的贊助就會受到影響，孟加拉窮人或是想參加特殊奧運的小孩將會受到波及。燃燒化石燃料而不考慮後果，將會造成我們的

氣候體系完全失衡，引發極地冰帽融化，增加颶風與其他暴風系統的威力，加快了許多物種的滅絕。簡而言之，我們都是某個巨大、互相連通的生命網絡裡的一部分。領悟到我們都是這裡的一分子之後，也凸顯出行善、尊重地球與同一艘船上的所有夥伴，其實符合了我們自己的利益。

這當然是愛

當你灌溉自己的根，我的心也跟著綻放。當我看到你微笑，我覺得自己元氣飽滿。當你能夠生活在真理之中，我推高了自己正在探索的這間屋子的屋頂。我敞開了門，讓微風灌入屋內。當你成長，我知道那是我自己的機會。你伸懶腰，我呼吸。我付出，你收受。就在我們生活的結構之下，蜷曲，準備躍起或像是玫瑰綻放，伸手準備擁抱，抑或是坐著，浸浴在優雅與寂靜之中——這樣的歌聲，環繞、燦爛、合為一體——這當然是愛。

——達娜·佛德斯，《深入再深入》

一場自由自在的喜悅之旅

當我們看到嬰兒開心尖叫，我們會感到歡欣；看電影時發現好人終於抱得美人歸，會覺得心滿意足；我們的摯愛一直對某項計畫感到緊張不安，最後終於成功，我們會為對方感到開心。對於這種為別人的喜悅好運而感到開心的感覺，佛教修行中有個梵語字彙：同喜（mudita）。這個字詞的翻譯是憐憫

的喜悅，也就是說他人的快樂在自己的心中產生迴響。當我們
為別人歡喜，或是慶祝他們的成功時，我們所擁有的就是這種
歡喜的感受。就像是慈心練習一樣，我們也可以利用「同喜練
習」培養與擴展其他人成功之際，我們所感受到的油然而生的
振奮之情。

　　當我們關注別人的成功與快樂時，我們的心中會懷抱讓自
己快樂的正面圖像。不過，當我們出現那種念頭的時候，哦，
但我沒有，我們陷入了負面的比較，心靈變得緊縮，我們不開
心。要是你誠實面對自己，你很可能會承認自己有時候聽到某
人不幸的時候，有一點竊喜。法國哲學家蒙田寫道：「我們朋
友的不幸之中，也含有一些沒那麼令人不快的成分。」德語甚
至還有一個專門描述這種情境的字彙：schadenfreude，幸災樂
禍。

　　這種感覺是什麼？我們可能會發現它的根源來自於我們腦

給萬物的慈心

　　開始為你家中的每一個人與近親發善願。在你的心中慢
慢往外擴展，涵蓋你的鄰居、你的城市、你的州、你的國
家、你的大陸，乃至整個星球，傳統練習的範圍甚至遠勝於
此。如果你相信天使、聖者、自然之靈、外星人，將他們納
入你的慈心修習範圍也很重要。你可能會這麼說：願萬物得
到喜樂，就像我期盼得到喜樂一樣；願萬物得到平靜，就像
我期盼得到平靜一樣。當你向萬物祝願，心中沒有遺漏任何
一個人的時候，注意自己的身心之內有什麼感覺。

中天生的生存競爭所造成的傾向。對我來說，它的意涵就是我們誤以為大家必須為了快樂而彼此競爭，彷彿全世界的快樂有一定的限額。要是他們有了，那我的就變少了。但這並非事實，舉例來說，以這種方式詮釋怒火就行不通，當某個火氣很大的人走進來的時候，你可曾注意會出現什麼狀況？你是否會鬆一口氣，然後心想：哦很好，他們在生氣，所以我就不會有那麼多的怒火了？！不太可能吧。我們都知道身邊的人有負面情緒，感染力會有多強。所幸這一點也適用於喜悅，當我們拋開自己的比較心態，讓我們自己參與別人的快樂時，就是如此。

金姆很清楚他生活中的哪些人會特別讓他感到嫉妒，引發他的批評，尤其是那些熱愛自己工作、享受生命的人——恰巧與他成了明顯對比。他參加過某場介紹同喜的「激發喜悅」課程之後，寫了一封電郵給我。

「真的很難祝福那些已經成功的人更成功。要是他們更開心的話，我會覺得更難受。」

「你怎麼不多試幾次呢？」我回信給他，「看看接下來會發生什麼狀況，讓我知道最後的結果。」

他嚇了一大跳，金姆發現修習的成果與他預期的完全不同。在接下來的那封電郵當中，他寫下了這段話：

只要我發現自己的心中在批判某人，我就會開始轉念：**願你常保喜悅與快樂，願好運與你永遠相隨**。等到我為他們完成祝願之後，我發現自己是真心盼望他們如此。

　　我在修習同喜的時候，也曾經遇到某個關卡。通常這種練習在一開始的時候，必須要想到某人的勝利時刻。我的腦袋空白了好一會兒。我認識許多過得很開心的人，但我想要找出一個正處於強烈歡慶時刻的人。然後，突然之間就出現了——史提夫・揚，舊金山四九人隊的四分衛，一直是我最喜歡的運動員。多年來，只要我一想到他，我就會感到喜悅。所以我開始想像他贏得超級盃之後，在球場上歡喜亂跑的場景，他衝入看台，臉上掛著燦爛傻笑，與球迷們互相擊掌。想到那樣的畫面，就像是打開了我心中的喜悅水龍頭，我的眼眶滿是淚水。等到那道活門開啟之後，我終於能夠將那樣的念頭傳給我生命中的其他人，衷心向他們發出善願：願你的喜樂滋長，我自己真的得到了滋長。

　　讓你的快樂雷達保持暢通，向周邊不斷掃描。當你看到或聽到有人在自己的生活中體驗快樂的時候，你要知道他們的喜悅正在幫助全世界變得更快樂。注意他們的現況，感染他們的

與他人喜悅同喜

　　想一個你喜歡的人，對方正因為喜樂而微笑或開心大笑。你有什麼感覺？注意是否有微笑油然而生。吸收那些美好的感受，送給對方：願你的喜樂持續下去，願你的喜樂繼續增長。繼續想一些你願意送出這種能量的對象，注意自己的舒暢感受如何得到了滋長。

　　現在，想像這些人為你歡欣鼓舞的畫面，將祝願送給自己，接收他們給予你的支持感。

喜悅。默默發善願，祝福他們的喜樂可以持續茁壯。當你這麼做的時候，注意自己的身心之內有什麼感覺。要是浮現任何羨慕或嫉妒的念頭，知道就是了，不需要帶有任何評價，然後再回到自己盼望對方持續喜樂的祝願。誠如達賴喇嘛所言，要是我們能夠從別人的喜樂得到快樂，那們我們至少多了六十億的快樂機會。

玩樂是愛

玩樂是接觸摯愛的喜悅的最直接方式之一。不過，我們卻經常拒絕這樣的機會，因為我們必須要關注「重要的事」，這一點讓小王子很感傷。布魯斯在康乃狄克州上線上課程，他寫信給我，提到了他在某個下雪日，與兩個小兒子在外頭堆雪人與蓋碉堡的過程。「我不是很喜歡那種活動，」他寫道，「天氣很冷，我打算進去屋內，而且我還有事要忙。」但他八歲與四歲的兒子卻不作如是想。

「在『激發喜悅』課程中，我們提到要感受他人喜悅所帶來的快樂，所以我忍不住，想要知道他們會有多開心。我心想：『這是特別的一刻，我必須要好好融入，並非只是虛應故事。』」布魯斯並沒有叫停，反而主動提議窩在碉堡裡面喝熱可可。「我們一起坐下來，共享一杯單純又珍貴的可可，」他回憶道，「即便是一年之後，純粹窩在一起的那段記憶依然會讓我熱淚盈眶。」

玩樂與幽默感是愛別人的真正方式，而且它們能夠直通喜悅。以下是某些課程學員透過玩樂讓愛流動的方式：

- 面對意外狀況要大笑，而不是生氣。
- 投入「浪費時間的活動」，比方說玩四格球遊戲或拼字遊戲。
- 領養寵物。「我把我的狗兒叫作『快樂』，而牠真的很會玩。」
- 上探戈課，保持哈哈大笑，而不是一直為自己所犯的錯誤頻頻道歉。
- 和我的小孩一起在街上蹦蹦跳跳。
- 以唱歌的方式和家人對話，宛若我們在演歌劇一樣。
- 與朋友一起玩音樂。

當你在玩樂的時候，注意內心的變化。那種感覺很像是愛，對不對？無論我們怎麼稱呼它，那就是生命的能量，不斷變化，充滿無限創意，而且是愛別人最容易的方式之一。玩樂並非只是我們生活中的「額外」事項，而是我們幸福的必要元素。

塔夫茨大學孩童發展系的榮譽教授大衛・艾肯，在他的著作《遊戲讓孩子更聰明：玩出創造力與競爭力》提到：「數十年來的研究都證明了玩樂對於所有年齡層的肢體、智能，以及社會情感面的發展至為重要。」

我們周遭處處是愛

當亞當還是小男生的時候，他經常會亂發脾氣——往往是因為太緊張或過於疲累而造成的崩潰。當他安靜下來，能夠好

好聽我講話的時候，我們有時會舉行一個小小的儀式。我溫柔問道：「要不要讓我告訴你有哪些人愛你呢？」他會靜靜點頭表示願意，然後我會把他抱到我大腿上頭，以雙臂柔情摟住他。「媽咪愛你，爸拔愛你，奶奶愛你，蘇珊姑姑愛你。琪琪愛你，琳達愛你，米雪兒愛你，還有羅莎愛你……」當我繼續講下去的時候，我感受到亞當的身體開始放鬆，因為他逐漸恢復冷靜。愛也許是最佳良藥。當你覺得心情低落的時候，回想那些愛你的人，很可能會成為某種舒心療癒的藥膏，你可以在那樣的連結感之中放鬆自己。

我們只要更加能夠敞開心房，就越能看到我們被愛所包圍的真理。這並非只是美好的概念，而是任何人只要願意給自己機會，都能夠體驗到的某種真相。凱特是教導市中心孩童正念的年輕女子，她說她知道「當所有恐懼悲傷以及孤絕感消失的時候，唯一留下來的就是愛，那是暗流」。她是在某天自然而生的情境之下，得到了這樣的堅定領悟。

　　某個陽光燦爛的午後，我坐在門廊，感覺非常快樂。我閉眼閉了一會兒，睜開的時候，距離我約三公尺的前方大樹的顏色如此繽紛，儼然在發光一樣。我覺得自己與它的連結感很強烈，我是那棵樹的一部分，就連我們之間的空間也是那種連結感的一部分。我無邊無界，成了自己所坐的那張椅子的一部分，是所在位置的門廊的一部分。我心中依然有實體邊界，但是在更深的層次已經沒有那是樹，這是我的區隔，而我知道這種將我們全連結在一起的繫力就是一種愛的能量。

　　類似的敘述，在全世界各地的文化當中都可以看得到，而且這千年之中也不乏其例。現代物理證實了某種程度的能量的確無邊無界，雖然科學可能不會承認這樣的黏著性是「愛」，但這卻是神秘主義者最常使用的語彙。凱特提到它的時候，將其稱為「某種歸鄉的感覺」，而且對她的生活產生了某種深遠的影響。

　　我一直超害羞，完全沒有自信。那種連結感徹底翻轉了我的生命。現在我可以和任何人產生連結的感覺，只需要愛他們就是了。我們都是那股暗流裡的一部分，雖然大家都受苦，但我們卻因為這種愛而緊緊相繫。

　　那種隱藏的能量就是愛透過你，愛它自己的表現。愛以循環的方式在流動，你吸收了愛，散布出去；散布出去之後又回流到你身上。你可能會發現，讓愛透過你流通極其自然，但你也可以在這段過程中積極投入，增強它的效果。不要抵抗，純粹接受朝你而來的愛。你吸納得越多，能散發的就越多。你是愛的某種工具，當你與他人的關係成為它的表徵時，你得到喜悅的能力也隨之成長。要是你的愛能夠透過祝願每一個人的方式傳播出去，而你所分享的對象再繼續發散出去，你將會得到無限喜悅。

> 如果某人完成了自我心靈之旅，那麼他也可以在其他人的心中找到自我。
>
> ——湯瑪斯·基丁神父

第九步驟

慈悲：
喜悅之心的自然表達

在你們當中，能夠真正快樂的人，
就是那些尋索並找到奉獻方式之人。

——史懷哲
一九五七年，某一場畢業典禮演說

在我大二的那一年，我對於自己的周邊世界深感幻滅。我從小在相信超人的環境中長大，信仰的是「真相、正義、美國行道方式」，不過，那是在一九六〇年代。三年前甘迺迪總統遇刺，對於我與我這個世代的許多人來說，「卡美洛」時代也就此劃下句點；越南的無辜人民死亡也讓我對於美國外交政策的善意大為動搖；而在這塊「自由之地」之中，成千上萬的人正在為基本公民權奮戰。

我主修心理學，我原本覺得這個學科可以探索人類前進的緣由，沒想到它意味的是專心聆聽有關老鼠在迷宮中行為的枯燥學術演講。我不知道明瞭統計學裡的標準差與我的生活到底有什麼關聯。就哲學來說，卡繆與沙特對我饒富意義，立刻帶引我進入了我自己的存在危機。最後我覺得生命完全沒有任何意義，對於某些高靈而言，鐵定是帶有詭異幽默感的某種爛笑話。

我變得越來越沮喪。長達好幾個月的時間，我都會把話題導向自己的陰鬱觀點，朋友們開始躲我，不想要被他們好思哲學的同伴拉下水。反文化變得越來越吸引人，帶來了某些希望——希望、愛，以及「披頭四」——但是我內心深處依然找不到足以生活下去的理由。

然後，某天我在皇后學院的餐廳吃午餐，發生了某件事，帶引我進入新的方向。我一個人坐在那裡，悶悶不樂，開始張望裡面的人，有些人聊得很起勁，還有些人四處遊晃，看起來有點失魂落魄。我跟平常不一樣，並沒有拿自己與他們做比較，也沒有在想自己有多麼孤絕。我對大家無感，只是在眾人忙自己的事的時候觀察他們，突然之間，我覺得他們基本上就

是純粹想要努力在世界上找尋方向的親切人類。這宛若像是轉動萬花筒，進入了截然不同的層面，從那樣的視角，我領悟到他們都想要過得開心——而且我也覺得他們大家都有這個權利。我也不知道為什麼，但就在那一刻，我的心中湧出了某種哲學式省思。對任何人來說，能夠賦予生命意義的唯一方式就是帶給別人快樂。在一個卑劣的世界之中，那將是種高貴的行為。

　　我反覆玩味自己新理論的簡純意涵，我也慢慢得到了體悟，以這種方式助人對我而言，已經是足以來世一遭、生活圓滿的理由。真是如此嗎？是不是真有什麼能夠成就圓滿生命？要是我以這種方式——為別人帶來快樂——思索本我與自己的生活，又會如何呢？我覺得體內有一股什麼立刻冒了出來，因為我長久不散的烏雲之中，有一道微小光束穿破而出。我離開餐廳的時候，步伐帶有一股消失許久的輕盈感。

　　在接下來的那幾個禮拜當中，那些心緒依然圍繞著我，而且它們的真確性變得越來越強大。在我內心的某個角落，我覺得只要能夠幫助別人找到快樂，我自己一定會變得更快樂——對於我這樣憤世嫉俗的人來說，這將是一大躍進。其實我過了好一陣子之後，才開始過著以這種全新的方式看待自己與世界的生活。不過那天我的確發生了改變，讓我開始啟程上路，前往尋索真正的快樂。

　　史懷哲在一九五七年發表的某場畢業典禮演說中曾經說道：「我不知道你的宿命是什麼，但有件事我很清楚：在你們當中，能夠真正快樂的人，就是那些尋索並找到奉獻方式之人。」這些年來，我也在自己身上發現了這一點。一開始的時

候是擔任學校老師，然後又持續接觸各式各樣的靈性修習。
在我尋索自身快樂的整個過程當中，我在大學食堂的那番體
悟──大家都想擁有快樂──總是駐留我心。雖然我們可以為
自己找到快樂與滿足，但我們不需要拚命苦尋，也可以知道這
世界充滿苦難。我知道我們不該躲避這無所不在的現實面，而
是要以慈悲與呵護的行動，進入幸福、喜悅、圓滿人生的更深
層次。

當真正的慷慨精神成為我們驅力的時候，我們的獲益程
度就與收受者一樣多。耶穌會神父安東尼・德・梅洛對這一
點的說法是：「慈善其實是以利他主義形式作為面具的自利行
為……我把讓他人快樂的愉悅送給了自己。」達賴喇嘛也有
相同觀點，他以打趣的說法將造福他人視為「自私的利他主
義」。第九步驟關注的是這種通往快樂的途徑：釋放別人的
苦，幫助他們找到喜樂。

奉獻他人的利他動力一直是人類歷史所推崇的某種典範。
我們會把實踐者稱為「英雄」、「聖者」、「道德典範」，以及
「人道主義者」。我們會說他們有勇氣、善良、慈悲又高貴。
我在自己孩童時代的英雄們身上看到了這些特質，菲歐雷洛・
拉瓜迪亞、盧・賈里格以及甘地。拉瓜迪亞是一九四〇年代初
期的紐約市市長，當時我還沒有出生，但我小時候聽聞過他的
事蹟。我最喜歡的故事之一就是他曾經在紐約市的某場微罪法
庭代法官行職，他面前站的是一個為了餵飽家人而偷取麵包的
竊賊，拉瓜迪亞對此人罰了十美元，但隨即面向整個法院：
「我要對這法庭內的所有人處以五角的罰款，因為你們居然生
活在一個有人必須靠偷竊才能生存的城市裡。」被告最後拿到

了四十七點五美元。我受到拉瓜迪亞的莫大鼓舞，我知道自己就是想要成為那樣的人。

我們在類似馬丁路德、曼德拉以及德蕾莎修女之類的英雄身上看到了相同的精神，九一一世貿中心雙塔的救火隊員身上也有。這樣的個人行為會讓我們感動落淚，而且也會激勵我們要為他人做出義舉。在佛教的教義中，我學到了一個可以涵蓋這些特質，將它們濃縮為一種我認為內蘊深厚的靈性志向──菩薩。

這個字在古梵語的意思是追求正覺者，尤其是想要成就解除眾生之苦的崇高目標的那些人。現在這字詞通常拿來形容無私奉獻、盡可能減輕他者受苦的人。雖然這個詞彙對於某些讀者來說不是很熟悉，而我在這裡介紹的原因是因為它符合了這個章節所提到的典範與各種特質。就在不久之前，大多數的人對佛陀也並不熟悉，但現在全美的花藝店都可以看到祂的雕像作為庭園裝飾！

> 我每天都會提醒自己一百次，我內在與外在的生活都是仰賴其他人的努力，包括了生者與往生者，我必須竭盡努力，才能夠付出一點回饋，稍微報答我所接受，以及依然不斷接受中的恩賜。
>
> ──愛因斯坦

解除所有眾生之苦聽起來像是誇誇其談。不過，努力造福他人卻是我們每一個人都辦得到的事。所以我想要將受到這種解除苦楚、增進喜樂願景所啟發的我們這些人稱之為「菩薩實習生」。我們竭盡所能，而且在這樣的過程中，我們學到了表現自己的呵護之心會得到多大的回饋與利益。

數百年以來，佛教門徒正式立下菩薩大願，實踐服務他人的志向。在我大學時代的的存在危機與頓悟過後的三十年，我

得到在達賴喇嘛親自領導的儀式中發願的機會。在一個身旁有
數千人相伴的禮堂裡面，我重複這些在八世紀所生成的字句，
它將導引我躋身這個崇高靈魂團體：

誓願護眾生，誓願滋養助眾生脫離苦海。

大部分佛教徒都會像這樣，誓言竭盡全力，我想這是一種
能夠鼓勵我們發揮最高潛能的方式。不過，就當我真心誠意說
出那些話的那一刻，我才驚覺早在多年前，我待在大學餐廳裡
的時候，就已經立下了這個宏願的自我版本，當時我突然有了
想要幫助其他人找到快樂的某種直覺。自此之後，我知道這種
誓願不是沉重負擔，而是一種為生命帶來意義與圓滿的提醒。

刻意以這種方式起願，能夠讓你專注立志奉獻他人。不一
定得是佛教徒或是參與什麼正式儀式才能這麼做，你可以依自
己的方式行事，創生自己的誓願。不論你打算怎麼做，進行這

創造自己的菩薩大願

你可以寫下自己的誓願版本幫助眾生離苦。基本原則就
是要在造福他人的脈絡中，看待自己的喜樂。花一點時間，
自問有哪些話會真正表達出提振你心的祝願。比方說，你可
能會說：願我的喜樂帶來他人喜樂這樣的話，當你找到能夠
在你心中引發迴響的那句話，默默在心中唸出，當作是給自
己的許諾，與它們所體現的意念誠摯連結在一起，注意自己
身心產生的變化。

個步驟是通往深化喜悅的一大重要解方。

慈悲心

　　感動與支持菩薩的好心就是慈悲。就英語而言，這個字詞意味的是「容受」，但在佛教教義中，「面對苦難的心之顫動」這樣的定義反而很美好，而且可能更富有意義，這是期盼他人離苦的真誠祝願。慈悲的核心就是認知到我們大家都互相連結在一起，你的苦就是我的苦，當我看到你受苦的時候，我的心也跟著震顫。

慈悲之鏡

　　神經科學已經向我們揭示，我們透過腦中所謂「鏡神經細胞」，真的能夠「感同身受」他人的反應。馬克‧巴拉斯奇在他的《慈悲生活田野筆記》一書當中，敘述了這種過程：

　　「鏡神經細胞……（是一種）專門實踐同理心信條：我感同身受的腦部機制……某項研究指出，當某人手指被大頭針扎了一下的時候，會被觸發的細胞區域，與看到別人手指被大頭針扎的時候所觸發的細胞區域是一樣的。我們發現有人踢到腳趾痛得跳起來的時候，自己也會面容抽搐。我們了解那是什麼感覺……就像我們的腦部據說具有某種『文法小區塊』，能夠幫我們學習語言的複雜度，也許我們也有『推己及人小區塊』，包含了因應慈悲本身的腦神經基本規則。」

　　雖然有時候慈悲與憐憫會交替使用，但它們並不相同。憐憫帶有一點保持距離與憎惡的幽微意味，你真是太倒霉了（幸好不是我！）。雖然憐憫讓我們對於他人受苦的反應可能是出於善念相救，但是心靈卻會退縮，如此一來，將無法敞開心胸迎接可能到來的喜悅。慈悲則是對於見人受苦的柔心深層反應，當我們的心朝這樣的方向挪動的時候，原本可能造成彼此分隔的牆也會因此融化。藏傳佛教喇嘛丘陽創巴仁波切對於慈悲是這麼說的，宛若「你的心完全暴露在外，沒有皮膚或組織的掩蓋……」當我們懷抱慈悲伸手的時候，我們會感到那股柔軟之中有種體貼。感受那種柔軟，就等於感受到了盎然生氣。

　　當被問到慈悲的感覺是什麼時，「激發喜悅」課程的某些學員給了以下回應：

- 我給予的時候有振奮感，覺得圓滿，某種平和的暖意。
- 我覺得非常融入當下，內心柔軟多了。
- 感覺「柔軟」，有點想哭。
- 我的心受創了，不過是一種舒服的方式，而且能夠與他人產生這種情感連結，我心生歡喜。

　　見苦而引發我們內心的那種深刻呵護，心之崇高精神，其實是一種振奮的狀態。

　　能呵護的感覺很舒暢，這種呵護他人與關心生命的能力，就是慈悲心的精髓。

培養慈悲

面對受苦要保持開闊心胸，需要耐心與修習。達賴喇嘛自己也必須要培養慈悲，在《和諧世界：為實現更好世界的慈悲行動》一書中，他說道：

> 每當我提到慈悲與愛的重要性，大家就會問我：該怎麼培養？這並不容易……你不能光是按下某個按鈕，等待它們現身……當我十五、二十歲的那個時候，脾氣很暴躁，但是透過佛教教義的培養與艱困體驗，我也逐漸改善自己的心理穩定度。艱困體驗是對心靈非常好的訓練，它們幫助我訓練內在決心……透過了訓練，我們就能改變。

對受苦有深刻體悟的佛陀，就是著名的「世尊慈悲」，而他教義的其中一個重要面向就是要培養我們的呵護之心。雖然我們自己的苦可以打開我們的心胸、對他人之苦更有同理心，但我們也能以有系統的方式，透過正式的修習，深化我們的慈悲。正如同你在這套「激發喜悅」中所學到的其他練習一樣，一開始訓練心靈的有效方式就是透過冥想。

當學者凱倫‧阿姆斯壯被問到能夠統合全世界宗教道德觀的是什麼，她給了一個最簡純的答案：「慈悲。」如果以演化論學者自己的版本詢問他們這樣的問題：人類社會進化過程當中的關鍵道德適應性變化是什麼——他們也會給出一個很趨近的答案：「慈悲。」就此觀之，偏宗教論者與演化論者取得了共識。

——達契爾‧克特納
《生而向善：有意義的
人生智慧與科學》

現代神經科學已經證實，專注冥想是激發與強化腦部增進同理心區域的最直接方式之一。理查德‧戴維森在他的威斯康辛大學實驗室之中，對自願修習慈悲冥想一週的學生，以及修習這種冥想已有數千小時經驗的比丘尼，進行冥想效果的廣泛研究。在這項特殊的修習中，冥想者完全專注體驗針對所有生靈的慈心與慈悲。夏倫‧貝格利在她的著作《訓練你的心靈，改變你的大腦》當中，提到了戴維森在某項調查中，對參與實驗者的功能性磁振造影的結果：

> 在純然慈悲的世代，所有受試者的腦袋，無論是老練或初來乍到的冥想者，都顯現出負責管控情緒、計畫行動、如快樂之類的正面情感的區域變得活躍。而追蹤「自我」與「他者」的區域卻比較安靜，彷彿，在慈悲冥想過程中，這些受試者……為其他人敞開了心靈與心胸……

史蒂芬妮曾經研究過某種教導如何專注感應他人經驗的特殊藏傳佛教修習方式。雖然時間不長，她也看出了自己日常生活所發生的差異。她說，冥想改變了她的觀點，就像是把焦點從形體轉為背景一樣。

> 你不再那麼執著於「我怎麼樣」？反而比較注重的是「你怎麼樣」？而這一點就改變了一切。你可以專注感應別人的痛苦，找出對方可能需要什麼。我們大家都有相同的人性狀態，當你在練習轉換焦點到別人身上的時候，就能夠在與他們共處時，以足夠的程度抽離自己，真正融入當下。

誠如本書從頭到尾所強調的一樣，這並不表示忘了照顧自己的需要，或是陷落在他人痛苦之中，如同史蒂芬妮所見：

當你專注感應他人痛苦，而且對他們發送慈悲心的時候，這並不會耗盡你的元氣，其實會讓你的心盈滿更多能量。你似乎清除了小小心靈中的困惑，取而代之的是某種更開闊、更生意盎然的心緒。在你心中所有的雜音之下，你會碰觸到一種更深沉玄奧的良善。當你放下恐懼，呵護之心就會充滿那種基本的良善與溫柔。

培養慈悲心

當你安靜坐下來，想到你在乎的某人可能目前狀況艱難。感受你與對方之間的連結與愛，然後，凝想這些字詞的意義，默默將其送給對方，願你能夠離苦，或者，我關心你所受的苦。

你也許可以把這些話語傳給自己，以及先前在慈心練習時所討論的其他範疇族群——那些與你親近的人，你覺得難搞的對象，還有那些你可能永遠不會認識的人。最後，也許你可以以慈悲心納入這個地球上的所有生靈。

當你在進行這種修習的時候，注意身心內發生了什麼改變。

　　慈悲修習未必要侷限於正式的冥想。在你的一天當中，要是遇到任何處境艱難的人，都可以觸動內心呵護的那一塊，送出慈悲祝願。

喚醒慈悲心

　　斯普琳到了十三歲的時候，生活已經充滿險阻。她的生活中沒有父親這個角色，家中狀況辛苦，學校也好不到哪裡去。某天，她行竊被逮個正著，所幸她只需要做社區服務而已。她母親送她去當地某間慷慨樂施、社區服務計畫績效良好的教堂當義工，斯普琳發現自己在那裡找到了一個全新的世界，不只是單一，而是諸多方面。她負責為無家可歸者供餐，身旁都是曾有毒癮或當過妓女，如今已經戒斷與清白的人。出乎她意料之外，她說：「我感受到滿滿的愛，好美。」她的第一次服務是為窮人與無家可歸者提供午餐，結果這成了她的一次轉化經驗。

　　　我走到冰箱那裡，看到一袋袋的熱狗、一堆堆狀甚乾硬的麵包，還有一大堆豬肉與豆類罐頭，我還記得自己當時心想：這就是午餐？

　　當天很冷，斯普琳懷疑真的會有人來。其實，服務時間一到，她望向門外，已經排了數百人，完全看不到盡頭。當她與工作人員走向隊伍的時候，「我發現到每個人都好哀傷，」斯普琳說道，「大家頭都低低的。」一開始，廚師告訴她給每個

人兩條熱狗、兩塊麵包，還有兩杓的豆子，過了一會兒之後，人群依然湧入，隊伍依然漫漫無盡，廚師宣布：「現在改成一條熱狗、一塊麵包，還有一杓的豆子。」

看到抱著小孩、身穿破爛衣服、頭髮蓬亂，一心盼望能吃到東西的那些人一直進來，我感到一股絕望。過沒多久之後，廚師又出來：「現在改成半條熱狗、半塊麵包。」然後，我們的食物全沒了，卻還有更多的人在排隊。

依然飢腸轆轆的人們慢慢散去，斯普琳凝望許久。後來，等到她幫忙清理完畢之後，她到了外頭，坐在教堂外的人行道邊緣。

我開始啜泣，心想**這樣不對**。我最震撼的是我很在乎，我在乎這些我根本不認識的人。我在乎這些孩子，我在乎他們沒有食物，天氣這麼冷，他們該去哪裡？我就是一直哭個不停，從來不曾有過那樣的感覺。

雖然她在自家附近經常看到流浪漢，但與這麼多窮困無家可歸者面對面，卻產生了巨大衝擊效應。斯普琳說她自此之後發生了改變，「我內心深處的某個地方被徹底改造。」

斯普琳所歷經的是一場與苦難的深刻相遇，能促你走上慈悲善舉之路的那種苦。讓你的心保持開敞，面對這種程度的苦難並不容易，我們通常想要逃離這樣的痛楚。我們感受到他人之苦，通常會讓我們很難受，因為我們不知道該怎麼辦。有時

候，我們所遇到的狀況實在難以令人承受，繼續融入當下。不過，當你再也無法對痛苦閉上雙眼的時候，就已喚起了慈悲之心。

現在二十多歲的斯普琳，在加州奧克蘭東岸冥想中心、教導年輕人與有色人種族群以正念為基礎的冥想，她也在少年輔育院教年輕人瑜伽與冥想，被視為此一領域的先驅。她自己也曾經一度是問題青少女，她了解那些卡關者的經驗，而且她可以利用不帶評價、不需要疏遠他們之苦的方式，予以回應。為無家可歸與窮人供餐的那一天，她以開放心胸面對貧窮與苦痛，也帶引她迎向慈悲善舉的豐富回報。

慈悲是一個動詞

佛教大師與行動主義者釋一行指出，當我們的心全力感受他人之苦的時候，慈悲並不會歇止。他強調：「慈悲是一個動詞。」慈悲與行動會手牽手在一起。

神經科學研究員理查德‧戴維森針對修習慈悲冥想比丘的同批磁振造影掃描結果顯示，負責計畫行動的腦部區域同樣也獲得觸發。夏倫‧貝格利《訓練你的心靈，改變你的大腦》引用了他對達賴喇嘛所作的報告：

> 這是全新、令人萬萬沒想到的發現……沒有任何實質的活動，他們（修習冥想的比丘）只是靜靜坐在那裡。此一現象的其中一個解釋是它可能反映了這個世代面對受苦的時候，具有行動的傾向。它讓「因慈悲而行動」這句話有了

真正的意涵。

我們不只天生慈悲，而且天生具有慈悲行動力。當我們看到有人受苦，心生慈悲的時候，想要做些什麼是很正常的反應。

馬克·巴拉斯奇在他的《慈悲生活田野筆記》當中，曾經引述對此有通透領悟的某個小男孩的話。當這個八歲男孩被問道：「要是你知道別人的感受，是否願意幫忙？而非什麼事都不做？」他回道：「哦當然啊。應該要這樣，先忘記自己腦袋裡的一切，然後，讓自己的心進入他們的心。這樣就明白他們的感受，所以就知道該怎麼幫忙了。」聽聽小朋友嘴裡說出來的話……

當我們以自己的疼惜之心體會他者之苦的時候，我們讓「自己的心進入他們的心」，這樣一來，有助了解我們該怎麼做。妮拉修習「激發喜悅」課程的時候，她的某個朋友生了小孩，卻只活了短短三天就夭折。「我想要為她做點什麼，」妮拉寫道，「但我發現我的直覺卻是趕緊躲開那種痛苦與無常感，而且我很擔心自己的行為會出包。」她學過靜心與自己情緒共處的修習，決定一試。後續的發展，讓妮拉與她的朋友都得到了深刻的撫慰。

> 我全心專注得到了體悟，我想要送給朋友一點東西，讓她可以藉此紀念寶寶。我寄給她日誌、蠟燭，還有一棵幼苗。直到現在，她的感謝電郵依然讓我起雞皮疙瘩。她說這就是她所需要的禮物。坐下來，與那些難受的情緒共

處，讓我碰觸到自身恐懼的另一面，與正在飽受苦難的某人有了真正的連結。當我再次看到她的時候，我也有了要求看照片、與她談論寶寶的勇氣。她非常感激，還說大家佯裝沒事讓她好難受。要不是因為有了這種能夠讓我正視自身恐懼的工具，我可能也跟那些人一樣。

慈悲的現身

當我們不知道該對受苦者說些什麼的時候，有時候，光是現身就夠了。康菲爾德與韓森的《給靈魂的第三碗雞湯》說了個故事，自此之後，就成為這種反應之價值的流傳典範。故事中提到，作家里歐·巴斯卡克里亞擔任「最慈悲小孩」競賽的評審，而冠軍是一個四歲的小孩，他的媽媽道出整個經過。她兒子注意到他隔壁鄰居——妻子剛過世的某位老先生——正坐在他家的院子裡流淚。那男孩走過去，趴在那男子的大腿上面。母親問道：「你對他說了什麼？」她的小孩回道：「沒有啊，只是幫他哭出來而已。」

抱持慈悲的現身不只是幫助了別人，而且我們在做出這種舉動的時候，也得到了深厚的滋養，而且我們不需知道該做什麼，只要現身就是了。珍妮佛是加拿大安寧病房的義工，某天，院方請她陪伴某名八十多歲的孱弱老太太路易莎，他們告訴珍妮佛：「她幾乎都在說荷蘭語。」珍妮佛找到了她，她默默自言自語，正在啃那條把她綁在椅子上的皮帶。珍妮佛自我介紹，路易莎抬頭，開始以荷蘭語對她講話。珍妮佛是否聽得懂並不重要，她的心得反而是：

我只是凝視她的美麗大眼，完全駐留在她在傳達的情緒或感情之中。這是一種令人驚嘆的經驗，有時我感受到的是低調的喜樂，有時則是深層的悲傷席捲而來。還有某些時刻，我們兩人的眼眶都滿是淚水，不然就是一起微笑與哈哈大笑。將近兩個小時之中，充滿了一種敞開心胸的連結感，讓我深覺滋養。

當珍妮佛離開的時候，路易莎把她拉過去，溫柔輕吻她的頭頂，珍妮佛說道：

回想起來，喜悅似乎是絕對的合適字詞。雖然就某種程度而言，我體會到了各式各樣的情緒，但是在那不斷變化的盔甲之下，卻出現這種連結圓滿、喜悅的定心感。

在慈悲的領域之中

當你認識的人正在歷經艱難的時候，不要急著展開行動，先稍微停下腳步，想像自己在他們的處境之下，會是什麼景況。從一個睿智、穩定的位置，感受哪一種舉動會比較恰當。也許只是靜靜坐在那裡陪伴，或是專心聆聽，而不是企圖消解他們的痛苦。如果他們看起來想要敞開心胸，但卻找不到出口，也許你可以提問幫助他們釋放情緒。連結己心，注意自己呵護反應之下所產生的痛與溫柔，然後將他們的痛苦置於慈悲的領域之中。

從漣漪變成波濤

　　有時候，我們的慈悲漣漪在世界擴散的方式遠遠超過我們的想像。我的姊姊蘇珊失去某名摯友之後所創生的漣漪，沒想到現在居然已經成為舒緩全球成千上萬人的巨大波濤。蘇珊是受過時尚專業訓練的天才藝術家，當她在求學的時候，身邊有位才華洋溢的波多黎各籍學生，安東尼奧‧洛佩茲，他的創意才華為時商圈立下了新標竿。

　　蘇珊與安東尼奧立刻在彼此身上找到了某種特質。他們上課的時候坐在一起，安東尼奧會開她玩笑：「我真的不知道妳現在幹嘛要費事畫畫。妳以後明明會當我的模特兒。」蘇珊說：「他這麼說的時候，我都是大笑回應。但其實我卻偷偷在想，要是能夠當他筆尖奮力摩擦的那個人物，我一定很開心，他流露出一種充滿魔力的正向氣質。」

　　蘇珊後來真的成了安東尼奧的模特兒——第一個，也是他最鍾愛的一個。而且在接下來的那二十年當中，她也成了安東尼奧與他的伴侶璜的知己好友。在一九八七年，與愛滋病併發症搏鬥的安東尼奧，搬進了蘇珊的洛杉磯住所，度過人生最後的幾個月。安東尼奧沒有醫療保險，也沒有錢支付醫療帳單，他真的是在沒有任何緩解治療的狀況下孱弱而亡。蘇珊決定要展開行動，安排了一場安東尼奧作品展，作為募款之用，她說，那是一個「大家連『愛滋』這字詞都不敢提的年代」。不過，她還是想辦法說服一名開藝廊的朋友辦這場活動。她萬萬沒有想到，安東尼奧的展覽吸引了兩千五百人入場。

　　蘇珊茫然無助，看著朋友死去，將個人喪友的悲傷化為

慈悲行動，澤被那些同受這種傳染病所苦的人。「我全然崩潰，」她說道，「但是將氣力拿去實踐那個理念，給了我一個出口。」在某場安東尼奧的紀念會之中，她與兩名朋友請求他們認識的攝影師捐出作品，供作某場無聲拍賣之用，增進大家對愛滋病的意識。現在，二十年過去了，她與侯賽因・法瑪尼所創設的機構依然在運作——「關注愛滋病」——定期舉辦慈善義賣，標的都是世界級攝影師的作品。它為愛滋計畫籌募的經費超過了三百萬美元，其中包括了在印度興建第一間孩童愛滋醫院，每個月治療四千名孩童，另外還在柬埔寨成立了孤兒院與婦女照護機構，在非洲進行多項愛滋病計畫。

> 行動吸收了焦慮。
>
> ——安潔萊斯・阿里恩
> 人類學家與作家

　　蘇珊因其他人而產生的心痛，真的幫助她找到了自己的本命，而且也成了她的事業。由於「關注愛滋病」機構的關係，如今她在專業攝影領域扮演了一個廣泛性的角色。年復一年，她對於他人之苦的哀傷，持續轉化為努力助人的豐富喜悅。回顧過往，蘇珊說道：

　　說來奇妙，我衷心想做些什麼紀念安東尼奧，結果不但讓別人的生活大不同，也徹底改變了我的生活。這是我做過最有意義的事，而且還有一點很耐人尋味，我從來沒想到它會帶引我成為現在的我。

　　無論你現在的解苦工作是小是大，慈悲行動是你一生中最圓滿的生活方式之一。安潔莉娜・裘莉，大可選擇生活在優裕

奢華的環境之中，但她卻當了聯合國大使，在全世界奔走演說有關貧童問題。她開始投入奉獻，是因為曾在柬埔寨拍攝電影，看到了當地孩童的困境。我曾在某個電視節目裡看到裘莉受訪，主持人讚賞她真是慷慨，因為明明可以盡情享受好萊塢的名流生活，但卻對人道活動投注了這麼多時間。我還記得裘莉望著那名女主持人，然後回道：「妳不懂，那才能真正帶給我喜悅，而我的名人地位只不過是讓我從事那些活動的條件而已。」

雖然心感慈悲本身已屬良善，但依此而展開行動將會帶引你得到至高喜樂，很有可能讓你期盼援助的對象得到更多的幸福。當你感受到心中浮現慈悲，專心聆聽，看看它鼓勵你要從事什麼事。茱莉亞・伯特佛萊・希爾因為她在加州搶救古老紅杉的行動而聲名大噪。我有一次聽她演講，她說大家會在她演說或報告結束之後過來，對她說道：「哦茱莉亞，妳真的鼓勵了我！」她的回應是：「很棒啊……鼓勵你做了什麼？」

即是如此

羅絲是一位醫師，也是冥想教師，她自願加入醫療團，前往西藏一個月，幫助寺廟、學校、孤兒院建立診所。她在那裡親眼看到了赤貧——人民的生活無乾淨水可用；罹患關節炎的跛行女性負責修路，因為她們的遊牧生活已經結束；父母因肺結核死亡的孤兒，自此之後就幾乎得不到食物與關愛。羅絲見到了這種巨大苦難，益發覺得無能為力。當她看到虔誠婦女一路碰觸轉經輪，期盼為生活增福的時候，她們的儀式看起來好

無望。

　　當她回國之後，面對我們文化中的豪奢與浪費，只是更加強化了她的失望與沮喪。這兩個世界的差異實在太巨大，令人難以承受。羅絲面臨信心危機，找了私人靜修所，想要釐清思緒。

　　在睿智導師的面前，她任由自己發洩出心中的憤怒。回首當時，她覺得自己像是個鬧脾氣尖叫的孩子。「我不希望這樣，但它就是這樣，必須要停止！必須要有人阻止它！為什麼沒有人出面阻止？！」日復一日，羅絲的身心都因為她強烈盼望人間可怕苦難結束而變得緊繃。這種令人元氣大傷的怒火的另一面，其實將會是一種深刻的意外恩賜，但只有等到羅絲接受人間受苦的事實，並且以深層體悟平衡她的慈悲之心，才會了解這個道理。

　　誓言要維持開放的心面對苦難，並不表示你要以崩潰或以完全燃燒自我的方式接納它。教義的重點是要在你的生活中創造平衡與幸福，而不是崩解與混亂。你是自己慈悲之心的最重

關注世界

　　下一次當你看到或聽到某則揭露世人受苦的新聞，停下腳步，注意自己的感受，可能是憤怒或無助。繼續探究這些感覺，關注自己到底有多麼在乎。你可能會做出什麼樣的回應？無論你採取什麼行動──當志工、寫信、捐款──都可以把它當成某種刻意的慈悲修習。你可能會在自己採取行動的時候，默默祝願：願你離苦，或是我在乎你受苦。

要收受者之一，這一點恐怕不容易謹記在心，但卻十分重要。

　　修習平和，將會對你有所幫助，它就是維持鎮定與平衡，就算是面對挑戰的時候也一樣。平和表示不會陷在期盼環境成為特定方式的欲望之中，也不會抱著憎惡或厭煩情緒而完全抽離。雖然有時候平和看起來像是冷漠，但它其實是根基於對生命本質的深刻與慈悲領悟——萬物無常，以挫敗或憤怒之心行事而不是以智慧做出反應，只會帶來更多痛苦。有時候歐巴馬總統會因為他的平和特質而遭到批評，尤其是某些希望他能夠採取脅迫與冒險策略的人士。不過，就我來看，他是行動平和的良好典範。

　　平和就像是正念工具一樣，它是一種可以讓我們純粹認知的心靈質地，誠如美國高僧阿姜‧蘇美多所言：「即是如

召喚平和

　　以正念態度做幾次深呼吸。現在，讓你的意識緩緩穿過自己的身體，召喚每一個部位放鬆。默默對自己說道：願我在此刻擁有平衡與平和，或者，願我當下找到重心。如果你可以從容平衡，讓自己進入這種狀態，想像自己會是什麼模樣，想像自己的行為與感受。

　　當你發現自己在不安狀態的時候，這方式特別有用。做這種練習的時候，遇到期盼狀況不同的念頭出現時，要特別留意。甚至就算是心中有疑惑與煩亂也無礙，不要企圖克服或置之不理。呼吸，讓自己放鬆進入平和狀態。不要有期盼，也不要有反感。

此。」其實，在培養平和心靈的教義中，這句話非常重要，所以它甚至還成為他某本著作的書名。感覺沮喪而元氣大傷、期盼狀況有所不同，都會減損我們的回應能力。苦的確存在，該如何有效應對？

悲憫並不是要去拯救我們所見到的所有受苦蒼生。而是表示我們盡力而為，同時表示我們尊敬自己的限制。正如匿名戒酒會的十二大步驟計畫的「寧和禱文」一樣：「請賜予我勇氣去改變我能夠做的事，賜予我寧和去接受我無法改變的事，以及賜予我智慧去辨別其間的差異。」平和教導我們要深切關注，但千萬不要被自己的呵護之心所壓垮。

苦心想要為自己國家緩解越戰之苦的釋一行大師，經常提到在面對危險的時候，平和對有效行動的重要性。比方說，他提到了船民，也就是冒著在公海航行與其他險阻，企圖逃離戰爭的難民，許多都撐不過。他說，那些能夠安全抵達的船，都是因為船上至少有一個冷靜船民。他們的能量足以鼓舞其他人找尋自己心中的勇氣、決心，以及冷靜。

平和比冷靜更為深刻。當我們冷靜的時候，我們不會煩躁。當我們在平和狀態的時候，就算我們的心靈又有浮動，但我們對於這種狀態完全不會煩躁。

——瑞克·韓森博士
《智腦電子報》
第二卷第四期

你永遠不知道……

聽聞受苦與殘暴，抑或是地球受創，都會喚起我們的慈悲以及採取行動的渴望。不過，等到你真正採取行動之後，這項任務似乎太過艱鉅，彷彿你不管做什麼都不會有任何差別。平

在每個大聲求援的人背後，很可能會有一百萬以上的人也該得到同樣甚或是更多的關注……當你周邊有一百萬人在求援的時候，該怎麼決定哪一個比別人更值得相救？千萬不要讓自己陷入這種思慮的煩惱之中，你永遠不知道答案，也不需要知道。伸出手，抓住離你最近的那一個就是了。

——諾曼・考辛斯

和也能夠讓我們不會強烈牽繫自身行動的結果，只要我們盡量努力，我們對於狀況會如何演變其實沒有控制權，我們也不可能完成一切任務。

歐蘭是一位年輕的行動主義者，他就與許多年輕人一樣，胸中懷抱許多不同的計畫。除了教導冥想與馬歇爾・盧森堡的「非暴力溝通」技巧之外，他也幫助人們療癒創傷、參與永續努力活動，是某一非政府組織的成員，同時也是歌者與音樂家。他積極投入這麼多領域，自然了解平和的重要。我有次與他聊到慈悲行動，他告訴我以下這段話：

> 湯瑪斯・梅爾頓說過，一個行動主義者必須面對所作所為最後可能徒勞無功的事實，但你的投入並非只是為了「結果之期待」。他還說當「你習慣了這樣的想法，就會開始越來越關注……自己努力本身的價值、正義，還有真相。」某個類似的《塔木德》故事也提到了若世界即將毀滅，你明明知道無論做什麼都沒有差別，你還是會做出符合內心最深刻價值的事。任何行動，除了可能產生的效果之外，以正直態度過生活，以最好的方式回應生活，也可能創造喜悦。

　　艾琳是另一個學到以平和態度生活與工作、盡心奉獻的年輕人。她一直在塞內加爾、秘魯、羅馬尼亞、烏克蘭之類的國家從事環保與社區發展工作，然而，她這麼努力，依然會目睹令人心碎的破壞。「在西伯利亞，我所居住的那個本來純淨的區域，裡面有百分之六十的伐木活動都是非法，看著一輛輛載著木材的卡車前往中國，真的非常痛苦。」

　　我們可能會以為艾琳繼續工作下去會非常痛苦，她隨時可能會因為失敗感而沮喪辭職。不過，她的回應卻是某種平和的典範。

　　　　我覺得，眼光要放遠這一點很重要。這不是什麼立即見效的事，而是像播種。要是你撒下種子，第二天跑來一看心想：『哦什麼都沒長出來啊。』可能會真的很沮喪。但要是你撒下種子時心想：『好，現在應該要澆水施肥，保持耐心。』它就會成長。當你未必知道結果是好是壞的時候，重點就是信任。也許你看不到具體成果，但是你會產生與世界的歸屬感，成為更大社群裡的一分子，你會得到自己絕對想不到的回報。

　　就像喬瑟夫・高登斯坦的口頭禪一樣：「你永遠不知道……」當你採取的行動是發自內心，而不是基於看到成果的渴望，那麼你就能夠在不傷元氣的狀況下持續努力，而且能夠從自身所扮演的角色當中得到喜悅，而不是失落。甘地說過：「你的行為對自己來說也許看似微不足道，但最重要的是你做了。」為什麼這麼說。因為當我們即便做出最渺小的慈善行

為，我們自己也會得到滋長，呈現高貴情操。

培養平和

　　某些人可能天生就比別人鎮定，但鎮定就像是其他特質一樣，也可以後天培養而成。每一個正念、不帶價值判斷的覺知的時刻，都能夠增強平和。正如同慈心一樣，我們也有培養這種能力的修習方式。重點通常是這一句話：「你的快樂與不快樂，要看你的行動，而不是只憑我對你的期待。」同樣地，這種修習的目的是要幫助我們接受世事狀況。不過，當我第一次聽到那句話的時候，我覺得相當冷酷又疏離，似乎缺乏慈悲，即便我嘗試了各種

> 我們覺得自己的行為只是大海中的涓滴而已，但要是少了這一滴，大海就沒那麼完滿。
>
> ——德蕾莎修女

變體版本，感覺就是欠缺了呵護。不過，久而久之，我開始明瞭自己無法阻擋人們受苦，就連我深愛的人也是如此。

　　我第一次參加培養平和的靜修時，這個真相讓我大受衝擊。一開始的修習是想著自己的朋友們，然後說出平和的字句。突然之間，我當時十歲的兒子亞當，進入我的心中。正當我努力想要把那些話傳送給他的時候，心中某個念頭卻害我卡關。當那個人是我兒子的時候，我真的能做到嗎？

　　接下來的那一個小時，我開始進行自己的「發條橘子」冥想。在那部著名的《發條橘子》痛苦電影當中，主角被迫觀看一連串醜惡恐怖的畫面。當我坐在冥想中心，為了修習平和，每一個父母的惡夢一個接著一個流過我心——毒癮、車禍、絕

症、自我毀滅的習慣。當亞當可能會遇到的每一種可怕事件在我心浮現的時候，我得要努力說出修習時經常講出的那句話。一遍遍之後，我發現自己因為恐懼而蜷縮，默默哭喊不要！不要！過了一陣子之後，我也有所體悟，兒子年紀逐漸增長，我其實幾乎無法保護他遠離人生會遇到的各種苦難。

到了某個時候，那股恐懼退位，成了接受，放棄自己能夠守護兒子的念頭，也終於讓我鬆了一口氣。當然，他得要面對各種挑戰，而我所使用的那個平和字句終將轉化為我尊重你的生命之旅。這整個過程讓我感受到無比釋然，自此之後，也讓我信任亞當能夠找尋自己之路的智慧。我很開心，現在他是個很棒的二十多歲的年輕人。我最擔心的那些憂煩沒有發生，雖然我對於他未來的人生沒有什麼掌控力，但我很有信心他將會走向正途。

為某名摯愛的平和練習

想一個你在乎的人，最好是你深愛的某人。將此人的畫面定在心中，重複以下的字句，宛若某種祝福：你的快樂與不快樂，要看你的行動，而不是只憑我對你的期待。或者，你可能想要這麼說：我很在乎你，但是我卻沒有辦法讓你避免受苦。當你在重複這句話，並沉澱其意義的時候，注意是否產生了任何的感覺。你所摯愛的那個人的自身行為，會比你的任何期盼的影響力更強大，當你了解並接受這個道理之後，吸納那種感覺。找出自己身心之中所散發的平衡與釋然感。在這個時候，你可以把自己的話語改為：我尊重你的生命之旅。

為愛碎裂

　　藏傳佛教教導我們，平和是毫無界限的慈悲。這是一種對好對壞、對盟友與仇敵、對環保者與污染者都能感到慈悲的能力。雖然這樣的概念容易理解，但真正感受卻很困難。也許能夠讓我們真正達到這種平和程度的唯一方式，就是完全認知與接受世間受苦之深重。

　　羅絲很清楚，待在靜修中心無法保護她躲開自己目睹西藏苦難反應時的崩潰感。

　　其實，恰恰相反，完全不可能避免這種苦痛。所以她決定要與它最深重的面向正面對決。某天，她正在冥想，所有的感覺全部浮現，她全然釋放，發現自己站到了另一邊。

　　我哭了出來，啜泣不止，「我好心碎，好心碎。」我純粹讓自己體驗那種感覺，然後，突然之間，它變成了「啊，我的心碎了，我的心碎裂開來！」彷彿我內心憋住的某個東西必須碎裂，我完全開敞，所有的愛傾巢而出，宛若我碎裂而開迎接全宇宙的慈悲。

　　那種悲傷與痛苦依然持續不斷，但羅絲現在覺得自己處於某個遼闊與充滿呵護的宇宙深處。

　　沒有人在壓抑，也沒有任何事物受到壓抑。只有深層的領悟，世界即是如此。就是有這麼深重的苦痛，人類對彼此造苦。的確處處皆苦，而我們也有這麼多的慈悲、呵護之

心，以及愛。

之後，她得到的體會，就是當平和與慈悲處於平衡狀態的時候所浮現的那種深刻領悟。

> 我感受到一種對所有生靈的深層之愛——萬物都一樣，沒有例外。我看到受苦表面之後的每一種生靈之美，我可以看到那些受苦者心中的聖性——就算是受苦，也無法撼動他們的那種光芒。而那些引發苦難的人，也有一樣的光芒。

對於羅絲來說，這是一種全然的觀點轉換。她後來又補充說道：「透過了我們的苦，我了解到我們任何一個人都可能會造成傷害，我對此深感悲憫。」那樣的體驗讓先前麻痺羅絲的絕望之情一掃而空，現在，只要當她的工作帶引她進入巨大苦痛的深處，她就能夠以開闊之心面對，但依然能夠保有有效行動基石的清透平衡之角度。

> 不要因為世間悲愁之巨大而退縮。反正做就是了，現在。展現慈悲之愛，現在。謙卑前行，現在。你沒有義務要完成這個任務，但你也無權放棄。
>
> ——《塔木德》

滋養新世代的種子

在一九七五年的時候，我還是個正在找尋生命歸屬的年輕人，所幸認識了羅伯特・赫爾，在納洛巴學院教書、鼓舞人心

的榮格派著名治療師。某天他問我，覺得自己的宿命是什麼？
我說我不知道，但我覺得自己應該做些對他人生活有貢獻的
事。他直視我的雙眼，以非常仁善又充滿說服力的語氣說道：
「我相信你辦得到，我認為你可以感動大家，改變這個世界。」
他的話對我產生莫大影響，我發現也許他看到了什麼我自己不
是很清楚的特質，我開始認為也許他說得沒錯。

我們不需要是什麼有名或具有群眾魅力的領袖才能發揮類
似的影響力。我們每一個人都能夠增強他人的信心，讓對方找
尋並成就其天命。每一個年輕人都是可以關注的好對象，就算
是那些貌似惶惑或迷失的小孩也一樣，其實，他們正是需要我
們的人。不過，回應艱困挑戰需要勇氣。珍加入我開的週末工
作坊的時候，已經在崩潰邊緣。不過，她在那裡找到了繼續下
去的鼓舞力量，最後學到了永不放棄的價值。

珍擔任小學老師已經有十五年之久，她告訴我，她一直熱
愛這工作──不過某個小孩出現在她三年級那一班之後，逼得
她真的考慮要辭職。我之後會把這女孩稱為泰瑞莎，不過，
她真正的名字，翻譯成適切的英文，則是「戰士公主」。泰瑞
莎是個吵鬧又暴衝的孩子，而且她好戰──對其他的孩子、規
矩、一切無所不戰。珍使出千方百計，就是沒辦法改變她的行
為態度。

當她詢問我可有任何建議的時候，我告訴她，我以前也是
老師，將我找尋能夠打開每一個小孩心房鑰匙的實踐過程與她
分享。我建議她，也給自己定下相同的挑戰，花一些時間與
這女孩獨處，挖掘她真正的模樣。等到工作坊結束之後，珍回
家，迫不及待想要嘗試這個新的建議。

　　過了幾個禮拜之後，我聽到她的消息。珍在工作坊結束後的週一到了學校，泰瑞莎躲在角落偷瞄著她。「看到她投射而來的目光，我感受到某種哀愁——宛若某個不知道自己是會被處罰，還是會得到雙臂大張歡迎的小動物，」珍寫道，「就在那一刻，我體悟到在孩童心靈面前，我們大人揮舞的是一根多麼巨大的棍子，我一直關心的是處罰，害她看起來討人厭，讓我差點失去了這個性格強烈、古怪又超級活潑的女孩。」

　　這孩子嚇了一大跳，珍給了她一個擁抱，還告訴她接下來她們要了解彼此，讓她們的生活可以更開心。讓泰瑞莎更驚訝的是，珍邀她吃午餐，就她們兩個人，那個禮拜的每一天都是如此，通常學生必須要表現良好才能得到那種榮寵。那一天，泰瑞莎在午餐時間現身，之後的每一天都是如此，興高采烈，讓珍得到了「長達一週，打開眼界與心胸的多次對話」。她知道了女孩家裡有很多的問題，而且也明白其中有些是她的「戰士公主」每天需要面臨的挑戰。

　　到了那禮拜結束的時候，她們兩人會一起哈哈大笑，根據珍的註腳：「在彼此身上尋找喜悅。」女孩有多次故態復萌，又出現吵鬧與暴衝的行為，不過這孩子身上的改變似乎令人充滿期待。然後，在珍沒有與她共進午餐的第一天，下午的課並沒有看到泰瑞莎。「其他小孩告訴我，有個男生在操場弄傷了她，她立刻跟他打了起來。」當珍在學校辦公室看到了她的「戰士公主」時，她說：「我好想跟她一起哭。我們有這麼棒的進展，但是這孩子生命的傷口卻這麼深。」珍信件的最後段落抱有某種承諾，「我不會放棄……至少我現在看到的她，是一個奮力要在這困惑世界中找到理智之路的人。」

> 服務與幫助是不一樣的。幫助是基於不平等……當我們在幫助別人的時候，我們可能會在疏忽的狀況下奪走別人的某些東西，超過了我們能夠給予他們的範圍……（當我們服務）的時候，我們奉獻自我……我們內在的圓滿。服務了別人內在的圓滿。服務是一種彼此平等的關係。
>
> ——瑞秋‧納歐蜜‧雷曼，一九九六年，《思維科學評論》春季號

珍在自己與泰瑞莎的關係之中，取得了慈悲與平和之間的平衡，這也幫助她順利度過風浪，繼續努力，就連狀況看起來完全無望的時候亦然。樂意與年輕人相伴，而且在沒辦法立即看到成效的狀況下，依然忠誠不搖，這的確是慈悲的行為。而當我們相信孩子，看出他們的潛能時，珍所體會到的「我們大人揮舞的巨大棍子」那種力量，也能夠轉化為強大的正面影響力。

第一封來信的四個月之後，珍又寄給我有關她「戰士公主」的近況。最近校長調整班級人數，也就是說必須要把珍的其中一名學生轉給其他老師，挑出泰瑞莎應該是合理選擇，不過，珍卻寫道：

> 我發覺我不想失去這個好棒的人，她原本是刺，如今卻在我們的共同進化過程中，正慢慢發生蛻變。我這時候突然大驚——我最不想分開的學生就是她！

珍可能永遠不知道她的呵護對泰瑞莎生命的意義。我自己當過老師，幾乎很難知道在挖掘年輕人真正美好的過程中，支援他們的努力得到了什麼結果。不過，幾年之後，我收到了一

封這樣的電郵:「您是那位曾改變我的巴拉茲老師?」信末的署名是蘇珊娜,我數十年前的某位六年級學生。

我記得她總是熱心助人,讓別人感到開心。但她散發出一股憂愁,我很好奇她的人生是不是出了其他狀況。不過,我是在多年之後才知道她內心世界地景的模樣,某個戲劇化的下午,她揭露了自己的痛苦有多麼強烈。午餐時間,蘇珊娜想要結束生命,吞下一整瓶阿斯匹靈。她回來上課,但當她開始噁心想吐的時候,卻改變了念頭。她說:「我還記得自己在想,『不,我不想死,我不想這樣。』」蘇珊娜傳了張字條給她朋友,那女孩嚇壞了,把字條交給了我。過了幾分鐘之後,救護車來了。放學之後的那幾個小時,我一直待在醫院,確定蘇珊娜脫離險境之後才離開。

在那一年之後的時光中,我確定她得到了我盡全力給予的愛與關注。在學期末的時候,我為她的紀念冊留下一段真懇的話,其中一段如下:「妳能夠越快了解妳的真我,就像我一樣了解妳,就能越快學會珍惜妳自己,就像我一樣珍惜妳。」

在我們恢復聯絡的這些年當中,我們成了朋友。蘇珊娜的好心一如以往燦亮,更重要的是,她能夠與自己和平共處。在她最近寫給我的某封信當中,我驚訝發現我們

晚近的科學研究正在找尋能夠培養慈悲的各種環境。這種道德情感可以在父母積極回應、願意與孩子一起玩耍、撫摸他們的環境中培養而成,促進孩童明瞭傷害的同理心態度、日常雜務,還有祖父母的存在。利用晚餐時間對話與床邊故事,把慈悲作為主題,能夠培養這種重要至極的感情。

——達契爾・克特納
《生而向善:有意義的
人生智慧與科學》

生命交會的那一年，以及我在畢業紀念冊裡為她所寫下的那段
話，其實是幫助她改變，走向幸福之路的重要因素。蘇珊娜的
話如下：

> 雖然花了一些時間，當然，還有生活體驗，但你給了我力
> 量，讓我相信自己一定不止於此……你幫助我打開心胸，
> 看到了另一種視野，我對你的感謝遠超過你的想像。每當
> 我看著你在我紀念冊那一頁寫下的話，我覺得好快樂，是
> 那些話讓我懂得「真我」。現在我不只是開始喜歡自己，
> 而且我還發現我愛自己，也尊重自己。

　　你將會發現，想要激發喜悦，很難找到比幫助年輕人開花
結果更好的方式。要是你的工作不會直接接觸年輕人，社區
裡、你的國家當中、全世界都還有許多擔任義工導師的機會，

擔任導師

　　如果你不知道該如何貢獻自己的時間、與年輕人一起相
處，可以聯絡某個社福機構，比方說「聯合勸募」或是「大
哥大姐會」等組織。如果你隸屬於某間教堂或是其他的靈性
團體，應該很可能會發現有許多地方需要你也重視你。有機
會與你共處的那些年輕人，將會教會你與他們互動的方式。
去參與就是了，一定要成為值得信賴的對象，百分百給予鼓
勵。幫助他們實現夢想，讓你的連結成為練習慈善與平和的
機會，而且千萬不要錯過了喜悦。

在回應這種召喚的過程中，你可能會發現自己有許多體驗慈悲以及平和的機會！你可能永遠不會知道結果如何，但有一點你可以十分確定，你所激發的善會如漣漪一般散發出去，讓這世界變得越來越好。

呼喚所有的菩薩

當我們成為「菩薩實習生」之後，我們期盼自己走向富有意義又能夠圓滿實踐的人生。表達關切，減少自己周邊的苦難，會讓你得到深切的回報。不論我的年輕朋友艾琳在她的全球工作中面臨多少困難，她知道她終其一生都會持續這樣的奉獻。

> 上帝召喚你的地方，就是你的深層喜樂與世界饑饉的相遇地。
>
> ──費德烈克·布希納
> 浸信會牧師

我覺得想要奉獻是一種非常人性的事，它餵養了靈魂裡的某種事物。要是人們誠實看待，他們人生中重要的是價值，而不是錢。如果你無法符合自己的價值，它會讓你困擾不休；要是你遵照自己的價值行事，那麼你體內的某種精神就會開始苗壯，生氣勃發。我們每一個人都有內隱的目標，而且需要讓它現身，賦予它翅膀，奉獻是讓我們得以接觸自我最自然、真實部分的方法之一。

根據佛教教義，當心靈清透，並沒有充斥我有什麼好處念頭的時候，我們天生的慈悲就會浮現而出。就像是理查德·戴

維森對慈悲冥想的腦神經研究所說的一樣，看到某人沮喪的自然反應就是立刻相助。我們在乎別人的苦難，當苦難解除的時候，我們感到快慰。無論我們是否真的參與慈悲行動，光是看到電影裡的英雄舉動，或是讀到了什麼高貴的行為，對於受苦者的呵護反應都會讓我們精神大振。誠如艾琳所言，知道自己能在別人的生活產生正向改變，「是我覺得最棒的感覺之一。」

歐蘭，那位與我會談過的多才多藝年輕人，也同意對世界產生正向改變帶給他「某些生命中最暢快至極、饒富意義的時刻」，他還說：

> 當我投身自己的工作時，遇到最佳狀態，自我就會逐漸退讓，生命力朝我直撲而來。無論是教導某人「非暴力溝通」，或是治療受到創傷的人，抑或是在觀眾面前表演某首歌曲，位於前景重要位置的並不是自我感。生命力流過了我的身心，在當下流露的是需要體現的部分，那是一種喜樂的體驗。我是生命力的一部分，並沒有與它分離，這就是我們來世之意義。

這些年輕人熱愛自己所做的事，而他們所做的正是自己熱愛的事。正如同他們所展現的一樣，為他人的幸福分享自身的天賦與能力，就是幸福的關鍵。

你可能會覺得，「沒錯，但這些年輕人從事的活動都有趣又吸引人，而我卻被困在這小小的辦公隔間裡一整天，或是等待一大群不耐煩的人，不然就是每天重複相同的工作。」當

然，要是你痛恨自己的工作，或者覺得自己被榨乾，很難體會奉獻的喜悅，要是你目前的生活或是日常活動不屬於那種可以敞開心胸擁抱奉獻喜悅的範疇——那麼就對同事報以誠摯微笑，或是關心客人們的福祉，不然就是想像一下有多少你永遠不會見到的人因為你的工作而受益。

　　找尋激勵自己心靈的方式，將會改變你自己的生活，對於別人產生改變，自然也是無庸置疑。索夏娜的兒子艾里亞斯某年大學暑假回家，在雜貨店找到一份收銀員的工作，也發現了這樣的心得。過沒多久之後，他就克服了這種挑戰，讓它成為「服務大眾」。艾里亞斯領悟到他可以在接下來的那兩個月時時咬牙切齒、撐到當班結束，或者，他也可以重新定義自己在工作時的行為，他是這麼說的：

　　身為收銀員，很容易就會心情挫敗。大家通常排隊結帳的時候都很不尊重人，不然就是態度粗魯，你站在那裡一整天，只想以其人之道還治其人之身。我決定要把它當成正念練習，記得每個客人的良善，然

這些迷走神經……位於胸腔，被觸動的時候，在胸內產生一種擴散、流動的暖意，如鯁在喉……生理心理學家史迪夫·波吉斯曾經提出迷走神經是慈悲神經、身體的照護器官之觀點。

——達契爾·克特納
《生而向善：有意義的人生智慧與科學》

我認為要是你考慮的只有自己，那麼你的生命就會變得渺小。想要過得豐足就必須要思考：我能對別人做些什麼？我要怎麼成為讓世界更好的更偉大計畫中的一部分？

——歐巴馬
法國薩爾斯堡
二〇〇九年四月三日

後讓那樣的提醒，還有我對於人性的愛，透過我與他們互動的時候綻放光芒——這是一種靈性的問候致意，或者是向他們的靈魂欠身鞠躬。結果，這份工作成了讓我人生大大不同的一種修習。

而且，這一點很可能也發生在經過艾里亞斯結帳櫃檯的那些人的生活。我非常清楚，在類似情境之下，一個和善的問候對我產生了多大的影響。我前往自己任教的「心靈堅石冥想中心」的時候，固定會行經某座收費大橋。幾年前，曾經有一名

付出對你有好處

不少研究顯示，對於給予的那一方來說，各式各樣的付出都會得到益處。

- 根據「社會基本社群基準」的調查量表，付出時間或金錢的人會比那些不願付出的人「快樂的機會高出了百分之四十二」。
- 心理學家們在從事慈善活動者的主述內容中，發現了某種典型的腦內啡狀態，他們稱之為「助人之快感」，而其根據之理論就是付出會在腦中產生腦內啡，提供溫和版的嗎啡高潮。
- 國家衛生研究院的研究顯示，當研究的參與者想到捐錢給某個慈善團體的時候，腦內被觸發的區域也就是食物或性反應（也就是說，愉悅）的那一區。
- 艾莫利大學的某項研究顯示，幫助他人或是體驗愉悅會觸動接收獎勵或是體驗愉悅的那一塊腦部區域。

收費員的態度總是令人精神大振，我甚至會猜測他當天到底會守哪一線，就只是為了能夠接收到他的「祝福」。我把費用遞過去的時候，他會對我露出燦爛笑容，真誠對我說出「希望你今天過得開心！」。我確定他對每一個過橋的人都會這麼做，不難想像他每晚回家的時候，都會沉浸在滿足感之中。多年之後，我依然記得他是如何以自己的喜樂精神讓我的一天燦爛生輝。我們不可能每個人都當史懷哲，但我們可以做自己，竭盡全力，體認到自己擁有的巨大能量，為世界帶來更多的快樂。

要是你的工作沒辦法稍微轉換，可以考慮在閒暇投入義工工作──在養老院或是食物銀行幫忙，參與圖書館計畫幫小孩講故事，協助有特殊需要的人。你永遠不知道當自己保持慈悲心，在別人生命中產生改變的時候，可能會為自己的生活帶來什麼樣的轉變。

也許你在本章中看到某些仁善與慈悲故事的時候，心生感動，體會到某種溫暖揚升的感覺。也許你早已得到激勵，一直以某種方式助人，如果是這樣的話，那麼你一定懂得心理學教授強納森・海德所說的「莊嚴」反應，當我們體驗或目擊無私舉動與善良行為的時候，那種大受激勵的激昂感受。海德寫道：「道德行為或是品行之美帶來莊嚴，會產生溫暖開放的感受……在胸膛之中，而且它會鼓勵人們行事展現更高道德性。」這些「溫暖開放的感受」聽起來與「激發喜悅」課程學員所描述的快樂非常相似。

激發自我喜悅，也是一種服務他人的方式。藉由保持自己的活力、珍惜生命，就能夠提醒你周邊的人，也能夠運用一己之力做相同的事。過著喜悅生活並非是自我耽溺或瑣碎無聊，

而是我們賜予我們所遇到的人以及世界的禮物。喜悅喚起了我們對生命的熱愛，而且它具有感染力。這就是地球療癒與茁壯所必需的條件，這就是我們要茁壯、過著豐盛生活所需的一切，要為我們所有人，過得幸福。

第十步驟

純粹存在當下的喜悅

我們不可能透過努力與意志找到快樂，
但它早就靜靜存在，不斷釋放而出。

—— 更敦群培

　　我躺在錫夫諾斯島的某一壯麗海濱的白色沙灘上面，地中海一片深藍。空氣中瀰漫著鄰近酒館的菠菜派香氣。我周邊有一群最近剛認識的優秀朋友，大家是在觀賞衛城壯美的時候而結識。更棒的是，我們都愛一起歌唱，我身在天堂，或者可說是只有一步之遙而已。

　　這是我的年度歐洲之旅，在紐約小學教完一年的課之後，每年夏天給自己的犒賞。我依照計畫行事，也期許如此。但是我心不在焉，無法真正融入如畫場景之中，我陷入了日常的焦慮：我接下來要做什麼？我的生活中感覺少了什麼。我真的能過著快樂生活嗎？我帶著在天堂裡的同樣不安念頭回到了家鄉，早上當我開車去學校的時候，它們緊跟著我不放，當我晚上想要入眠的時候也一樣，它們讓我覺得我在四處飄遊，但就是不在當下。

> 當你不感到飢餓、不覺遭到威脅或身處苦痛的時候，你的大腦的自然狀態有以下特徵：覺知、冷靜、滿足、充滿愛心與創造力。
>
> ——瑞克・韓森博士
> 《像佛陀一樣快樂：愛和智慧的大腦奧秘》作者

　　在錫夫諾斯島的時候，要是我能夠讓自己融入當下，就能完全找到我所尋索的東西——純粹存在當下的喜悅。在希臘的魔力之中，要花幾個禮拜的時間才能塵埃落定，我最後能夠體會到不再追索接下來到底要做什麼，純粹存在於當下是什麼感覺。我必須要承認，身處在天堂之中，對於這樣的過程的確有幫助，但重點還是一樣。當我終於能夠讓自己放鬆，拋開對過往與未來的焦慮，純粹沉浸在當下的時候，我發覺我所渴求的快樂其實就在眼前。這是我有生以來第一次發現到它可以在任何一個時點、任何一個地方實

現。

　　我在這整本書裡一直提到一個概念，我們所追求的喜悅就在我們的心中。「激發喜悅」課程每一步驟的重點都是在培養正面心態，比方說感恩或是慈悲，可以提升我們與生俱來的喜悅與幸福。不過，還有另外一個方法可以得到喜悅──放棄營造某種特殊心靈狀態，連通自己的內在喜悅與活力。

　　達到這種更深層喜悅的關鍵就是要學習放鬆，身體以及心靈。當你這麼做的時候，追求幸福與快樂的天生能力就會出現了。我曾經聽過某位藏傳佛教大師說過，全部的性靈修習可以總結為一句話：保留寬闊空間。這就是喜悅的真義──與當下建立一種寬闊的關係，放下既定期待，讓你的心靈進入融合當下的感覺。這種輕鬆開闊的狀態──我喜歡將這種內心境地稱之為我們的真正故鄉──其實隨時都在等著你。

　　讓你自己純粹放鬆與存在，這對你來說可能很陌生，需要一點時間適應，正如同我待在希臘的頭一兩個禮拜一樣，我們誤以為我們需要更強烈的刺激，也許是因為它會讓我們覺得更有活力。但要是我們能夠稍微脫離爆發刺激性活動的腎上腺素，學習在當下靜歇，我們就能與充滿清新活力的幸福層次相遇。

　　要是你曾經接受過淨化斷食，你會知道一開始的時候，一切看來如此美味的食物都不能碰的時候，你會覺得自己很悲慘。不過，當你的身體開始排毒，你會開始覺得輕盈，充滿活力，再也不留戀洋芋片、披薩，以及軟糖布朗尼。等到你恢復飲食之後，你會關注味道與質地的細膩之處，一切似乎會變得更加美味。同樣地，當你放慢腳步，或者是從忙碌生活中稍作

我們的文化總是認定行動與成就優於休息，做些什麼——不管什麼事都好——絕對比什麼都不做來得好。因為我們對成功的想望，為了要符合越來越高的期待，我們真的不休息。而由於我們不休息，也因而失去了方向。我們錯過了帶引我們前進方向的羅盤針尖端，我們錯失了能夠賦予我們智慧的寂靜，我們錯失了源於不費吹灰之力之歡愉的喜悅與愛。

——韋恩・穆勒
《安息日：在我們
忙碌日常中找尋
休息、充電，以及歡樂》

喘息的時候，也會有一段適應期。當你學到如何度過放空的休息時段，你的「活動」日常裡的一切都會變得更具有生氣，更加圓滿。

就算你在處理日常事務的時候，同樣可能出現這種煥然一新的時刻。這就像是武術學生一開始的時候是慢慢學習防衛動作，過了一陣子之後，就能夠以一打三。同樣地，當你越來越習慣安靜時刻放空的特性之後，就算身處在忙碌生活之中，也能找到它的蹤影。

不過，我主要鼓勵大家的是要刻意在當下維持這種暫停喘息的習慣。艾克哈特・托勒是這麼說的：「生活與『當下』不能分割，只有在『當下』才能顯露生活。」我們大多數的當下都塞滿了計畫、安排、生產，以及日常生活的其他必要活動，但要是能夠脫離快線道，純粹存在當下，就能夠得到莫大喜悅。這樣的練習，可以是一瞬或是一天。無論你找到的時間有多長，它都可以讓你的精神脫胎換骨，以一種深切的方式連通生活。放鬆是我們日常行事的健康補給品，就連上帝在創世紀的第七日也會休息。

你可能會這麼想：「太好了！這就是我喜歡的通往幸福之路。我要癱在沙發上，就是一直待在電視機前面。」抱歉，但

是這與我所說的保留寬闊空間和放空狀態並不一樣。雖然這乍聽之下很像是放鬆或發懶，不過，在我所說的那種狀態下，你要同時保持警醒與放鬆狀態。所以，關掉電視，放下遙控器，注意你在這一刻發現了什麼。

這套課程裡的其他步驟都是最後一個步驟的奧援。一開始的時候，設定激發喜悅的目標，決定要努力找出真正的快樂在哪裡。正念能夠帶你進入當下，幫助你甦醒迎接人生。感激能夠開展心胸，所以你可以感受到珍視和驚嘆的時刻。遇到困難處境的時候，它們就能夠給你信心，讓你面對人生中的各種課題。培養放下的能力，能夠讓你隨著生命的變化流動，而不是對於自以為可以讓你快樂的事物抱持執念。過著符合自身最高價值的正直生活，就能讓你遠離懊悔，創造符合內在平靜的條件。學習愛自己，可以幫助你停止自我評斷，接觸內心的良善。與其他人連通，就能釋放自己的愛，讓它無礙綻放。當你看到苦難的時候，慈悲油然而生，它會深化你呵護眾生的能力。這些特質與舉動都是我們快樂食譜中的素材，而且會一直成為你的支柱，當它們彼此互動強化的時候，發揮出一種宛若全像攝影的功能。在這個步驟當中，你可以專注的是自己從其汲取而出的各種累積，進入一種不費吹灰之力又充滿喜悅、與生命連結的狀態。

什麼是存在？

本書的多數讀者多少都明白我所討論的存在。各位可能會想起自己小時候沉浸在自在與快樂的完全放鬆狀態的那些時

刻。你可能會發現自己在上瑜伽課、沉靜反省,或是外出跑步的時候,能夠進入這種狀態。當你在跳舞、彈奏樂器,或是在生物實驗室裡凝視微生物的時候,也可能會出現這種時刻。存在有各式各樣的「風味」,而且也有各式各樣的觸達方式。

　　處於「行雲流水」的狀態,是運動員與表演者的共通經驗,那是一種深深沉浸在比賽、音樂,或是戲劇之中達到的忘我狀態。時間變得緩慢,而且他們經常發現自己的動作非常流暢。運動心理顧問卡琳・蘇格曼,列出了那種狀態的幾項特質:放鬆、自信、專注、不費吹灰之力、直覺(在思考的心靈狀態並非如此)、有趣(覺得非常好玩)。這些特質也符合了我所說的狀態。不過,蘇格曼還提到了另一項表演工作者與其他投入某種任務的人進入「行雲流水」狀態的特質──完全掌控!這與本章所提到的存在不一樣,此時此刻的唯一任務就是全力以赴,進入放鬆的當下狀態。

　　大多數的學員通常會利用以下這些字詞描述存在當下的狀態:覺知、開敞、平和、順暢、安穩,以及輕盈:

保持覺知

　　當你在從事任何日常活動的時候,暫停一會兒,感受當下。以正念態度感知自己的體驗,注意自己在想什麼,來來去去的思緒。注意是否浮現任何的情緒,感受身體各個部位的悸動,感受吐納。注意自己不是在製造覺知,它是自然而然生成,不費吹灰之力,你純粹就是覺知而已,感受那樣的遼闊與平和感。

- 一股冷靜感降臨我身，我變得「平靜」，感覺肉身放鬆了。
- 我覺得開闊，準備就緒，沒有任何念頭。
- 我感覺內心飽滿，而且喉中有股不吐不快的感覺，宛若我想要開心高唱或大叫，有時候是充滿了喜悅之淚。
- 我的心準備迎向某種更為深沉的秩序感，身體姿態的配合程度也更強烈。
- 我覺得圓滿自在，不會被別人評斷，也不會去評斷別人，能夠愛我自己與當下的環境。

無聊與突破

你可能會覺得奇怪：要是沒有忙著從事什麼活動的話，其中的樂趣在哪裡？我們太習慣刺激與娛樂，所以好好安靜下來、進入沉寂狀態，聽起來可能很無聊，甚至很可怕。在我年輕的時候，一想到週五晚上居然沒有計畫任何活動，就會讓我心生恐懼，當時的我會這麼想：「我自己一個人要幹什麼？」對我們來說，放空一個禮拜，宛若某種可怖的空虛。所以我們堅持要一直動個不停，但我們究竟在怕什麼？

會擔心無法以各項活動填滿生活，自有一些合理理由，當你心無旁騖的時候，就只能與自己的心靈相處。要是現在沒有可以立即消化的素材，它很可能從過往挖掘一些「娛樂」，或是創造一部未來的恐怖片，這就是正念或其他反省與反思修習能夠提供珍貴支援的地方。了解心靈如何運作，學到了如何

以從容態度與心緒相處，你培養出了平和的能力。正如韓森在第九步驟中所強調的一樣，平和比平靜更為深刻，因為就算當我們的思緒過於活躍的時候，靠著平和，就能夠維持平衡與覺知，而不是陷入混亂之中。

　　不過，學習與自己為友，有一種莫大的好處：你發現純粹存在當下的美好經驗。

　　運用本書學到的各種修習，你建立了一種不需任何娛樂也能享受當下的心靈。記住，這能夠讓它放鬆，進入某種從容狀態。我曾經參加過某位藏傳佛教大師的演講，他的開場白非常吸引人：「今晚我要談的是靈性修習的真正突破。」演講廳裡的大批聽眾興奮得嘰嘰喳喳，覺得自己真是幸運，能夠得到這些特殊的教誨。這位大師在後來的兩個小時當中，開始以一種令人提不起勁的態度隨口漫談。群眾越來越失望，躁動不安，他某句話正講到一半，戛然而止，傾身向前低聲說道：「真正突破就是無聊！」

　　他露出微笑，往後一靠，向充滿困惑的聽眾解釋他的意思。只要我們一直在找尋讓自己開心或得到娛樂的經驗，我們就會錯失最重要的秘訣：當我們學到切斷連續的刺激與消遣，我們開始釋放自己的心，不再被要還是不要的情緒所困。而且當我們全然沉浸當下的時候，也到達了和平與幸福之門，無聊可能在一開始的時候令人不悅，但其實那是一種愉悅的泉源，無聊的另一面原來是平和。

前往當下的大門

當我還是孩子的時候，天文學讓我深深著迷。不過，我自小在紐約市長大，沒有辦法看到太多夜空中的星星，所以我老是祈求爸媽帶我去我覺得全世界最棒的地方：海頓天象館。當每個月新展到來的第一天，我幾乎按捺不住自己的興奮之情。望著那滿布繁星夜空的穹頂，我只能讚嘆，一遍又一遍，「哇！」那片廣袤似乎無窮無盡。地球，以及地表上的一切，包括我，都只是一個小微點。

也不知道為什麼，我覺得自己好渺小，但卻與某個超偉大的事物神奇地連結在一起。在天象館漆黑世界的那些時刻，我父母各據一旁，神奇帶我進入了當下，我的心中已經沒有其他的地方。

大家都有感受神奇與敬畏的天生能力，這就是帶我們融入當下的大門。耶穌說：「我實在告訴你們，你們若不回轉，變成小孩子的樣式，斷不得進天國。」（馬太福音十八章三節）。當我們停頓下來，進入孩童式的驚嘆與珍惜的狀態，我們進入了天堂，因為在那些時刻，我們與生命深刻連結在一起。

當我還是個孩子的時候，我經常陷入那種驚嘆狀態，我把那種體驗稱之為「開心傻笑」。我會自問一些讓我心暫停、把自我徹底翻轉的問題：活著代表什麼？我是怎麼進入這個身體？最後成為別人稱之為「詹姆斯」以及我自稱為「我」的這個人？然後，我等待這些問題帶入一個我已經再也分辨不出是誰在發問的某種境地。我與其他生命之間的疆界已然消融。就

在那一刻，只有當下，沒有任何紛擾的思緒或感受。那是一種穿過這個名叫「詹姆斯」之人的生命力體驗，而且甚是令人歡喜。對我來說，這可以發生在任何地方——在學校、走在街上，或是半夜躺在床上的時候。當我讓自己融入其中，我經常會開始對自己哈哈大笑——有時候是大聲說話。那就像是一個我可以隨時按下的按鈕，「開心傻笑」馬上就會冒出來。

在合適的心靈狀態之中，我們可以對任何事都產生敬畏，而且將我們的注意力傳送到當下。基本上，這就是一種真誠欣賞的態度，我們可能會在聽音樂、看畫作，或是看到厲害演員表演的時候發現它的存在。雖然可供欣賞的事物無窮無盡，但詩人與科學家一定會同意，身處在自然世界中，就會讓我們沉浸於專注欣賞，我們會發現自己進入深刻的當下狀態。我在心靈堅石冥想中心的某位教師同事莎莉・克勞・阿姆斯壯下了這樣的註腳：

> 當我由己心珍惜自己眼前的事物——雲朵，或是彩虹，又或是飛過的鳥兒——就會對於生命之豐富產生一種讚嘆與驚奇感。想要真正敞開心胸達到那樣的境界，心靈必須止定。牽涉外在世界會有一種生氣蓬勃的感覺，但內在體驗卻是一種寧靜、停止，與生命的連結感，純粹就是一種寧和加上沒有諸多心緒的活潑感。

當我們融入任何一種自然場景的畫面與聲響之中的時候，我們可以什麼都不做，純粹感受柔風碰觸我們的臉頰。我們可以五感全開，吸收樹木花朵的圖像，聆聽蟋蟀鳴響，以及樹葉

因風動發出的窸窣聲音,我們就進入了莎莉所說的「有靜止感也有活潑感」的狀態。

驚嘆與珍惜本身就是放鬆與接受的狀態,是接收而不是主動。我們保持警醒專注,通往喜悅當下狀態的大門敞開,我另外一名教師同事蓋伊‧阿姆斯壯的詮釋如下:

> 當我駐足欣賞花朵的時候,肩上的重擔也落下了。我安頓下來,變得沉靜,覺得內心開闊舒展。
>
> ——某名課程學員

> 我們倒是不需要做什麼特殊舉動,而是當我們停止奮戰,自然快樂就在那裡,等待我們主動碰觸。我們的基本自然狀態就是平和,而那樣的平靜能夠產生某種喜悅,我們想要找到它,只需要停止翻攪它就是了。當身體平靜,心靈純粹放鬆歇息,那種非常令人開心又煥然一新的體驗之中有喜悅與歡愉。

你可以在任何時候進入這種放鬆、不費吹灰之力的當下狀態——聽音樂、泡熱水澡、冥想,或是啜飲一杯茶。它也可能出現在需要精力的活動中,比方說游泳、健行,或是唱歌。當我們邀它,然後我們以敬畏的姿態站在生命當下奇蹟的面前,它就會出現了;當我們放下造成自己割離當下的評斷之心,它就會出現了。而且,當我們知道自己哪裡都不去,就在此時此地的時候,它就會出現了。

為心靈除草

　　當下的狀態不只是愉悅又煥然一新，而且還有非常實際的好處，它比衝突的念頭更為深沉，是智慧的泉源。當我們發覺自己陷入困惑，或是因為猶豫不決而開始掙扎的時候，我們要找到被稱之為「平和的核心」，可以讓我們的生命藉此得到和諧。

　　對於我妻子珍來說，園藝就是一種沉浸在那種圓滿感與體驗其好處的方式，她說：

> 園藝幫助我放鬆，連通到某種內心的平靜。我喜歡在電郵、電話，還有永遠做不完的待辦事項中抽身出來，進入狗、鳥、松鼠的世界，轉為天氣變化模式，感受比我存活更久的那些大樹的年輪。有趣的是，雖然我並沒有努力想要解決任何問題，但清明自來，似乎一切就是能安然定位。當我在花園裡除草的時候，似乎也在為自己的心靈除草。

　　當我們給自己時間好好放鬆，讓心靈「接受除草」之後，我們更能夠仔細聆聽那些讓我們朝深層生命目標軌道前進的提醒話語。

　　由於心中的混亂思緒佔住了駕駛座，害我們無法好好聆聽或聽不到，會發生什麼場景，我們都很熟悉。很可能會墜下懸崖。身處困惑的艾莉森就是如此，她放棄了生命摯愛。

　　我認識艾莉森，是在她第一次參加心靈堅石冥想中心的冥

想靜修的時候，總之，顯然她的生命遇到了許多重大困難，她的真摯與對平和的深層渴望讓我大受感動。她說，她來靜修中心是為了要找尋救生索，她還告訴我，她經歷過好幾段慘烈的戀愛，而且數次戒毒染毒，通常是因為憂鬱症所引發，或是對其所做出的反應，想辦法應付支出是她的傷神項目之一。

現在她打算要準備改變，重大的改變，而且無論有哪些方法能夠幫得上忙，她已經準備好努力一試。

在接下來的那兩年中，艾莉森固定來參加我每週一次的柏克萊冥想團體，我也越來越了解她的故事。二十年前，她二十多歲的時候，認識了大衛。她一直過著狂野不羈的生活，有許多男友，到處跑趴，她告訴我：「我完全失控。」她為了要找尋一點平衡，找了一名針灸師——就是大衛。打從一開始，他們兩人之間就有一股特殊的化學反應，大衛不再是因為工作的關係而來找她，兩人開始交往。「在此之前，我在許多朋友面前都過著假面生活。大衛告訴我，『妳必須要告訴大家真相。』也不知道為什麼，那句話打動了我。」

艾莉森的確開始對人家坦承一切，除了她自己之外。恐懼之聲告訴她，她與大衛之間共享的一切不可能長長久久。雖然她內心的某個部分在乞求她要與大衛在一起，但最後勝出的，卻是以開心與冒險誘惑為幌子的懷疑與恐懼。「我知道他是會好好愛我的健康伴侶，但我不愛我自己。」這是艾莉森近日的反省，「進入某種『健康幸福』的關係，讓我感到彆扭。對於我這種背景的人，實在太陌生了。而且我還不夠成熟，無法傾聽自己真正的需要。他宛若聖人，而我想要刺激。最後我跟他分手，因為我『使壞』的日子還沒結束。」

　　大衛傷心欲絕，他的哀愁讓他進入到靈性修習，跟隨來自印度的某名克里亞瑜伽教師共處了兩年之久，過沒多久之後，他開始負責導師的美國會所。又過了幾年之後，大衛自己成了比丘，而且誓言獨身一生。他獲授「斯瓦米」的頭銜，這是一種瑜伽與印度哲學的名稱。大衛擔任靈性導師，展現了他的善心、吉他，還有他的說故事能力，最後，他成了著名的「說故事的比丘」。由於信眾越來越多，他得以在印度、南美建立一系列的孤兒院、學校以及收容所，為他所造訪的村莊窮民與流浪兒童提供庇護與支援。他一直沒有忘記艾莉森，而且，當大家問他當初是怎麼成為斯瓦米的時候，他經常會向眾人解釋，當初是一名在柏克萊的女子做出了不智行為，在剛剛好的那個時點讓他心碎，將他推向了聖神的懷抱。

　　而這段期間的艾莉森則是掙扎不斷。在後來的十七年當中，她不斷被心中那些令人困惑的各種聲音帶入死胡同。「快樂要朝這裡走，不對，是那邊。」意外的催化劑開始翻轉她的生活，那是某位激發人心的社區大學老師的生理學課程。「我學到人體內有數十兆個細胞，而且每一個小小細胞都是為了我的健康在工作。我開始在想，對於這具根本就是奇蹟的身體，我怎麼能夠對它做出傷害？」

　　這是起點。艾莉森不再酗酒，斷開不健康的關係，立刻找到了心靈堅石冥想中心，上了我帶的冥想課。「我覺得找到了自己一生在尋覓的一切，」她告訴我，「我的人生有一部分真的是甦醒過來。」她花了一些時間才爬出人生的混亂狀態，但她知道自己已步入正軌，穩定朝向全新正面的方向邁進。

內部沉靜又渺小的聲音

在內心充滿紛雜、衝突的欲望，以及自我懷疑的時候，很難聽到智慧之聲，也就是內心的指引。在本書當中，我們看到了許多人因為對自認的特殊「故事版本」深信不疑，因而陷入混亂狀況的例子。而且，我們也看到雖然這些故事版本深植在我們的心中，但它們並不是我們的唯一指引。更深層的智慧，總是在我們心中。它可能被一團混濁所掩蓋，但的確在那裡，當我們進入當下，可以略過所有的噪音，放下執著，我們就能聽到那寂靜之中揚升而起的清明。

我們每一個人都有自己的方式取得智慧。我們可能稱其為直覺或指引，抑或是「內部沉靜又渺小的聲音」。三祖僧璨大師這麼說：「絕言絕慮，無處不通。」

對許多人來說，禱告是接觸這種深層真理的方式。德蕾莎修女說：「禱告能讓自己進入上帝的雙手之中……在我們的內心深處聆聽他的聲音。」佛教大師阿姜查也說：「要聆聽『全知者』。」放下既定標準，從容融入當下，不再被「理解心靈」的執念阻撓，我們就能夠聽到內在的智慧。

當你處於焦慮或是紛亂狀態的時候，很難以融入當下的接納狀態聽到內心的真理。當我們必須在人生中做出決定或抉擇的時候，要如何釐清各式各樣的聲音？有時候，我發現稍微抽離心緒，專注身體──散步或騎腳踏車──可以幫助我釋放激動的能量，讓我定心，足以釐清思緒，體悟適切的解答。

當「適切」答案出現的時候，我們怎麼知道呢？對我而

言，智慧的聲音通常具有一種和善、清朗、憐憫，以及體諒的語調。我可以感受到它不會把我帶引到錯誤方向。通常體內會有鬆弛感，心情溫柔，體內一陣釋然，雙肩鬆垂。

當我詢問課程學員如何知道自己做出適當決定的時候，他們的回應如下：

- 我覺得身心內的一切都達到了一致。
- 對於當下與未來的事，有一種強烈的平和感，而且可以自在接受。
- 我覺得很堅定，宛若站在自己的真理之中。
- 體內肌肉感覺柔軟放鬆，與死抓不放的緊繃感完全相反，而我躁動的心也安靜下來。
- 我的體內感覺更從容自在。
- 我覺得心靈清明，胸中有一股仁善的感覺。

對於艾莉森來說，戒除原本習慣是一大挑戰，而且心中的智慧之聲依然遙遠。不過，多年前大衛讓她看到了什麼是真切，幫助她喚醒了心中的某一部分，現在，她開始靠著照護己身澆灌那粒種子，冥想，專注自己的真正想望。「我開始大量閱讀，花時間與自己相處，我想要內在的平靜，先前一直覺得是不可能的事，我就是不知道該如何是好。」

艾莉森找尋自己的快樂之路，然後，摔了一跤。她渴求愛與連結，與某名已婚男子發展了一段友誼。雖然她知道那將會對所有牽涉到的人造成痛苦，但那股吸引力很強烈，心中的困惑聲浪淹沒了她才剛剛領會的智慧之聲。她陷入絕望，

找了一個又一個的朋友。「當我打算與已婚男交往的時候,我至少把自己的計畫告訴了四個人,完全沒有人告訴我『千萬不要』。」後來,艾莉森找了一位前男友,反而意外講出她所需要的回應。「他說道:『千萬不要,那不是妳,妳變得再也不是妳了。』聽到了真話,我的心中發出了一句朗聲『謝謝你』,而且有一股強烈的釋然感。那宛若在我的靈魂之中發出警報,把我整個人喚醒過來。」當我們聽到真相鐘響的時候,我們就會有感知。

艾莉森聽到了另一個清楚的訊息:與大衛聯絡。就在這時候,她開始在網路上尋找他的蹤影,找到了——現在的他是「說故事的比丘」。「我在找尋自己的真相之錨,讓我能夠在自己好不容易才站上的這條路繼續前進。」艾莉森鼓起勇氣,發了封電郵給這位「斯瓦米」,不到幾分鐘的時間,才不過幾分鐘,他就立刻回信了。「他寫信告訴我,就在一個禮拜之前,他告訴自己的學生,我是他的大師之一,因為在我們分手之後,他的生命陷入危機之際,他找到了真我。他說在過去這二十年當中,一直對我送出祈願與祝禱。」

在接下來的這兩個月中,他們每天都用電郵聯絡,過沒多久之後,兩人都注意到彼此之間的舊情仍未結束。大衛邀請艾莉森一起參加印度的某一場冥想課程,還有他為自己一群學生所安排的諸聖地朝聖之旅。這一次,當艾莉森與大衛見面的時候,她終於聽到了自己一直很清楚的真相之聲——他是她的完美伴侶。

在他的「斯瓦米」同修們的祝福之下,大衛決定還俗,娶艾莉森,繼續以世俗弟子的身分投身靈性工作。艾莉森回首自

己的生命過往，還有她所學到的這些功課，最重要的其中之一就是知道要如何仔細聆聽最深刻的自我，並且依此產開行動。現在，她懂得指向這條道路的路標，她說道：

> 當我堅守自己的真理時，我的心覺得輕盈、開展又遼闊。當我過著遠離真相、遠離自身正直標準生活的時候，我覺得有一股重量壓住我的胸腔、我的心。這股壓力讓我斷絕了與其他人的連結。等到我與問題和平共處之後，它才終於離開。

信任生命

當你知道如何聆聽內在的聲音，就會開始過著符合真我的生活。你會發現自己越來越經常融入當下，你可以把它稱之為聆聽自己的直覺或是內在的上帝之聲，不過，它可以讓你過著充滿信任，而非恐懼的生活。

明白要讓自己過著與自我、生命維持和諧生活的必需條件，永遠都在身邊，這是信任生命的其中一部分。誠如拉姆‧達斯在《活在當下》中所提到的一樣：「只要你準備好了，就會聽到下一個訊息。」有時候，你未必是在自己的心中聽到它，可能會在別人的口中發現它。你最好的朋友或是外婆給了你一些睿智的建議，或者是得到了占星術解析，打開了幸運餅乾，你立刻感應到只為你而生的那股聲音。你因而脫離了一連串的困惑思緒，進入當下，你再次領悟到可以信任生命。

在我還沒有學到如何聆聽自己心中智慧的許久之前，曾經

有那麼一個難忘的時刻，讓我發現到了這一點。在我生命中的某個轉捩點，我找了靈媒，而我收到的靈訊迄今依然是我的一大指引。米勒大師神似肯德基爺爺，不過，他投身的工作不是在分薯條，而是自創品牌提供睿智指引。我因為猶豫不決壓得我喘不過氣，多少盼望能夠聽到一些忠告，所以我預約了，解讀一次才五美元，我哪會有什麼損失？

我好不容易穿越他客廳裡的雜亂書堆，坐在他面前陳述自己的問題。我的人生有好幾條路，但我不知道該選擇哪一條。我告訴他，每一個選項似乎都很棒，但萬一我選錯而毀了怎麼辦？

當我向米勒大師傾訴我的困惑時，他專心聆聽，然後，閉上雙眼，坐在那裡，彷彿過了一輩子之久。我想他應該是在與他經常對話的高靈進行討論。終於，他睜開雙眼，盯著我的雙眸。

準備全新的主調

我們練習平靜、聆聽內在真相的次數越多，就越容易通觸我們的智慧。回想一個你曾經在生命中做過的適當決定。試著回想你對於未來的行動豁然開朗的那一刻，你是怎麼知道該這麼做？體內有什麼感覺？你內心的主調是什麼？每當你要做出重大決定的時候，專注自己的體驗，心中的那股確然與從容，要知道自己產生什麼感覺。只要面對抉擇的時候，就要看看自己是否能夠維持足夠的靜定，通達內心智慧，聆聽它想要告訴你什麼。

　　他朗聲宣布：「好，我不會告訴你要怎麼做。」我大嘆一口氣，想必清楚透露了我的失望之情。正當我在想這句話是否值五元美金的時候，他又開口了：「但有件事我可以告訴你。」

　　「哦？」我態度熱切，而米勒大師以一種熱切修習生命多年、充滿慈愛與清明的態度告訴我：「不重要。」

　　「你說不重要是什麼意思？你在講的是我的人生啊。」我立刻回嗆，聽到這種回答，我不可置信，而且有些惱怒。

　　「恐懼會阻斷你人生旅途的一切前進步伐，」他開始說道，「不過，只要你通過之後，踏出第一步，人生就會豁然開朗，向你現示接下來該怎麼做。」他還說，我們可能覺得某個選擇顯然能夠帶領我們達到預期目標，或者，我們過一陣子之後會發現其他選擇更好。但無論是哪一種，我們都學到了寶貴經驗。或者，我們可能一開始的時候認為自己應該要走某一條路，而在這樣的過程當中，我們一直沒想到的其他可能性以及計畫也會跟著浮現。「你選擇哪一條路，不重要，」他說道，「如果你專心聆聽，願意保持耐心，當你繼續走下去的時候，生命將會帶引你前往你需要的地方。」

　　這是我一生中花得最划算的五塊美金。久而久之，我也了解到米勒大師是對的。

　　當我聆聽恐懼的時候，狀況會變得越來越令人疑惑，但要是我放下恐懼，繼續往前，道路會越來越清晰。

　　據說愛因斯坦說過，我們自問的最重要問題就是：「宇宙是友善的嗎？」當我們討論到信任生命的時候，就會浮現這個問題。有人可以提出宇宙不友善的許多論據，生命充滿了苦，

而且美好時光並不長久，我們失去所愛的人，而且隨時都可能會有壞事發生，也許這問題的唯一答案是：這要看我們選擇的是哪一種觀看的角度，而那將會影響我們的生命體驗。

對於愛因斯坦的這個問題，我選擇的答案是一個響亮的「是」！當生命艱難之際，我們學習深化自己的慈悲與諒解；當生命美好之際，我們可以充滿感恩享受自己的好運。我越是仔細觀察自己生命中的每一刻，無論好或壞都是恩賜，我越相信我能夠融入生命。

當遇到壞事的時候，悲觀主義者憂鬱的機率是（樂觀主義者）的八倍，他們在學業、運動，以及大部分工作的表現，都無法完全發揮自己的天賦。他們的生理健康狀況比較糟糕、比較短命，人際關係也多有波折。教導十歲小孩樂觀思考與行動的技巧，可以讓他們在青春期的憂鬱機率降低一半。

——馬汀·賽利格曼
《真實的快樂》

學習信任生命，宛若學習游泳一樣。第一次自己入水的時候，四肢亂舞，只求不要溺水。然後，你稍微放鬆，發現自己也可能辦得到踩水。最後，當你完全釋放，進入純粹放鬆狀態，你會發現自己被水神奇撐托。它已經準備好要永久支撐你，你只需要投入足夠的信任，讓它發揮就是了。

當你不再亂揮四肢，讓自己在信任感當中放鬆，你就可以發現生命不是在找你麻煩，反而是一片能讓你泅泳其中的美麗海洋。你越能與自己的平和核心保持一致，就能產生越強的信心，培養無論遇到什麼狀況都可以「漂浮」的能力。你越能安處於當下，就越相信生命；你越相信生命，就更能讓自己內心的智慧引導你進入那種深沉的放鬆狀態。

　　對於那種如此深刻相信生命，毫無所懼的感覺，我曾經有過那麼驚鴻一瞥，自此之後，它就成了某種指引的志向。在我某次的印度之旅中，我前往勒克瑙，與某位了不起的大師，H‧W‧L‧龐賈相處了一段時間，他的學生稱其為龐賈吉或是帕帕吉。他先前曾在英軍服役，後來與妻子成家。我遇到他的時候，他已經八十歲，但卻是我見過最有活力的人之一，光是那散發電力的笑容，就已經讓我覺得更加元氣飽滿。

　　龐賈吉身為教導非二元論哲學印度大師拉瑪那‧馬哈希的學生，他努力讓學生得到的不只是培養冥想修習而已。他希望他們得到直接的領悟，自身的真正本質比他們侷限之想像力更為開闊。通往他目標的途徑就是放鬆心情，任由它進入自己的當下。我當時擔任正念冥想帶領者已有十二年的時間，就我的經驗來看，訓練心靈需要許多努力，想要得到諸多益處，這似乎有其必要，這一點在我自己身上看得到，還有無數的其他例子。不過，他在這裡卻告訴我，停止一切努力，放下所有的作為，要以這種方式釋放心靈。龐賈吉的方式讓我很著迷，但也心生懷疑。不過，我發現自己慢慢放下心緒與疑問，純粹融入龐賈吉的存在與愛所帶來的超級美妙又強烈的能量。

　　有一次，他問我一個問題，我在內心尋索答案，陷得越來越深，彷彿被拉進了某個漩渦。我不確定之後會如何，但我的心似乎發生短路，停止運作。等到我回神之後，彷彿剛才歷經了一場進入永恆的旅程。我發現自己以深沉的愛與感謝凝望龐賈吉。當我們四目相接的時候，我感受到我們之間有一股強烈能量在流動，還感覺到我們都連結到存在當下的一方巨大海洋——當我感應到萬物泉源時，存在當下的同一片海洋。無論

它是稱為愛、覺知、上帝、自我，抑或是聖靈，我知道它會永遠支撐我，我知道可以相信它，而感知它的方法就是透過放鬆進入當下。

有你與沒有你

我們是生命的一部分。怎麼可能不是呢？我們吸入樹木與植物吐出的氣息，反之亦然，我們住在整個互相通聯的宇宙。釋一行提到，你閱讀含有這些字句的紙頁，看到的是「雲朵、森林，以及樹木」。萬物以這種方式連結在一起的事實，他稱之為「相即」（interbeing）。在這個互相依存的複雜網絡之中，每一個生靈都是其中的一部分，而且都會影響其他的一切。混沌理論的「蝴蝶效應」認為亞洲的某次蝴蝶振翅可能會引發奧克拉荷馬州的某場颶風。世界上的某種突變病毒可能會引發全球的恐懼漣漪反應。正如同我們無法與自身環境分離一樣，我們也與我們生活之中的所有其他人類一直維持「相即」，從我們的祖先到政客，乃至海洋另一端的人類。約翰‧藍儂對此下了註腳：「當我是他當你是他當你是我而且我們大家在一起。」體悟到這一點之後，我們不只在乎彼此，也在乎這整個星球。

> 當你知道自己是海洋，潮浪就根本嚇唬不了你。
>
> ——珍妮佛‧威爾伍德
> 詩人與心理學家

我們可以領悟「相即」的概念，但是透過親身經驗的體悟，就能幫助我們依據這樣的真實面對生活。艾莉西亞，以從自我憎惡到愛自己這段歷程作為碩士論文的女子，寫下了這麼一段話：

我可以聆聽各種生態心理學家告訴我，我需要幻想這樣的一個世界，我是在地球上行動的一小塊血肉而已。我可以聆聽宇宙的故事，獲得智識的啟發，但只有等到我整合了相即的概念，成為身體、腦袋以及心靈的整體經驗之後，我才真正明白我與其他萬物連結在一起。

對於艾莉西亞來說，那種體驗來自於她的靈性修習，以及透過他人的私密故事與他人所產生的連結。她是這麼說的：「透過各式各樣的靈性之路，我們開始看見遍布在這個地球社群的互賴性。透過分享自己的故事，我們就能夠產生互通的感覺。」透過本書中的許多故事，你也許可以看得出來，你已經體驗到與他人的「相即」，發現自己心中也找得到它們的蹤跡。

我們互通的方式之多，很可能超過了我們的想像。生物學家路易斯·湯瑪斯以一種迷人的方式揭露出我們身體內的細胞是「比牙買加灣更複雜的生態體系」，他在《一個細胞的生命》中提到：

這裡有個好例子，可以說明我們存在的虛無性……我們被共享、租用、佔據。那些在我們自己細胞內部，給予細胞動力、提供氧化能量，讓我們能夠讓陽光閃耀的每一天更加耀眼的要素，就是粒線體。就嚴格的定義而言，它們不是我們的。它們轉化為獨立的小生物……以自己的方式私密進行複製，靠它們自成一格，與我們大不相同的DNA

與RNA。要是沒有它們，我們不可能運用肌肉、以手指打節拍、思考某個念頭……

湯瑪斯認知到「我們存在的虛無性」，正好與當代心理學、神經科學，以及佛教哲學相呼應，它們都指出了這一點，我們並沒有什麼獨立的自我，能夠脫離維繫存在的複雜進程。巴克敏斯特・富勒說過我們不是名詞，而是動詞──有各種思緒與心情來來去去，同時出現無盡悸動、血流、神經系統觸發、賀爾蒙流竄全身的活動場域。我們是一種引發某種連續不斷，具有凝聚力的認同感的身心運作的過程。

艾克哈特・托勒接受《太陽》雜誌史提夫・多諾索訪談時，曾經這麼說道：

如果我不是那個自以為的我，如果我不是我所認識的大家口中所說的我，如果我不是我腦海中的那個我，如果我不是諸多信念、累積經驗、記憶痕跡所組合的我──那我到底是誰？這個問題的每一種答案都很危險，因為每一個人所使用的每一個字詞都可能會創生另一種概念。你是誰的真實面向恐怕永遠無法以言詞解釋，話語只是指向那個方向的指示牌而已。

托勒的話語點出了觀察與明瞭我們在思索、體驗、愛，以及生活的那種覺知性存在。當我們跨越了分隔的幻象，我們在更深的層次看到了我們與其他萬物的連結，宛若自古至今的神秘主義者所提到的那種感覺，它就是我與龐賈吉在一起時的那

那時候，我妹妹只是個非常瘦小的孩子，她在喝牛奶，突然之間，我看到她成了上帝，牛奶也是上帝，而她只是把上帝灌入上帝之中，但願你能明瞭我的意涵。

——J・D・沙林傑
〈泰迪〉，
出於《九個故事》

片海洋。從那樣的覺醒與覺知的存在之中，我們與所有生靈，包括從粒線體到星辰的自覺連結所產生的愛，也會油然而生。

當你越來越熟悉存在當下的寂靜與滿足感的時候，你就已經做好了萬全準備，迎向恆久的深層快樂。我上次見到拉姆・達斯的時候，他告訴我，他正在寫一本有關知足的書。他微笑看著我，緩緩說道：「墜入當下的深處。」當你這麼做的時候，你可能發現的不只是一種新的活力與覺醒，而是通往「勝過所有體悟的平和」之康莊大道。

透過這套學程，你可以培養出各種幸福狀態，很可能已經在自己的生活中有了一些重大進展。你已經知道有許多方法可以找到快樂，這是長達一生的過程，當你繼續走下去的時候，就能深化自己與喜悅的連結，讓它更為閃亮耀眼。偉大的蘇菲教派詩人魯米是這麼說的：「持續敲叩，內心的喜悅終會開一扇窗，探頭出來看看到底是誰在外頭。」

願您喜樂。

致　謝

　　我們兩人都深深感謝托妮・伯爾班克，我們的Bantam選書編輯，也是出版界最偉大的人物之一，她以其正字標記的熱情與暖度歡迎這本書的誕生。除了為我們的初稿提供反饋、大大增實內容之外，她也是一位提供真誠鼓勵的朋友。丹妮爾・裴瑞茲讓初稿進入完工階段，她以開啟廣大讀者之門的角度，詢問我們諸多充滿智慧與洞見的問題，我們也感謝與感受到丹妮爾對於狗兒夥伴的愛。我們的經紀人史蒂芬妮・泰德一直對我們的企劃充滿堅定信心，巧手接下之後又轉給了我們的夢想出版社，她體現了本書的主題——喜悅、慈悲、呵護，以及正直。

　　我們也想要感謝瑞克・韓森博士的淵博智識與善心。雖然他也在自己著作的截稿期，但還是提供了我們關於神經科學參考資料的細心回應，而且總是隨時信手拈來早已熟記在心的一堆資源。傑克・康菲爾德讀了最早的初稿，提供了將本書導引到正確方向的回饋。當我們拚命解決在這份文稿之中，真相之本質終究會導向虛無的幽微觀點時，是喬瑟夫・高登斯坦回答了其中的某些關鍵問題。佛列德・高登史密斯仔細閱讀初稿，以我們所需要，而且也歡喜悅納的角度提供了深入的評論。珍・巴拉茲總是提出實用的建議，就連在最後一刻也不放過。

詹姆斯：

　　能夠向成就這本書的所有人表達我的感謝，讓我十分開心。我一開始想要說的是，這是一項合作的成果——三十三年友誼，加上對於真正快樂之本質的不斷討論的熟成結果。我在一九七六年第二次參加冥想靜修的時候，認識了索夏娜。我面對堆積如山、等待清洗的便當盒，覺得壓力超大、自己超可憐的時候，這位同修過來，以天使般的聲音低聲問道：「需要幫忙嗎？」我滿懷感謝說是，自此之後，我一直得到她的幫助與支持。第一個鼓勵我寫出這本書的人就是索夏娜，在共同合作的過程當中，她不只以圓熟技巧幫助我釐清每一個步驟的概念，同時也貢獻了她數十年的靈性智慧與寫作專業，精心雕琢出各位現在所看到的這本書。雖然寫書並不容易，但這段過程對我來說也包括了許多真正喜悅的時刻，還有對於我們共同創作的深深感謝。

　　「激發喜悅」課程，也就是這本書的基礎，主要是來自於一個不凡團隊的奇異恩典與奉獻，一開始是葛列琛‧湯梅茲，他的實用知識與了不起的慷慨大度，幫助它從一個小團體成為可以觸達數千人的線上課程，「謝謝」不足以表達我的謝忱。我要向瑪莉‧海倫‧費恩深深一鞠躬，她創造了一個了不起的網站，不但引人入勝，而且導引清楚。珍‧巴拉茲的智慧、判斷，以及辛勤努力，讓課程一直朝正確方向前進。凱特‧真克，課程的統籌者，因為她的奉獻與自然的光熱，讓所有的學員都覺得舒暢自在又特別。感謝所有的幕後功臣，讓這套課程得以成功：黛博拉‧拓德、安迪‧麥克蓋維爾、納森‧佛萊德金、吉爾‧古德佛藍、黛博拉‧亨利，還有索夏娜‧寇爾。感

謝諾斯貝雷社區教堂，特別感謝鮑伯‧戴維斯給了我們他的住所。

深深感謝我的「喜悅之友」派翠西亞‧艾爾斯伯格，透過她導引式冥想的大愛，誘發學員直接體驗課程的各種主題。音樂家伊娃‧德克、貝斯蒂‧羅斯、珍妮佛‧貝瑞詹、梅蘭妮‧迪墨兒將他們的音樂注入智慧與啟發，讓所有人都能夠體會到歌曲之樂。我很感謝這一連串明星級的倡議者——快樂學專家、神經科學家，以及睿智導師——是他們讓我終於具體呈現出自己企圖表達的觀點。特別感謝雷克‧佛斯特與葛瑞格‧希克斯，一開始是他們的《我們如何選擇過快樂生活》一書鼓勵我創設此一課程，而本書也是早期課程的寶貴資源。深深感謝其他的要角：希薇雅‧布爾斯坦、雷克‧韓森、Ｍ‧Ｊ‧萊恩、達契爾‧克特納、瑪西‧許莫芙、凱瑟琳‧英葛蘭姆。安南渡登仁波切、傑克‧康菲爾德、保羅‧艾克曼、卡洛琳‧霍布斯、蓋伊‧阿姆斯壯，以及丹恩‧克勒爾曼。

我非常感謝過去六年來參與「激發喜悅」課程的所有人，尤其特別感激那些慷慨分享文字與故事的學員。

能夠擁有心靈堅石冥想中心同事們的友誼、智慧、鼓勵，以及支持，我何其幸運，我很感謝心靈堅石，包括了所有工作人員與董事會，他們一直是覺知的燈塔。

我要感謝我的主要靈性導師與恩人，喬瑟夫‧高登斯坦與拉姆‧達斯，打從一九七四年開始，就把我帶向通往真正快樂之路，而且一直鼓舞與引導我。我要向現示離苦之道與通往極樂之路的佛陀致敬，我對尼姆‧卡洛利‧巴巴永存感激，這計畫打從一開始就受到了他的引導。

　　柏克萊深入冥想社群的誠心與支持，鼓舞我找到了每週四晚上所講述的實用內容。特別感謝潔德拉・葛許曼、喬伊絲・雷班德特、南西・班森史密斯、羅絲・史密斯、蓋伊・傑爾、喬伊絲・凱莉、蘇西・希爾卡、金姆・法藍奇、厄尼・以薩克斯、珍妮・凱耶斯、麥可・林哥、戴維・西布里，還有海姆・列文，感謝他們的大力支持。此外，要非常感謝柏克萊佛寺以及恆實法師，感謝他們多年來的熱情款待。

　　我非常感謝我帶的「奉獻實踐者」計畫的團體，感謝他們持續不斷的智慧、鼓勵以及支持，以及「達摩領導人社群」的所有人，幫助我覺得自己屬於某個教導眾人挖掘自身深層平和與自由社群的一分子。大大感謝我帶引的那一群年輕達摩導師——艾莉西亞・奧萊特、安東尼・羅德格斯、凱特・真克、愛琳・西爾、奧林・索菲爾、艾琳・普林提斯，以及威爾・亨利——他們將是在接下來這些年，以高超技巧分享這些原則，觸動眾人的下一個世代的一分子。

　　感謝達文與艾倫・艾克斯，以及英與亨利・穆迪，慷慨給我空間寫作。塞維亞・貝爾一圖爾花了許多時間謄稿、珍妮・克耶斯組織了我早期的文稿，成為這本書與「激發喜悅」課程的主幹。感謝艾迪・畢馬克、史蒂芬・紐瑪爾克，以及東尼・布爾班克鼓勵我找出自己的想法。特別感謝凱瑟琳・英葛蘭姆、塔拉・巴拉赫，以及安娜・葛雷特・馬茲歐塔，在某些艱難時刻的陪伴。

　　夏瑪・巴拉茲、蘇珊・巴拉茲、東尼・巴拉茲、亞當・巴拉茲，還有我摯愛的帕爾給了我想望的一切支持與愛，最後，感謝我的一生摯愛，珍・巴拉茲，在艱困時刻陪我走過了每一

步，謝謝，謝謝，再謝謝。

索夏娜：

我深深感謝詹姆斯，在我們創生本書的過程中所共享的喜悅與挑戰，這對我們來說都是一種歷程的儀式。透過數千小時的電話溝通、數百封電子郵件，還有數十個小時的並肩討論，我們分享的不只是這部作品，也包括了我們接下來的人生故事。感謝你與我一起攀向山頂，感謝你以開放之心對生命的真誠付出，而且鼓勵我也加入你的行列。能夠幫助「激發喜悅」課程成書，而且發現它真的奏效，是我的一大榮幸，也是恩賜。在這段過程當中，詹姆斯的另一半，珍·巴拉茲，以各式各樣的方式顯現了她的體諒、智慧以及洞見。我很感謝她的腦袋與好心，還有我們越來越深化的友誼。

在這過程當中，親友的愛一直是我的支援與安全網，艾里亞斯·亞歷山大在他度過童年的最後幾年、轉化為超棒年輕人的時候，樂意把他媽媽捐出去與另一本書共享。

我非常感激羅琳黛·吉爾摩·葛拉佛斯，謝謝她的恆定友誼、強力支持，而且永遠回我電話。史皮可·安德烈與卡洛琳·夏菲爾同心協力，在關鍵時刻餵養我營養餐點，還以許多方式支持我，包括了這過程中的多次小小慶祝儀式。幸好有卡洛琳，不然我們親愛的狗狗會在我工作的時候一直呆躺在我辦公室，只能夢想在草地奔馳。我的心因為那美麗生靈布蒂一奇的喜悅與源源不絕的愛，還有她的深刻教誨而充滿感激，她優雅離開人間，而史蒂芬妮·菲利普斯與艾維·葉茲在她離世的漫長過程中一直仔細呵護我們。

在某個非常艱困的時候，蒂迪與大衛・朗克爾把我和我的書安置在安・海瑟薇的某間小屋，解救了我們。威佛斯夫婦也在終點線幫助甚多。凱・林恩・雪曼敞開了她的家、她的花園，以及她的心胸，她一直是完美的芬鴻室友。我的「姊妹」羅莉・羅伊一直是最了解我的人。特別感謝艾里亞斯的所有教父教母，還包括了我同教的兄弟傑瑞・羅伊、同教姊妹愛蜜・法提斯、芭芭拉與阿爾妮・梅耶，當我在孵這本書的時候，幫忙照顧我兒子。永遠要感謝珍妮・金的大智慧與堅定，一直到最後一刻，還要感謝陪我從幽谷走到光亮處的諾瑪・波頓。感謝我的母親，卡羅・蘇珊・裴利，一直給我鼓勵與指導。

特別感謝我的小說與非虛構寫作團體的成員，大家諒解也支持我多次取消，以如此溫柔呵護的方式傾聽，還在我最需要的時候帶來食物與巧克力。我的文字靈魂姊妹們：蘇珊・杜蒙德、蘿莉・亨利克森、卡羅・霍施尼斯基、艾莉莎・路卡拉、瑪姬・麥克羅林、蒂迪・朗克爾、卡羅琳・夏菲爾以及喬丁恩・透納。我也要感謝「羅格山谷和平合唱團」，還有剛過世的偉大戴夫・馬斯頓為歌曲帶來的滋潤與懷舊之情。還有許多人需要感謝，但我要特別提到卡莉・紐費爾德的兒子喬斯・穆林根，我在他的隔壁房間透過電話琢磨出最後一章，害他一夜無眠。

最後，我深深感謝提供佛教哲學與實踐的清透智慧的諸位，包括了多年前的三大珍寶——傑克、喬瑟夫以及夏倫——特別感謝S・N・戈恩卡，是他解開了船繩，促它前行，能夠活著真是何其喜悅的恩賜。

參考書目

馬克・伊恩・巴拉斯奇（Mark Ian Barasch），《*Field Notes on the Compassionate Life: A Search for the Soul of Kindness*》，賓州艾茅斯：Rodale Press，二〇〇六年

艾爾拉・拜達（Ezra Bayda），《*Being Zen: Bringing Meditation to Life*》，波士頓：Shambhala Publications，二〇〇二年

夏倫・貝格利（Sharon Begley），《訓練你的心靈，改變你的大腦：正向心靈活動可以改變你的大腦》，紐約：Ballantine Books，二〇〇七年

塔爾・班夏賀（Tal Ben-Shahar），《*Happier*》，紐約：McGraw Hill，二〇〇七年

希薇雅・布爾斯坦（Sylvia Boorstein），《*Happiness Is an Inside Job*》紐約：Ballantine Books，一九九五年

湯瑪斯・拜隆（Thomas Byron），《法句經》，紐約：Alfred A. Knopf，一九七六年

阿貝爾・卡繆（Albert Camus），《薛西佛斯的神話與其他散文》中之〈返回提帕薩〉，紐約：Vintage Books，一九五五年

傑克・坎費爾德（Jack Canfield）與韓森・馬克・維克多，《*A 3rd Serving of Chicken Soup for the Soul*》，佛羅里達州德爾非爾德海灘：HCI，一九九六年

佩瑪・丘卓（Pema Chodron），《生命不再等待》，波士頓：Shambhala Publications，二〇〇七年

達賴喇嘛與霍華德‧卡特勒（Howard Cutler），《*The Art of Happiness*》，紐約：Riverhead Books，一九九八年

達賴喇嘛與霍華德‧卡特勒（Howard Cutler），《*Worlds in Harmony: Compassionate Action for a Better World*》，柏克萊：Parallax Press，二〇〇八年

大衛‧艾肯（David Elkind），《遊戲讓孩子更聰明：玩出創造力與競爭力》，紐約：Da Capo Lifelong Books，二〇〇八年

保羅‧艾克曼（Paul Ekman）與達賴喇嘛，《心的自由：達賴喇嘛 vs. 艾克曼談情緒與慈悲》，紐約：Times Books，二〇〇八年

羅伯特‧艾蒙斯（Robert Emmons），《*Thanks*》，紐約：Houghton Mifflin，二〇〇七年

達娜‧佛德斯（Danna Faulds），《*Go In and In: Poems from the Heart of Yoga*》，北卡羅萊納州葛林威爾：Peaceable Kingdom Books，二〇〇二年

達娜‧佛德斯（Danna Faulds），《*One Soul: More Poems from the Heart of Yoga*》，北卡羅萊納州葛林威爾：Peaceable Kingdom Books，二〇〇三年

達娜‧佛德斯（Danna Faulds），《*New Yoga Poems*》，北卡羅萊納州葛林威爾：Peaceable Kingdom Books，二〇〇四年

達娜‧佛德斯（Danna Faulds），《From Root to Bloom: New Yoga Poems and OtherWritings》，北卡羅萊納州葛林威爾：Peaceable Kingdom Books，二〇〇六年

雷克‧佛斯特（Rick Foster）與葛瑞格‧希克斯（Greg Hicks），《*How We Choose to Be Happy: The 9 Choice of Extremely Happy People – Their Secrets, Their Stories*》，紐約：G.P. Putnam's Sons，一九九九年

紀伯倫（Kahlil Gibran），《先知》，紐約：Alfred A. Knopf，
一九六二年

丹尼爾・高曼（Daniel Goleman），《破壞性情緒管理：達賴喇嘛與
西方科學大師的智慧》，紐約：Bantam，二〇〇三年

強納森・海德（Jonathan Haidt），《*Elevation and the Positive
Psychology of Morality*》，出於柯瑞・L・M・凱耶斯（Corey
L. M. Keyes）與強納森・海德（Jonathan Haidt）所編之
《*Flourishing: Positive Psychology and the Life Well-Lived*》，華盛頓
特區：美國心理協會，二〇〇三年

瑞克・韓森（Rick Hanson），《像佛陀一樣快樂：愛和智慧的大腦奧
秘》，加州奧克蘭：Harbinger Publication, Inc.，二〇〇九年

安德魯・哈維（Andrew Harvey），《*Light Upon Light: Inspirations
from Rum*》加州柏克萊：North Atlantic Books，一九九六年

卡洛琳・霍布斯（Carolyn Hobbs），《無論如何，都要喜悅》，波士
頓：Conari Press，二〇〇五年

喬・卡巴金（Jon, Kabat-Zinn），《正念療癒力：八週找回平靜、自
信與智慧的自己》，紐約：Delacorte Press，一九九〇年

達契爾・克特納（Dacher Keltner），《生而向善：有意義的人生智慧
與科學》，二〇〇九年

傑克・康菲爾德（Jack Kornfield），《原諒的禪修》，紐約：Bantam，
二〇〇二年

史蒂芬・雷凡（Stephen Levine），《生死之歌》，紐約：Anchor
Books，一九八二年

傑克・康菲爾德（Jack Kornfield）與保羅・布雷特爾（Paul
Breiter），《*A Still Forest Pool: The Insight Meditation of Achaan
Cha*》，伊利諾州惠頓：Quest Books，一九八五年

佛瑞德・魯斯金（Fred Luskin），《*Forgive for Good: A Proven Prescription for Health and Happiness*》，紐約：HarperCollins，二〇〇二年

索妮亞・柳波莫斯基（Sonja Lyubomirsky），《這一生的幸福計畫：快樂也可以被管理，正向心理學權威讓你生活更快樂的十二個提案》，紐約：Penguin Group，二〇〇七年

約翰・馬克蘭斯基（John Makransky），《*Awakening Through Love*》，麻州薩默維爾：Wisdom Publications，二〇〇七年

亞伯拉罕・馬斯洛（Abraham Maslow），《*The Farther Reaches of Human Nature*》，紐約：Viking，一九七一年

比爾・麥奇本（Bill McKibben），《*Deep Economy: The Wealth of Communities and the Durable Future*》，紐約：Henry Holt & Company，二〇〇八年

韋恩・穆勒（Wayne Muller），《*Sabbath: Finding Rest, Renewal, and Delight in Our Busy Lives*》，紐約：Bantam Books，二〇〇〇年

尼薩伽達塔・馬哈拉吉（Nisargadatta Maharaj），《*I Am That*》，北卡羅萊納州杜爾罕：Acorn Press，一九九〇年

皮斯・皮爾格林（Peace Pilgrim），《*Peace Pilgrim: Her Life and Work in Her Own Words*》，新墨西哥州聖塔非：Ocean Tree Books，一九九二年

拉姆・達斯（Ram Dass），《活在當下》，紐約：Three Rivers Press（CA），一九七一年

拉姆・達斯（Ram Dass），《歲月的禮物》，紐約：Riverhead Books，二〇〇一年

蕾・拉夏尼（Ra Rashani），《*Beyond Brokenness*》，Xlibris Publishing，二〇〇九年

邁可‧雷拉（Michael Riera），《*Uncommon Sense for Parents with Teenagers*》，柏克萊：Celestial Arts，二〇〇四年

M‧J‧萊恩（M.J. Ryan），《Attitudes of Gratitude》舊金山：Conari Press，二〇〇九年

安東尼‧聖修伯里（Antoine de Saint-Exupery），《小王子》，譯者理查德‧霍華，紐約：Harcourt, Inc，二〇〇〇年（初版：紐約：Reynal & Hitchcock，一九四三年）

J‧D‧沙林傑（J.D. Salinger），〈泰迪〉，出於《九個故事》，紐約：Bantam Books，一九六四年

馬汀‧賽利格曼（Martin Seligman），《真實的快樂》，紐約：Free Press，二〇〇二年

鑑智僧璨（禪宗三祖僧璨），《信心銘》，譯者：理查德‧B‧Clarke（Richard B. Clarke），多倫多：Coach House Press，一九七三年

夏‧伊德黎斯（Shah Idries），《*The Exploits of the Incomparable Mulla Nasrudin/The Subtleties of the Inimitable Mulla*》，倫敦：Octagon Press Ltd.，一九八三年

瑪西‧許莫芙（Marci Shimoff）與卡蘿‧克萊（Carol Kline），《快樂，不用理由：練習‧七個由內而生的快樂法則》，紐約：Free Press，二〇〇八年

丹尼爾‧J‧席格（Daniel Siegel），《喜悅的腦：大腦神經學與冥想的整合運用》，紐約：W.W. Norton and Company，二〇〇七年

大衛‧史坦德－拉斯特修士（Brother David Steindl-Rast），《*Gratefulness, the Heart of Prayer*》，紐澤西州朗姆謝：Paulist Press，一九八四年

路易斯‧湯瑪斯（Lewis Thomas），《*The Lives of a Cell*》，紐約：Penguin Books，一九七八年

阿南渡登（Anam Thubten），《*No Self, No Problem*》，紐約州綺色
佳：Snow Lion Publications，二〇〇九年

艾克哈特・托勒（Eckhart Tolle），《一個新世界：喚醒內在的力
量》，紐約：Dutton，二〇〇五年

艾倫・瓦茲（Alan Watts），《*The Wisdom of Insecurity*》，紐約：
Pantheon Books，一九五一年

瑪麗安・威廉森（Marianne Williamson），《愛的奇蹟課程：透過寬
恕，療癒對自己的批判》，紐約：HarperCollins，一九九二年

哈利・F・沃斯考特（Harry F. Wolcott），《*Sneaky Kid and Its
Aftermath: Ethics and Intimacy in Fieldwork*》，加州核桃溪市：
Altamira Press，二〇〇二年

詹姆斯・巴拉茲的加碼推薦書單

塔拉・布拉赫（Tara Brach），《*Radical Acceptance, Embracing Your Life with the Heart of a Buddha*》，紐約：Bantam Books，二〇〇三年

希薇雅・布爾斯坦（Sylvia, Boorstein），《*It's Easier Than You Think*》紐約：HarperCollins，一九九五年

馬克・寇爾曼（Mark Coleman），《*Awake in the Wild: Mindfulness in Nature as a Path of Self-Discovery*》，茂宜，HI: Inner Ocean Publishing，二〇〇六年

舒雅・達（Surya Das），《*Awakening the Buddha Within*》，紐約：Broadway Books，一九九七年

喬瑟夫・高登斯坦（Joseph Goldstein），《*The Experience of Insight*》，波士頓：Shambhala Publications，一九七六年

喬瑟夫・高登斯坦（Joseph Goldstein），《*One Dharma*》，舊金山：Harper San Francisco，二〇〇二年

喬瑟夫・高登斯坦（Joseph Goldstein）與傑克・康菲爾德（Jack Kornfield），《*Seeking the Heart of Wisdom*》，波士頓：Shambhala Publications，一九八七年

丹尼爾・高曼（Daniel Goleman），《EQ：決定一生幸福與成就的永恆力量》，紐約：Bantam，一九九五年

喬・卡巴金（*Jon Kabat-Zinn*），《正念療癒力：八週找回平靜、自信與智慧的自己》，紐約：Delta，一九九〇年

傑克・康菲爾德（Jack Kornfield），《踏上心靈幽徑：穿越困境的靈性生活指引》，紐約：Bantam，一九九三年

傑克・康菲爾德（Jack Kornfield），《智慧的心：佛法的心理健康學》，紐約：Bantam，二〇〇九年

喬安娜・梅西（Joanna Macy），《World as Lover, World as Self》柏克萊，Parallax Press，一九九一年

菲利浦・莫非特（Phillip Moffitt），《Dancing with Life, Buddhist Insights for Finding Meaning and Joy in the Face of Suffering》紐約：Rodale Inc.，二〇〇八年

馬修・李卡德（Matthieu Ricard），《Happiness: A Guide to Developing Life's Most Important Skill》，紐約：Little, Brown and Company，二〇〇七年

唐納・羅斯博格（Donald Rothberg），《The Engaged Spiritual Life: The Buddhist Approach to Transforming Ourselves and the World》，波士頓：Beacon Press，二〇〇八年

M・J・萊恩（M.J. Ryan），《The Happiness Makeover: How to Teach Yourself to Be Happy and Enjoy Every Day》，紐約：Broadway Books，二〇〇五年

雪倫・薩爾茲堡（Sharon Salzberg），《The Revolutionary Art of Happiness》，波士頓：Shambhala，一九九五年

傑克・康菲爾德（Jack Kornfield），《Trusting Your Deepest Experience》，紐約：Riverhead Books，二〇〇五年

艾克哈特・托勒（Eckhart Tolle），《一個新世界，喚醒內在的力量》，紐約：Dutton，二〇〇五年

艾克哈特・托勒，《當下的力量：通往靈性開悟的指引》，紐約：
　　Bell Tower，二〇〇一年

黛安娜・溫斯頓（Diana Winston），《*Wide Awake: A Buddhist Guide
　　for Teens*》紐約：Berkley Books，二〇〇三年

詹姆斯‧巴拉茲的相關網站

jamesbaraz.com

詹姆斯‧巴拉茲的所有靜修、課程、工作坊以及文章，還有他所有錄音演說的連結。

awakeningjoy.info

關於「激發喜悅」課程的資訊與報名。

insightberkeley.org

巴拉茲柏克萊冥想社群的課程與資訊，每週演講的所有錄音檔案庫。

其他資源

accesstoinsight.org

廣泛搜集了佛陀的翻譯經文與佛教導師與學者的評論。

authentichappiness.org

此為正向心理學家馬汀‧賽利格曼的網站，包括了測量你快樂程度的量表以及與快樂主題相關的電子報檔案。

dharma.org

麻州巴雷智慧冥想中心靜修活動的時間表。

dharmaseed.org

上座部佛教著名西方大師的談話與演講。

greatergoodmag.org

加州大學柏克萊分校至善科學中心對於幸福科學的頂尖研究，由達撒・克特納博士與傑森・馬許所編輯。

mindfulschools.org

教導各年級孩童正念之資訊與研究。

PatriciaEllsberg.com

可免費下載派翠西亞・艾爾斯伯格的「激發喜悅」課程每一步驟的冥想指引。

Spiritrock.org

可查看加州伍達克「心靈堅石冥想中心」的靜修與工作坊時間表。

wisebrain.org

這個由瑞克・韓森博士與里克・曼迪厄斯醫學博士所創立的網站，關注的焦點是心理學、神經學，以及冥想修習之間的關係，裡面還有《智慧人腦學報》半月刊的歸檔文章內容。

最高快樂人生

Awakening Joy:
10 Steps That Will Put You
on the Road
to Real Happiness

最高快樂人生 / 詹姆斯.巴拉茲, 索夏娜.亞歷山大
作 ; 吳宗璘譯. -- 初版. -- 臺北市 : 春天出版國際
文化有限公司, 2022.03
面 ; 公分. -- (Better ; 30)
譯自 : Awakening Joy : 10 steps that will put
you on the road to real happiness.
ISBN　　　　978-957-741-501-1(平裝)
1.CST: 快樂 2.CST: 自我實現 3.CST: 生活指導

176.51　　　　　　　　　　　　　　111001819

Better 30

作　　　者 ◎ 詹姆斯‧巴拉茲、索夏娜‧亞歷山大

譯　　　者 ◎ 吳宗璘

總 編 輯 ◎ 莊宜勳

主　　編 ◎ 鍾靈

出 版 者 ◎ 春天出版國際文化有限公司

地　　址 ◎ 台北市大安區忠孝東路4段303號4樓之1

電　　話 ◎ 02-7733-4070

傳　　真 ◎ 02-7733-4069

E－mail ◎ frank.spring@msa.hinet.net

網　　址 ◎ http://www.bookspring.com.tw

部 落 格 ◎ http://blog.pixnet.net/bookspring

郵政帳號 ◎ 19705538

戶　　名 ◎ 春天出版國際文化有限公司

法律顧問 ◎ 蕭顯忠律師事務所

出版日期 ◎ 二〇二二年三月初版

定　　價 ◎ 450元

總 經 銷 ◎ 楨德圖書事業有限公司

地　　址 ◎ 新北市新店區中興路2段196號8樓

電　　話 ◎ 02-8919-3186

傳　　真 ◎ 02-8914-5524

香港總代理 ◎ 一代匯集

地　　址 ◎ 九龍旺角塘尾道64號 龍駒企業大廈10 B&D室

電　　話 ◎ 852-2783-8102

傳　　真 ◎ 852-2396-0050